本书为山东省大中小学优秀传统文化传承工程成果

与孔子相遇

跟着教授游"三孔"

宋立林 著

董少伟 摄影

山东教育出版社

·济南·

图书在版编目（CIP）数据

与孔子相遇： 跟着教授游"三孔" / 宋立林著；董少伟
摄影. -- 济南：山东教育出版社，2024. 12.（2025.3重印）
ISBN 978-7-5701-3550-9

Ⅰ．K928. 715. 23-49

中国国家版本馆 CIP 数据核字第 20243UM768 号

责任编辑：周红心　董　丁　齐　爽
责任校对：薄子桓
装帧设计：王玉婷

YU KONGZI XIANGYU：GEN ZHE JIAOSHOU YOU "SANKONG"

与孔子相遇：跟着教授游"三孔"　　宋立林　著　董少伟　摄影

主管单位：山东出版传媒股份有限公司
出版发行：山东教育出版社
　　　　　地址：济南市市中区二环南路 2066 号 4 区 1 号　　邮编：250003
　　　　　电话：（0531）82092660　　网址：www.sjs.com.cn
印　　刷：济南精致印务有限公司
版　　次：2024 年 12 月第 1 版
印　　次：2025 年 3 月第 2 次印刷
开　　本：710 毫米 ×1000 毫米　1/16
印　　张：31
字　　数：350 千
定　　价：89.00 元

（如印装质量有问题，请与印刷厂联系调换）印厂电话：0531-88783898

序一

我在曲阜学习、工作、生活四十多年，自 1981 年考入"圣人的老家"上大学起，就注定了与孔子和儒学一生的情缘。我去年转入山东大学儒学院工作，自然一如既往地心系洙泗、情牵孔孟。这也许就像立林所说是"与孔子相遇"吧。

我常常为自己能够有这样美好的"相遇"感到欣慰，我庆幸自己能有如此天命、如此幸运、如此幸福。我不止一次地思考过其中的偶然与必然，因而感谢父辈的引领，感动自己的选择。如果人生能重来，我依然会神往这种"相遇"。孔子谈"庸人"的种种表现，其一就是"不择贤以托其身"。试想：要摆脱平庸，还会有比追随孔圣更理想、更便捷的路径吗？

遇见曲阜，遇见孔子，更容易窥见中国文化的"万仞宫墙"。中国传统文化博大精深、丰富多彩，而最能集中代表中国传统文化特色的物质呈现，当首推坐落在曲阜的孔庙、孔府、孔林，这是中华民族精神的承载。孔子的时代，社会大动荡、思想大碰撞、文化大交汇，这使孔子有更多机会收取历史的营养，有更大空间发展自己的思想。他勤奋好学，认真总结历史文化遗产，结合自己的观察和认识，创立了以周鲁礼乐文明为背景的儒家学派。

刚入大学不久，老师就带我们参访"三孔"，我从此喜欢上这些文物古迹，以后有机会就去里面走走。大学毕业时，骆承烈老师率我们编写《孔子故里胜迹》，以辞书条目形式把曲阜有名的殿堂、廊庑、门坊、牌匾以及重要碑刻等撰写出来，由此了解到其中的历史文化内涵。后来我读硕士研究生，跟随恩师郭克煜先生学习研究鲁国历史，开始深深感到孔子、鲁国、曲阜的非同寻常，这里的文物古迹也逐渐在我心中鲜活起来，于是也主动去思考。那时，学校各单位有客人来访需要参观，就找我去讲解。有人见我多了，问是哪个单位的，于是我开玩笑说"是旅游局的"。

"泰山岩岩，鲁邦所詹。"泰山之阳以曲阜为中心的这一地区，正是因为诞生了孔子这位圣人，成为一个独特的精神文化空间。钱穆先生说："孔子为中国历史上第一大圣人。在孔子以前，中国历史文化当已有两千五百年以上之积累，而孔子集其大成。在孔子以后，中国历史文化又复有两千五百年以上之演进，而孔子开其新统。在此五千多年，中国历史进程之指示，中国文化理想之建立，具有最深影响最大贡献者，殆无人堪与孔子相比伦。"孔庙，实际是中国的文庙，文庙祭祀以孔子为中心，以颜子、曾子、子思子、孟子四配和十二哲配享，还以历代先贤先儒从祀，被赋予"孔庙表率"和"祭祀孔子中心地"的意义。

走进"三孔"，就好像走进历史的深处；徜徉其间，就仿佛在与古人对话。例如，你如果沿着孔庙神道往里走，历代建筑的庄严肃穆、多姿多彩的营造法式、由清而汉的历史回溯……可能会使你不禁发问：孔庙何以会集中如此众多的历史建筑？孔庙何以会这样越建越大？此时，出现在你左右的众多石碑，仿佛在争先恐后地告诉你答案。这些碑刻就像一本本耐读的书，幢幢石碑都有属于它们自己的故事。你不走近它们，它们就悄无声息；你与它们对话，它们就会生动活泼地给你传达来自前代的信息，述说关于孔子儒学与中国的历史过往。

孔庙最初是孔子生前所居住的旧宅，汉高祖刘邦曾在这里祭祀孔子。东汉桓帝时，鲁相韩敕以官钱修饰孔庙，使孔庙具有了官设庙堂的性质。唐太宗下令京城和全国皆为孔子立庙，并专令建阙里孔子庙，规格更高、规模更大。孔庙实际象征着孔子和儒家思想在传统中国的崇高地位。一部孔庙的从祀史，就是一部官方意识形态的发展史，就是正统思想文化学说的演变史，同时也是中国传统文化的缩影和象征。

孔子去世后，孔子嫡裔实际担负着主持孔子祭祀和弘扬儒学的使命，他们是为了家，更是为了国。自孔子至其第七十七代嫡孙孔德成，两千五百多年之间，孔子后代世次清晰，枝脉完整，有明确的家训族规，有严密的管理系统，形成了特殊历史文化景观。在郁郁葱葱的孔林里，孔夫子静静地躺了两千五百年。在他身后，虽然孔林的面积已近 200 万平方米，虽然有无数的子孙在他周围结冢而葬，但依然等级分明，秩序井然。

孔庙、孔府、孔林是中国庙堂文化、祭祀文化、园林文化、陵寝文化的代表，这是有形的文化；曲阜地上地下、大街小巷，弥漫的是中国传统文化的万千气象，这都是无形的文化。孔子之道蕴含的价值理念与行为规范为中华民族历代遵循，"三孔"以及相关的纪念祭祀活动，在传统中国发挥了教育引导、人文教化、价值示范的作用，凝聚社会共识，建构文化认同，强化民族标识，增强民族向心力。这些祭祀与纪念礼仪的因革损益，深化了中华民族共同体意识。无论偶然"遇见"，还是主动"寻见"，走进圣城，用心感悟，就一定会领略到中国文化的气象。

立林是我的弟子，也已经在曲阜二十多年，更重要的是他同样钟情于孔子与曲阜。他的《与孔子相遇：跟着教授游"三孔"》一书以"现场教学"的形式介绍"三孔"，使这些珍贵的文物古迹、文化遗产得以"活化"，可以带读者"等闲识得东风面"，穿越中国文化发展演进的长廊，生动感知孔子思想的丰富内涵、孔子儒家思想与历代中国社会、孔氏家族的演进与变迁等等，真切感受中华传统文化的魅力。

读《与孔子相遇：跟着教授游"三孔"》，给人以十分清新的感觉。首先，作为"现场教学实录"，它将课堂移到文化遗产现场，充分发挥"现场"的功能与优势，使文物遗产成为"教学课件"，配合对现场实物信息的进一步解析描述，又有相关图片的协助带入。本书讲故事而有学术，有深度而不生涩，有趣味而不浮泛。其次，它有

"文物古迹导览"意义，却在历史演进的逻辑关联、文化认知的深度宽度上得到极大深化。按照"三孔"的游览路线进行介绍，却能以点带面，由表及里，生动展现历史遗产所承载的精神内涵和文化意义。

总之，《与孔子相遇：跟着教授游"三孔"》是一部学术性、系统性、通识性、普及性相得益彰的文化精品，它非常适合各层次、各类别读者，适合作为自助游览与研学之用。《与孔子相遇：跟着教授游"三孔"》可以带人们更好地走近孔子，认识儒学，由此而走进传统，了解中国。该书可以带领引导人们参谒与探秘"三孔"或参加研学等活动，在今天的中华民族现代文明建设中发挥重要的作用。

杨朝明

2023 年 10 月 16 日

（杨朝明，山东大学儒学高等研究院特聘教授，孔子研究院原院长）

序二

　　我是土生土长的曲阜人，家住在明故城西护城河外，距孔庙只有1000多米。小时候，经常跟小朋友们一起到孔庙、孔林、少昊陵这些地方做游戏、捉迷藏。上了初中，学校就在孔庙东南侧。每天清晨，背着书包，沿着护城河拐进明故城西门，途经老县衙、火神阁和电影院，转入半壁街，就到了孔庙西南侧的腰门"仰高门"，由西向东横穿整个孔庙，从东南侧的快睹门出去就是阙里街，向南、向东再走大概100多米，就看见学校大门了。下午放学，再沿着这条路线回家，经常会在孔庙里停留很长时间，奔跑于一层层幽深的院落，骑在璧水桥的栏杆上谈天说地，坐在汉石人亭边下几盘军棋，趴在圣时门的台阶上写写作业。那时候，孔庙并不收取门票，长期处于开放状态，人们可以随意出入。

　　"三孔"，对于如我这样从小到大生长在其周边的人来说，应该也是一种"日用而不知"。少年的我，并不明白"仰之弥高""先睹为快"是什么意思，"圣之时者"是多么高深的境界，"阙里"这个难读的名称又意味着什么，更不知道自己的一生跟孔子、"三孔"会有早就注定了的缘分。但是，从那个时候开始，也已经多多少少感觉到这个宏阔、悠远的"大庙"，是一个好像"很不一般"的地方。从第一次被父母抱着进入孔庙，到今年刚好是整整五十年，我终于明白，曲阜"三孔"是中国文化最重要的场域，是中华文明所特有的景观。

　　为什么孔子会诞生在曲阜？因为这里积淀了最为丰厚的文化土壤。百万年的人类史，一万年的文化史，五千多年的文明史——在这个大视野中，山东足以自豪。整个中国版图上，只有山东，从泰山到大海的"海岱地区"，是学术界公认的六千多年文明链条没有中断的唯一区域；大汶口文化陶器上的文字甚至早于甲骨文，被称为"我国现行文字的远祖"；先秦时期与中华文明关系最密切的人物——伏羲、黄帝、少昊、帝尧、帝舜、大禹、周公等，都跟这片土地有着莫大的关系。

1988 年，70 多位诺贝尔奖获得者在巴黎集会，得出了一个广为人知的结论：人类要在 21 世纪生存下去，必须回首两千五百年前，到孔子那里去寻找智慧。其实，这并不是一个新鲜的结论。只要回顾孔子以来的中国历史，我们就会发现，每当民族和社会遇到困难，尤其是大厦将倾、狂澜既倒、国家动荡之时，或者是思想文化领域遇到创新创造的瓶颈时，人们总是会回到"六经"、回到孔子，去寻找匡时救弊的良方。

跟我们今天对中华文化进行回顾和总结一样，前人也经常这样做。早有学者指出："孔子之前，黄帝之后，于中国有大关系者，周公一人而已！"这句话指出了三个代表性人物：黄帝、周公、孔子。以前是"周孔"并称，后来是"孔孟"并称。人们发现，周公和孔子都是五千多年中华文明史上承上启下的关键人物。以黄帝、周公为代表的历史文化，是孔子思想的源头。从这个意义上说，黄帝、周公是"源"，孔子是"流"；而孔子又成为他以后两千五百年历史文化的"源"。更重要的是，中华文化从来都不是故步自封的，一直在不断地创造性转化、创新性发展。"两创"精神，本来就是中华文化基因里的特质。由此，形成了以孔子等圣贤为"源"、以历代思想家为"流"，源远流长而又生生不息的中华文脉。

世界其他主要文明，要么有源而无流，已经消失或中断；要么有流但失去了源，已经改变了模样，成为另外的形态。而"既有源，又有流"，是中华文化的一个显著特点，这是中华文明"连续性"的本质特征。这一特征，在山东这块土地上表现得最为明显，这应该成为山东的文化自信，也激励着山东更好担负起新时代的文化使命。

当我们步入阙里孔庙，看到从孔子到四配，再到十二哲，再到东西两庑里的 156 位先贤先儒。他们生活的年代、他们从祀文庙的历史进程，从春秋时期一直持续到民国，其实就是"一部官修中国儒学史"；"三孔"里的历代碑刻，从最早的西汉"北陛石"，到最新的可能是"昨天"刚刚进入孔林的墓碑，在持续不断地讲述中国的历史和文化。如果我们选一处地方来体现中华文明突出的"连续性"，哪里还有比"三孔"更合适的？

从这个意义上讲，说"三孔"不仅仅是说"三孔"本身，只有对中华文化有了清晰的认知，对孔子思想有了深入的理解，才能真正讲清楚这一人类文明的珍贵遗产。因此，本书的视角，非但不局限于单体的建筑和遗迹，更不局限于孔庙、孔府、孔林的"相对整体性"，而是以一个更宏大的视野来观照"三孔"，并将宏观与微观有机结合起来：从周公为代表的历史源流，到孔子诞生的文化土壤；从孔子—曲阜—"三孔"的"大"视野，到孔庙—孔府—孔林的"中"格局，再到一个个具体的、重要的建筑和遗迹；从孔子思想和儒家文化的"大"影响，到一个个单体建筑构件中所体现的文明传承和文化底色。作者将孔子的博大和"三孔"的恢宏娓娓道来，引导读者"优入圣域"，生发对于中华传统文明的自豪感和建设中华民族现代文明的担当意识。

历代文人、学者，对"三孔"特别是孔庙、孔林，都有很多诗赋、文章传世，或是宏观描绘，或是具体感受，多是从某一角度切入，谈的是自己初见圣庙、圣林的第一印象，而少有全面性的记述。比如郭沫若写孔庙，聚焦使其产生最深刻感慨的大成殿龙柱："石柱盘龙二十株，大成一殿此尤殊。天工开物眼前是，梓匠何曾读圣书。"又如乾隆帝多次到曲阜，瞻仰杏坛，就写了《杏坛赞》："重来又值灿开时，几树东风簇绛枝。岂是人间凡卉比，文明终古共春熙。"徘徊于孔子故宅，就写了《故宅门赞》："居庙之左，厥门斯故。藻缋不施，意存后素。徘徊仰瞻，心焉学步。告尔后人，由兹义路。"这些都是仰慕先贤，即景生情，由情入理，浮想联翩。近年来，也有包括"导游词"在内的一些介绍性作品陆续问世，但多集中于对或多或少的单体建筑物的讲解，缺乏整体性的把握。本书突破了前人的体例和模式，将空间结构和内在文化精神统一起来，从系统性、整体性的高度上来面对这一重要文化现象，是一部不可多得的解读孔子故里和"三孔"圣域的代表性作品。

"深入"不容易，有时候"浅出"更难。语言清新，明晰流畅，将厚重的文化以轻松的方式讲述出来，是本书又一个显著特点。另外，本书配有丰富而精当的图片，图文对照，相得益彰，甚至让图片来直接"说话"，大大方便了读者的理解。前后文意贯通，既从空间演进上增强了层层递进的现场感，又能前后呼应，不仅仅是"完成任务式"的讲"现场"，而且是"融会贯通式"的说"故事"，为教师、企业家、党政干部、青少年学生以及家庭"亲子游"群体提供了一部高水平的"现场教学教材""圣城文化读本""自助导游手册"，有助于增强人们对于圣地曲阜、圣域"三孔"历史脉络、整体格局和文化内涵的深入理解，提升人们对于中华文明、儒家文化的系统感受。

多年以来，立林致力于孔子思想、儒家文化和中国哲学的研究，把学术和理想结合起来，取得了丰硕的成果，也在这个过程中丰满了自己的人生。特别是他对文庙祭祀活动提出了很多卓见，对新时代更好地发挥"三孔"等历史文化遗产的作用，以自己的方式做着多方面的努力。这本书，就是他努力的见证。

刘续兵

2023 年 7 月 25 日

（刘续兵，孔子研究院副院长、研究员）

序三

人类进入 21 世纪后，从世界范围内看，有一种文化现象格外引人注目，那就是中国传统文化的再度复兴，确切地说即孔子思想和儒家文化的复兴。暂且不去讨论这次复兴背后的推动力量与成因，单说这波传统文化复兴浪潮已经触及一个很重要的时代问题，即传统文化与现代文明的关系，这就足以使之成为一个标志性的历史现象，引起人们持久而广泛的思考与讨论。

曲阜作为孔子的故乡、儒家文化的发祥地，自然成为人们了解孔子生平、孔子思想和儒家文化最具体、最直接的客观载体。而孔庙、孔府、孔林——俗称"三孔"，则犹如"皇冠上的明珠"，是游客必到的地方。近年来，曲阜孔子研学游、朝圣游热潮一浪高过一浪，研学机构越来越多，研学产品日益丰富，从全国乃至世界各地来曲阜研学和朝圣的团队络绎不绝。尼山世界文明论坛的举办，更是将曲阜推向了世界的聚光灯下。

在中国传统文化的复兴之路上，曲阜走在了时代的前列，登上了世界的舞台。

从历史的、哲学的、思辨的、理性的高度去思考孔子思想、儒家文化，这是专家学者们擅长的事情。一代又一代儒学研究专家写了一篇又一篇鸿文、一本又一本专著，可谓汗牛充栋，垒之如楼，源源不断。而作为普通老百姓，更多的是希望通过快乐的游览而获得直接感悟，哪怕这种获得是零散的、肤浅的。有没有一种方法，可以让大众体验的过程是轻松惬意的，获得的思想启迪又是深刻的呢？

今天，曲阜师范大学孔子文化研究院副院长、礼乐文化研究与推广中心主任，同时也是中国孔庙保护协会专家委员会委员的宋立林教授，以他撰写的《与孔子相遇：跟着教授游"三孔"》一书，再次给出了肯定的答案。

目前，已有多部学者撰写的关于"三孔"及曲阜研学游的图书，各有千秋，各具特色。纵观《与孔子相遇：跟着教授游"三孔"》一书，至少有以下几个与众不同的特点。

第一，历史人文，融为一体。一座城门，一栋建筑，一座牌坊，一座石桥，一块匾额，一条道路——每一处文物古迹，对其建筑特色、历史演变都梳理得清清楚楚，对其背后蕴含的人文思想与哲理，总结得明明白白。借物阐发儒家思想，引经据典，有理有据，虚实结合，深入浅出，给人以思想上的启迪。

第二，见物见人，境界迥异。对每一处文物景观背后的那些有趣的人物故事，都一一道来，津津有味。穿行在历史的长廊，从不同的人生态度、不同的人生际遇中，展现人生的困境与超越，让人体悟不同的人生境界，感受文化的价值、信仰的力量。

第三，知识宝库，俯拾即是。翻阅全书，几乎在每一页里，都能够看到相关的知识点，有历史的，有人文的，有学理的，有器物的，可谓琳琅满目，应有尽有。捧读在手，读者如踏入藏于深山之中的宝库，满目皆宝贝，不忍释卷。

另外，本书还有一个值得称道的特点，即内容严格按照"三孔"景区实际的游览路线展开，一页页读下去，就如在教授的陪同下，身临其境，一路游来。一处处文物古迹，如在眼前；一阵阵人文气息，迎面而来。

2013 年 11 月 26 日，习近平总书记到曲阜考察，对传承和弘扬优秀传统文化作出重要指示，对曲阜充分发挥好传统文化优势、为构建中国新时代文化软实力贡献力量寄予厚望。宋教授撰写的《与孔子相遇：跟着教授游"三孔"》，是圣城曲阜牢记总书记嘱托、落实总书记重要讲话精神的具体实践，是在"文化两创"上的有益探索。

宋教授是一位博学而勤奋的青年才俊，笔耕不辍，硕果累累，能在繁忙的学术研究之余，撰写这样一本面向大众的、通俗的研学导读，实在让人敬佩不已。用通俗朴实的语言，将纷杂的历史、深奥的学术思想表达出来，是一种能力。既以敬畏之心仰望学术的星空，又以赤子之心匍匐大地，是一种情怀。宋教授撰写此书，无疑是一次积极的尝试、一次成功的实践。

　　作为一位重任在肩的文物人，愿借此机会诚挚地向大家推荐《与孔子相遇：跟着教授游"三孔"》。希望大家手捧此书，就如同教授一路陪伴在身旁，走进曲阜"三孔"，去享受一次"流动的文化盛宴"。

　　是为序。

孔德民

2024 年 7 月 28 日

（孔德民，中国孔庙保护协会会长）

目录

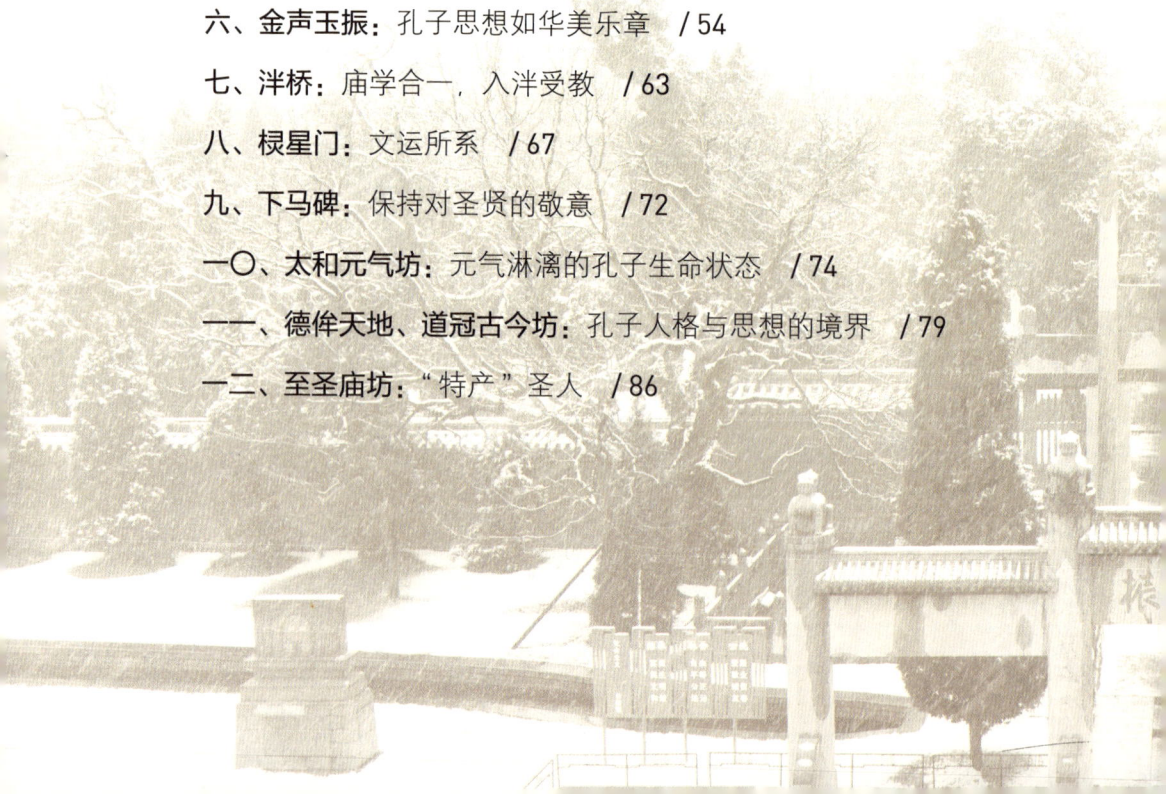

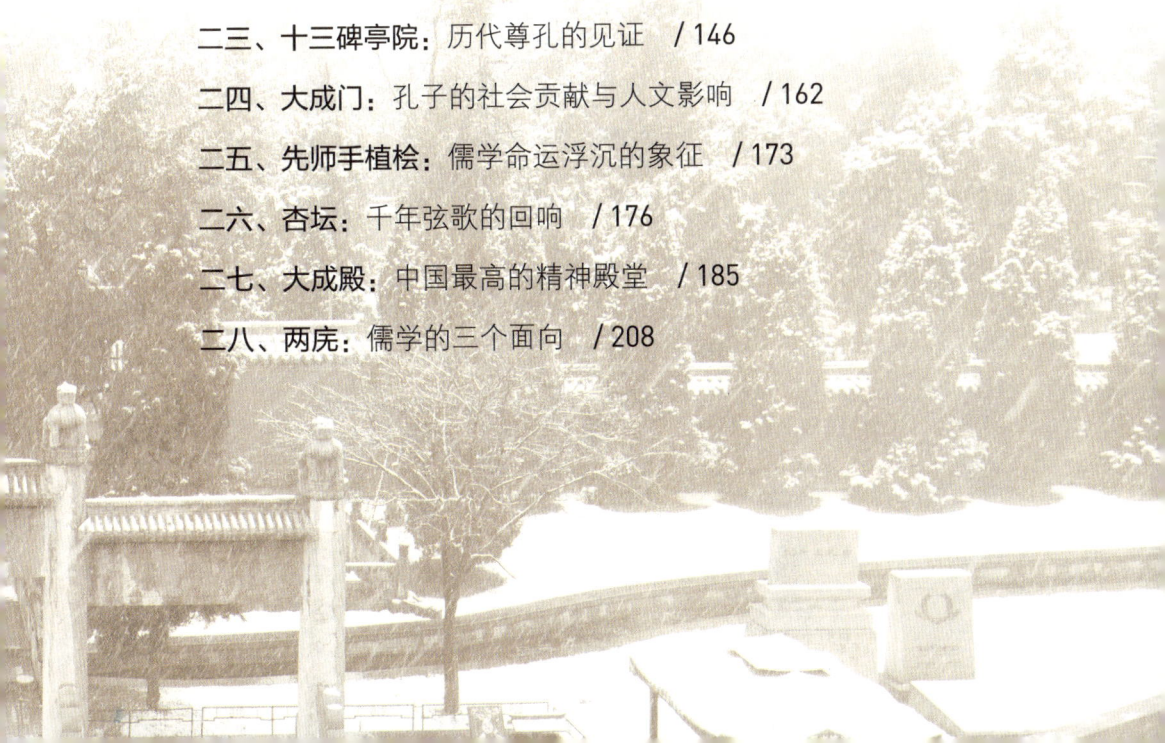

孔府　文章道德圣人家

孔林 老桧曾沾周雨露

問禮故址

序章

胸次悠然圣地游

优入圣域坊

孔子有云："有朋自远方来，不亦乐乎？"（《论语·学而》）欢迎各位与我一道圣域游学。也许大家对"圣域"这个词儿感到陌生。大家可能听说过"圣城""圣地"，但是日常很少听闻"圣域"。我用"圣域"这个词，实际上包含两层意思：一个是具象的地理空间，是指诞生养育孔孟诸圣的这一片土地，就是一般大家所说的圣地；另一个是抽象的人格境界，就是这个词的原意，指圣人的境界。我们一起游学在这片圣域，通过我的讲述，相信大家能感受并体悟圣人的境界，进而能够发愿立志，以勇猛精进的态度，仰望圣贤境界，追慕圣贤人格，学习圣贤思想，践行圣贤智慧，完善我们的生命，发现并建构更加幸福、有意义的人生。

各位朋友，我在曲阜学习、工作二十多年，研习孔子、儒学与中华文化。我总结出一句话：

　　　　了解中国文化，要从孔子开始；了解孔子智慧，要从曲阜开始。

圣域，最早在《汉书》中就出现了。《贾捐之传》载有传主的《弃珠崖议》，其开篇就讲到了"臣闻尧、舜，圣之盛也，禹入圣域而不优"。圣域就是圣人的境界。后来唐代大儒韩愈在其名文《进学解》中又讲到孟子、荀子"吐辞为经，举足为法，绝类离伦，优入圣域"。如今在曲阜颜庙前西侧就有一座优入圣域坊。

一、了解中国文化，从孔子开始

为什么说了解中国文化要从孔子开始？因为孔子与"中国文化"或者"文化中国"关系太密切了。我们考察整部中国历史，可以毫不夸张地说，是孔子而不是旁人奠定了中国文化的格局，型塑了中华民族的性格。对此，古往今来有很多评价与论述。现代新儒家唐君毅先生曾说："孔子与中国之历史文化，亦以万缕千丝，密密绵绵，以相连接，如血肉之不可分，以形成一整个之中华民族之文化生命。"（《中华人文与当今世界补编》）

钱穆先生也认为："孔子为中国历史上第一大圣人。在孔子以前，中国历史文化当已有两千五百年以上之积累，而孔子集其大成。在孔子以后，中国历史文化又复有两千五百年以上之演进，而孔子开其新统。在此五千多年，中国历史进程之指示，中国文化理想之建立，具有最深影响最大贡献者，殆无人堪与孔子相比伦。"（《孔子传·序言》）

在古代，孔子被誉为"至圣先师""万世师表"；在今天，孔子被誉为"世界十大文化名人之首""伟大的政治家、思想家、教育家"。孔子早已化为中国文化的象征，他的教诲深入人心，融入血脉。不管是饱读诗书的士人，还是大字不识的老妪，举手投足间，你总会发现圣人的遗泽。因此，如果你想了解中国，了解中国文化，自然应当从孔子这里开始。无论如何，你都绕不开他，不管你对孔夫子抱着一种怎样的立场和态度，是崇拜、景仰，还是厌恶、批判，抑或是嘲讽和揶揄。翻开厚重的中国历史，我们发现，孔子在生前身后，与历经沧桑的中国文化、中华民族一道升降起伏、饱受荣辱。当然，如果大家能够对孔子有了深入的了解，我想你们多半会产生一种"温情与敬意"来。

孔子燕居像

　　德国存在主义哲学家雅斯贝尔斯提出过一个重要的概念——轴心时代。他将公元前800年至前200年间的这个时期视为人类文明的"轴心时代"。这个时代是人类思想的"黄金时代"，从东方的中国到西方的希腊，都涌现出一些伟大的思想家及思想学说，像我们熟知的中国的诸子百家，尤其是孔子、老子等，在印度有佛陀（佛教徒对释迦牟尼的尊称）所创立的佛教，在波斯也就是今天的伊朗有祆教，在巴勒斯坦地区有犹太教的发展，在希腊则出现大家熟悉的苏格拉底、柏拉图、阿基米德等。这些思想家与思想学说的出现，对后来各自文明的发展起到了奠基的作用。而且，后世文明的飞跃，往往需要返回到这个时代的思想去汲取力量，比如宋明理学就是要返回"六经"和孔孟，比如欧洲的文艺复兴就是要"复兴"古希腊、古罗马的文化。

这一时期成了世界历史的"轴心"。自此以后，人类有了进行历史自我理解的普遍框架。我们姑且不论雅斯贝尔斯的理论是否完完全全适用于中国，但就其对于后世的影响而言，孔子可谓中国"轴心时代"的"轴心人物"。而在他身后，他的学说成为中国传统文化的主干、主流和正统。因此，要了解中国文化，不了解孔子是不可想象的。这里我说的"了解"，是一种排除了其他各种因素干扰的客观、公允、系统的了解和认知，而不是盲目的尊崇，更不是狂热的批判。早在 20 世纪 80 年代，著名哲学史家张岱年先生就曾斩钉截铁地预言："尊孔的时代已经过去了，盲目反孔的时代也已经过去了。时代在前进，我们的任务是对孔子和儒学进行科学的考察，进行历史的、辩证的分析。"（张慕岑《中华孔子研究所成立大会暨第一届孔子学术讨论会综述》）

其实，孔子思想早已超越了国界，产生了世界性的影响。孔子思想的历史地位宜放在人类的历史中去衡量。在雅斯贝尔斯另一部著作《大哲学家》中，他将人类历史上的哲学家划分为三个层级，其中第一个层级是"思想范式的创造者"，一共四位，依照时代先后，为佛陀、孔子、苏格拉底、耶稣。也有人将儒家的孔子与佛教的释迦牟尼、基督教的耶稣和伊斯兰教的穆罕默德并称。孔子所开创的儒家文明，直接影响了中国和东亚、东南亚的很多地区，形成所谓的"儒家文化圈"，成为与欧美基督教文化圈、阿拉伯伊斯兰教文化圈、南亚印度教文化圈并存的"人类四大文化圈"之一，为人类文明做出了巨大贡献，在世界上产生了深远的影响。

二、了解孔子智慧，从曲阜开始

为什么说了解孔子智慧，要从曲阜开始？大家来到曲阜，领略了其深厚的文化底蕴，才会明白孔子为何从这里诞生；况且，以孔庙、孔府、孔林为代表的"三孔"，以孔子研究院、孔子博物馆、尼山圣境为代表的"新三孔"，都以其独特的方式承载、展现着孔子思想的智慧之光。

1999 年上映过一部电影《我的 1919》，其中一个桥段就是在 1919 年召开的巴黎和会上，针对日本要无条件接管德国在山东的一切权利的无理要求，1 月 28 日，顾维钧代表中国政府发言时，慷慨陈词："山东是中国文化的摇篮，中国的圣者孔子和孟子就诞生在这片土地上，孔子、孟子犹如西方的耶稣。山东是中国的，无论从经济方面，还是战略上，还有宗教文化，中国不能失去山东，就像西方不能失去耶路撒冷。"这句话流传很广，影响很大。不过经过有心人的考察，这段话与顾维钧的原话有出入。原话是这样的："山东省是中华文明的摇篮，孔子和孟子的诞生地。对中国人而言，这是一块圣地。全中国人的目光都聚焦于山东省，该省在中国的发展中总是起着重要的作用。"（《顾维钧外交演讲集·巴黎和会上的发言》）话说回来，尽管"中国不能失去山东，就像西方不能失去耶路撒冷"的说法出于"杜撰"，但确实恰当反映了曲阜对于中国文化不可替代的重要象征意义。而要理解曲阜的地位与意义，自然要将之与孔子的诞生、儒学的形成联系起来。

外地的朋友包括外国朋友知道山东曲阜，甚至开启曲阜游学之旅、朝圣之旅，肯定是因为孔子。确实，曲阜因孔子而圣。作为圣人孔子的故乡，曲阜自然被称为"圣地""圣城"。但反过来讲，孔子也因曲阜而成。因为这里是中华文明的重要发祥地之一。早在孔子之前，这里已经积淀了极其深厚的文化。如果不是曲阜这方文化沃土的滋养，很难想象，中国能够诞生这样一位人类文明史上至高无上的圣人。圣城曲阜与圣人孔子，相辅相成，相得益彰，互相成就。

今天山东的简称是鲁，就是因为先秦时代鲁国对山东历史文化的贡献格外大。西周时期，今天山东这片地域被视为战略要地，两位重量级的政治人物分封到这里——姜太公封于齐，周公封于鲁。姜太公就是姜子牙，是中国民间大名鼎鼎的人物。大家看过小说《封神演义》或者电视剧《封神榜》，自然对姜太公非常熟悉。"姜太公钓鱼——愿者上钩""姜太公在此——百无禁忌"这些歇后语，也让姜太公成为中国人感到特别亲切的一位古人。对于周公，可能大家的印象就是"周公解梦"。其实，就对中国历史文明的影响而言，周公还是比太公要重要一些。

齐、鲁两国以泰山为界，《史记·货殖列传》记载，"泰山之阳则鲁，其阴则齐"。唐代大诗人杜甫的《望岳》大家都耳熟能详："岱宗夫如何？齐鲁青未了。"齐、鲁地理环境不同，发展路径也不同。

司马迁在《史记·货殖列传》中用非常简练的语言对齐、鲁两国做了概括与对比："齐带山海，膏壤千里，宜桑麻，人民多文采布帛鱼盐。临菑亦海岱之间一都会也。其俗宽缓阔达，而足智，好议论，地重，难动摇，怯于众斗，勇于持刺，故多劫人者，大国之风也。其中具五民。而邹、鲁滨洙、泗，犹有周公遗风，俗好儒，备于礼，故其民龊龊。颇有桑麻之业，无林泽之饶。地小人众，俭啬，畏罪远邪。及其衰，好贾趋利，甚于周人。"

齐国拥有鱼盐之利，工商业发达，国力日强；而鲁国则是礼乐文明的样板，文化发达。周公是周文王的儿子、周武王的弟弟。无论是在武王讨伐暴纣夺取天下时，还是在成王年幼时平定天下以及辅助成王时，周公都功勋卓著，在周初政治中的地位十分显赫。

《史记·鲁周公世家》记载："封周公旦于少昊之虚曲阜，是为鲁公。周公不就封，留佐武王。"《礼记·明堂位》也记载："成王以周公为有勋劳于天下，是以封周公于曲阜，地方七百里，革车千乘。"

初封时鲁国的版图方圆七百里，战车千辆，是绝对的大国。不过由于周公需要在朝廷辅佐周王，所以实际上真正的鲁国始封之君是其长子伯禽。即便如此，由于周公之故，鲁国在分封之时就获得了许多其他诸侯国所没有的待遇，尤其是周公去世后，"命鲁公世世祀周公以天子之礼乐"（《礼记·明堂位》）。而且由于是周王室所分封的同姓诸侯，按照分封制度，鲁国在地位上高于其他异姓诸侯国。而在同姓诸侯中，其地位又高于其他诸侯国。《国语·鲁语上》就有"鲁之班长"的记载，这是"班长"一词的最早出处。直至春秋初期，鲁国还保持着"望国"地位，备受其他诸侯国尊重。

当然，在鲁国出现之前，这片区域早就积淀了深厚的文明。曲阜的历史非常久远，考古发现了五千多年前的新石器时代的遗址，这里是大汶口文化和龙山文化的发祥地。根据文献记载，三皇五帝与曲阜密切相关。据《帝王世纪》记载：炎帝从陈迁都到曲阜；黄帝在穷桑登上帝位，后来也迁徙到曲阜；少昊在穷桑建立城邑并登帝位，也以曲阜为都城；而颛顼则始都穷桑，后来迁至商丘。张守节在《史记正义》中指出穷桑就在鲁国北部地区，也有一种说法认为穷桑即曲阜，曾经是大庭氏的故国，后来又是商奄之地。总之，传说中炎、黄二帝以及少昊都与曲阜有关。至今在曲阜城东边旧县村，还有着气势宏伟的寿丘、少昊陵等历史遗迹。这里也是东夷族的重要活动区域。

到了商代，这里曾经是商朝的都城。商族起源于东方，与东夷关系密切。商王朝建国之后，曾经多次迁都。最著名的一次，记载在《尚书》中。《尚书》有三篇《盘庚》，记载商王盘庚迁殷的故事。大家知道，"殷"就是今天河南安阳。近代因为甲骨文的发现，殷墟可以说家喻户晓。但大家可能不知道，盘庚从哪里迁殷呢？从"奄"迁"殷"，就是从曲阜迁到安阳。第十八代商王南庚定都于奄。经过阳甲，到了第二十代国君盘庚迁都，共有三代商王定都在此。因此这个地方又称"商奄"。《左传·定公四年》记载：周初

黄帝出生地标志——曲阜寿丘

封鲁，"因商奄之民，命以《伯禽》，而封于少皞之虚"。而晋代的杜预注释说："商奄，国名也。少皞之虚，曲阜也。"但是，关于奄是否在曲阜，学术界还是有争议的，因为在考古中一直没有得到证实。不过，2019 年山东省文物考古研究院在曲阜城南小雪街道西陈村进行的考古中有新的发现。考古队韩辉队长说："西陈遗址是目前山东地区发现房址数量最多、祭祀遗存最为丰富、聚落布局十分清晰的大型商周遗址。遗址等级较高，年代与文献记载的'奄'基本对应，为我们探寻中商奄都、了解晚商时期东方地区政治态势、探索商周交替时期所发生的一系列重大历史事件与社会变革提供了较为明确的线索。"

其实，即使盘庚将都城迁殷，这里依然是商族的重要活动区域。后来，周武王伐纣，建立周王朝。不久，这里就发生了叛乱，所以周公东征，周成王也到了这里。将商奄灭掉之后，这里正式成为鲁国的地盘。大家要了解鲁国的历史，可以去探访一下曲阜的鲁国故城国家考古遗址公园，也可以去孔子博物馆欣赏一下那些考古时发现的精美器物。

我们知道，周代是中国礼乐文明确立的时期。在礼乐文明的奠基过程中，周公做出了无与伦比的贡献。曲阜除了"三孔"之外，还有一个重要的文保单位——周公庙。全中国有三座周公庙：一个在周公的老家岐山，还有一个在洛阳，另外一个就在曲阜。

曲阜的周公庙，就是当年鲁国的太庙所在地。周公庙有两座石坊，其中一座刻着

曲阜周公庙

"制礼作乐"四个大字。

周公制礼作乐的贡献，近代国学大师王国维先生在《殷周制度论》里做了精彩的论断："其旨则在纳上下于道德，而合天子、诸侯、卿、大夫、士、庶民以成一道德之团体。周公制作之本意，实在于此。"

近代历史学家夏曾佑先生在《中国古代史》中说："孔子之前，黄帝之后，于中国有大关系者，周公一人而已。"这里提到的三个对中国文化有莫大关系的人物——黄帝、周公、孔子，竟都与曲阜有关——曲阜是黄帝的生地、周公的封国、孔子的故里。所以我曾经写过一副对联，其中有"有黄帝有周公有孔子斯文不在兹乎"之语。这也算是我作为曲阜人的一种文化自信吧！

伯禽封于鲁国，除了受赐丰厚外，很可能还将周公所制作的更为全面、更为完整的礼乐文化推行到鲁国。在曲阜，有一个跟伯禽有关的历史遗迹，叫望父台，位于曲阜市城北孔林神道西侧。据说伯禽就封鲁国之后，渴盼父亲周公东来，于是筑台西望。不过，这只是一个后世杜撰的美丽传说。经现代考古专家勘探，望父台周围是鲁故城内的一处大墓地，望父台是其中一座大型墓葬的封土。

作为宗周的重要邦国之主，伯禽及其后代鲁君有意识地加强了对这些礼乐文化的保存与传承。这使得鲁国拥有了丰厚的文化资源，形成了根深蒂固的礼乐文化传统。可

制礼作乐

1977 年，望父台曾经出土过一件精美的侯母壶。2018 年对望父台墓地进行系统考古发掘，发现有东周至汉代灰坑 87 座、水井 4 眼、沟 4 条、墓葬 33 座、马坑 2 座，出土青铜器、陶器、玉石器、骨器等。灰坑时代为战国到汉代，墓葬时代自西周末期到战国早期。顺带说一句，2018 年曲阜杏坛学校也发掘了春秋中晚期至战国早中期的墓葬 267 座，出土器物总计 1000 余件，以陶器为主，另外有铜器、玉石骨器等。作为曲阜地区目前发掘规模最大、较完整的一处大型东周墓地，该墓主人多属下层士级贵族和平民。

以说，在周代，鲁国是礼乐文明的东方代表、宗周文明的典型与样板。虽然春秋时期鲁国的文化也遭受到很大破坏，但与其他诸侯国相比，鲁国对周文化的保存可以说是最好的。可以毫不夸张地说，除了周都——西周时候的镐京、东周时候的洛阳，周代的文化中心就在曲阜。有三个故事可以和大家分享，大家通过这几个故事就能明白鲁在周代的文化高地地位。

第一个故事记载在《左传》中，发生在孔子八岁的时候。孔子出生于鲁襄公二十二年，就是公元前 551 年。鲁襄公二十九年，公元前 544 年，这一年孔子八岁。当时南方的吴国，有一位贤大夫叫季札，是吴王寿梦的小儿子。寿梦死后，国人要立季札为国君，季札坚辞不受。因他采邑于延陵、州来二地，所以又称延陵季子或州来季子。他是当时闻名遐迩的贤大夫，可谓春秋第一流人物，是春秋时代"贤人气象"的代表。他来鲁国访问，希望能够在鲁国观赏周乐。乐工为他演奏《诗经》的国风和雅颂，又舞《大武》《大夏》，最后舞《韶箾》（就是孔子赞叹"尽美尽善"的《韶》乐）。季札边欣赏边评论："德至矣哉！大矣！如天之无不帱也，如地之无不载也！虽甚盛德，其蔑以加于此矣。观止矣！若有他乐，吾不敢请已！"（《左传·襄公二十二年》）这就是成语"叹为观止"的出处。乐，本身就是诗、舞、乐合一的综合艺术，这句"叹为观止"正说明鲁国保存的周乐是何等尽善尽美！

第二个故事发生在四年之后，孔子十二岁那一年。鲁昭公二年，即公元前 540 年，晋侯派大夫韩宣子出访鲁国。韩宣子"观书于太史氏"，相当于参观了鲁国国家图书馆，"见《易象》与《鲁春秋》"，看到了两本书。一本是《易象》，我推测应该是周公当年对《周易》的解说，甚至可能就是今本《易传》中的《大象传》。除了可能藏于周王室之外，只藏于鲁太史而不见于他国，这尤其可以看出《易象》一书与周公的特殊关系，也表明了周公、伯禽以及鲁国的特殊性。另一本是《鲁春秋》，不是后来孔子删订的《春秋》。然后韩宣子感慨道："周礼尽在鲁矣。吾乃今知周公之德与周之所以王也。"（《左传·昭公二年》）这评价太高了！"周礼尽在鲁矣"，足以说明鲁国之礼乐文明是何等系统完备。像《易象》这样的书，连同为姬姓国的晋国都无缘一见。又说，知周公之德和周王朝统有天下的原因。"德"，是礼乐的命脉。我们通过今本《易传·大象传》可以稍加管窥。"天行健，君子以自强不息"，"地势坤，君子以厚德载物"，这样的话，大家都耳熟能详。六十四卦的《大象传》都是如此，从其内容来看，皆在通过卦象来教导"君子"如何修德修身。

第三个故事，时代要早一些，发生在孔子之前，鲁闵公元年，就是公元前 661 年。鲁闵公是《左传》记载的春秋时代鲁国的第四位国君。他即位后，发生庆父之难，齐欲伐鲁，齐侯派大夫仲孙湫来访问。回去后，齐君问"鲁可取乎"，言下之意是是否可以趁火打劫。仲孙湫回答说："不可。犹秉周礼。周礼，所以本也。臣闻之：国将亡，本必先颠，而后枝叶从之。鲁不弃周礼，未可动也。"（《左传·闵公元年》）虽然春秋时代礼坏乐崩，但是鲁国"犹秉周礼"，根本没有动摇，不能攻伐。后来，曲阜明故城的东门就叫"秉礼门"。

曲阜城秉礼门

类似故事还可以举出很多。关于鲁国的历史文化，大家如果想深入了解的话，第一要读《左传》。《左传》记载了春秋时期从鲁隐公到鲁哀公，一共 12 位鲁君（可以概括为"隐桓庄闵僖，文宣成襄昭定哀"）在位时的历史。其次可以看现代人的研究著作，给大家推荐两本：我太老师郭克煜先生的《鲁国史》和业师杨朝明先生的《鲁文化史》。

明清时代曲阜城有五座城门：南门仰圣门、北门延恩门、东门秉礼门、西门宗鲁门、东南门崇信门。

曲阜城宗鲁门

通过阅读，大家就会理解，鲁国作为"礼义之邦"，是周代礼乐文明的保存者、守护者、实施者，而如此浓厚的礼乐文明沃土，为孔子这位思想巨人的诞生创造了条件。

    孔子出生、成长在礼乐文化如此厚重的国度里，也难怪他在儿童时期玩游戏都与常人不一样。据《史记·孔子世家》记载，孔子"为儿嬉戏，常陈俎豆，设礼容"，体现出礼乐特色，显示出极高的"游戏品位"。孔子在青少年时期好学勤学，博览群籍，但是他最敬佩的还是古代的圣王，如尧、舜、禹、汤、周文王、周公。孔子对周公更是崇敬有加。孔子在晚年曾经感慨过："甚矣吾衰也！久矣吾不复梦见周公！"（《论语·述而》）孔子为什么如此感慨？周游列国十四年，无功而返，风烛残年，身体的衰败，理想的破灭，自然会生出很多感慨来。孔子说他再也梦不见周公了，实际上预示着自己理想的破灭。这句话反过来理解，也就意味着在此之前孔子会经常梦见周公。梦见周公说明了什么？常言道："日有所思，夜有所梦。"孔子一生理想所在，就是追慕周公，复兴礼乐文明。这就是《论语》中记载的孔子的话："如有用我者，吾其为东周乎！"（《论语·阳货》）孔子为什么如此推崇周文化？孔子自己说："周监于二代，郁郁乎文哉！吾从周。"（《论语·八佾》）周代文明是在继承、发展夏商两代文明基础上进一步完善的。因此周代文明更加完备、灿烂。所以孔子虽然从血缘上讲是殷商人的后裔，但在文化理念上却不一样，他自觉选择了周代的礼乐文化，成了周公的"铁杆粉丝"。经过几十年的消化吸收，孔子在周公思想的基础上创建了儒家学说。在经孔子整理过的"六经"之中，保存了孔子之前尤其是周代文明的大量信息，让我们得以了解中华文明源远流长又一脉相承的独特魅力。

周公像

三、游学曲阜，从"三孔"开始

了解中国文化，从孔子开始；了解孔子智慧，从曲阜开始。那么，来到曲阜游学，又要从哪里开始呢？毫无疑问，要从"三孔"开始。

曲阜，这样一座鲁西南小城，其知名度之高在中国的县级市中几乎无与伦比。这里历史悠久，文化厚重。"曲阜"二字，始见于《礼记》之中。《礼记·明堂位》有句话："成王以周公有勋劳于天下，是以封周公于曲阜。"而之所以取名"曲阜"，东汉的应劭做过一个解释："曲阜在鲁城中，委曲长七八里。"（《风俗通义·山泽》）阜就是土山，今天的曲阜城东还残留着一座土山。曲阜是周代鲁国的都城，但是大家不要把曲阜和鲁国等同起来。鲁国起初疆域"方七百里"，后来陆续吞并了周边的极、项、须句、根牟等小国，并夺占了曹、邾、莒、宋等国部分土地。据我太老师郭克煜先生的研究，鲁国的疆域在春秋时代达到极盛。

古鲁国的疆域轮廓，南到江苏北部，西至河南东部，北到泰山，东近大海。鲁国先后传二十五世，共三十四位君主。鲁顷公二十四年（前256年），鲁国为楚考烈王所灭，迁顷公于下邑。七年后，也就是公元前249年，鲁顷公死于柯（今山东东阿），鲁国绝祀。鲁国存在历时近八百年。此后，曲阜便成为楚国的地盘，设鲁县。六年后，秦灭楚，鲁县归秦。秦末农民起义，楚怀王封项羽为鲁王。

《史记·项羽本纪》载："项王已死，楚地皆降汉，独鲁不下。汉乃引天下兵欲屠之，为其守礼义，为主死节，乃持项王头视鲁，鲁父兄乃降。始，楚怀王初封项籍为鲁

历史文化名城曲阜

公，及其死，鲁最后下，故以鲁公礼葬项王谷城。汉王为发哀，泣之而去。"

楚汉之争时，曲阜这里归属项羽。项羽乌江自刎后，楚地大都归降了刘邦，只有曲阜拒不投降。最后没办法，把项羽的人头取来，鲁人才开城投降。可见鲁人受礼乐文化的濡染之深。你站在这里，遥想当年楚汉之争的那一番情景，会作何感想呢？在曲阜城东五泉庄有一座汉墓，俗称"霸王坟"，传说就是项羽人头埋葬处。1995 年经文物部门勘探，该墓为以砖代木的"黄肠题凑"墓室结构，属于西汉初年级别很高的墓葬，因此基本可以推断，"霸王坟"的说法是可靠的。

汉景帝时将其子刘余封在曲阜，称鲁恭王。一直到隋文帝开皇四年（584 年）改鲁县为"汶阳"，曲阜以"鲁"为县名历时 800 多年。12 年后，隋文帝改县名为"曲阜"，一直沿用至今，共 1400 多年。当然其间还是有过变动，分别发生在 1000 年前和 500 年前左右。

约 1000 年前，宋代第三个皇帝真宗赵恒崇信道家，"推本世系，遂祖轩辕"（《全元文·重修景灵宫碑记》）。他认为赵姓的祖先是轩辕黄帝，就是我们今天所称的中华民族人文初祖。他要祭祀黄帝，在哪里祭祀呢？要在黄帝的出生地。黄帝出生在什么地方？经过宋真宗时官方的考察和认定，黄帝出生在寿丘。寿丘就在鲁地，即今天曲阜旧县村。宋真宗接下来就做了两件大事：一是以寿丘为中心，建造规模宏大的景灵宫来奉祀黄帝。景灵宫有多大？历史记载有 1320 间房子，比今天的孔庙可能还要大两倍左右。

第二件事就是把曲阜县改名为仙源县，迁址到寿丘附近，以寿丘为圆点来建。仙源，显然凸显了黄帝作为道家始源的地位。不过，到了金人统治这里的时候，县名又改称曲阜县，不过县治未动，一直相沿到明代。孔庙原是在鲁城里头，这样一来，就处于城外了。

五百多年前的1510年，在北直隶也就是今天的河北，发生了一次农民起义，叫刘六、刘七起义，气势相当大。1511年，起义军攻入山东，攻克日照、曲阜、泰安等二十余州县，而明军是一路溃逃。据记载，义军"破曲阜，焚官寺、民居数百……县治为墟"（费宏《城阙里记》），曲阜县城都被攻破，孔庙也遭受破坏。"秣马于庭，污书于池"（费宏《城阙里记》），奎文阁藏书"焚毁殆尽"（熊相《奎文阁重置书籍记》），而且祭祀礼器也被毁。起义军撤走后，孔子六十二代孙衍圣公孔闻韶和山东巡抚赵璜连忙上疏，希望将曲阜城改在阙里，以便于保护孔庙。但未得到朝廷的答复。第二年正月，农民军又打到兖州、曲阜一带，当地官府不免惊恐，称"国家二百年，盗贼倡乱，未有甚于此寇者"（谈迁《国榷》卷四十八）。于是，按察使司分巡东兖道佥事潘珍再次上疏，建议"县庙必相须以守，盍即庙为城，而移县附之"（费宏《城阙里记》）。后来起义军撤出山东。于是当时朝廷下令，移城卫庙，把县城从东边迁过来，围绕着孔庙和孔府建一个新的曲阜城。从1513年开始建，花了十年时间，到嘉靖元年，也就是1522年，新曲阜城建成。据乾隆版《曲阜县志》记载，城墙周长为八里三十六步，高二丈，厚一丈，城墙用墙砖包砌而成，城墙外建有护城河。后来清、民国到现代，再也没有变更过。2022年，这座曲阜城已经有五百年的历史了。

　　因为拥有如此厚重的历史，曲阜在文化史上占据独特的地位。1982 年，曲阜与北京、西安、南京、洛阳、杭州、苏州等一道，列入首批 24 个国家历史文化名城名单。确实，在这方圆不足 900 平方公里的范围内，文物众多，仅全国重点保护文物就有 13处，在全国的县级市里是首屈一指的。不过，最能代表曲阜文化特色、体现曲阜文化内涵、反映曲阜文化地位的，还要数"三孔"。

孔庙雪景

"三孔"是老百姓对孔庙、孔府与孔林这三座历史文化胜迹的简称。可以说，"三孔"的知名度足以与北京故宫等相提并论。在 1961 年国务院公布的第一批 180 处全国重点文物保护单位中，孔庙及孔府（古建筑）、孔林（古墓群），与曲阜鲁国故城（古遗址）赫然在列。1994 年，"三孔"被联合国教科文组织列入世界文化遗产名录。因为"文革"期间破坏严重，改革开放以后，1986 年 10 月，时任中共中央书记处书记、国务委员、国家文物旅游工作领导小组组长谷牧同志，主持召开曲阜历史文化名城保护和建设座谈会。在他的大力支持和倾心关怀下，"三孔"才得以逐渐修缮，但是错过了1987 年中国推选第一批世界文化遗产的机会。不过到了 1994 年，"三孔"很自然入选。据当时的曲阜文管会主任孔祥林老师说，他们根本没有费劲，只是打扫打扫卫生，迎接联合国教科文组织专家的考察，就顺利通过了。

孔庙，是祭祀孔子及先贤先儒的礼制性祠庙。孔庙的雏形，大概可以追溯到孔子去世后的次年，也就是公元前 478 年。鲁哀公下令将孔子故宅辟为祠庙，奉祀孔子。

据《史记·孔子世家》记载：孔子去世后，"故所居堂、弟子内，后世因庙，藏孔子衣冠琴车书，至于汉二百余年不绝"。《孔氏祖庭广记》第二卷载："鲁哀公十七年立庙于旧宅，守陵庙百户。"

汉高祖刘邦于公元前 195 年冬十一月，来阙里孔庙，"以太牢祀孔子"，同时封孔子九世孙孔腾为"奉祀君"，这是帝王祭祀孔子之始。其后，在汉代，孔庙得到国家的重视，设立专人负责祭祀，又有专门负责林庙洒扫的吏员。到东汉桓帝时，在孔庙置百石卒史一人，担负守卫之责，并在春、秋时节举行享礼，所有开销均由国家财政负担。守庙官的设立，表明孔庙的管理由孔子后裔的个人行为变成了国家行为，初步奠定了孔庙在国家政治生活中的地位。

此后，历代皇帝不断褒封孔子，也相应地扩建阙里孔庙。汉代，曲阜孔庙并未超出最初的"庙屋三间"的规模。唐初已经颇具规模。

到宋代，施行重文政策。宋真宗天禧二年（1018 年），孔庙扩建，"凡增广殿庭廊庑三百十六间"（乾隆版《曲阜县志》）。此次扩建，正殿被命名为文宣王殿。崇宁三年（1104 年），宋徽宗赵佶又赐名"大成殿"，并亲书殿额。金代从金熙宗皇统二年（1142 年）到金章宗明昌六年（1195 年）的五十余年间，修孔庙八次。元代修孔庙十三次。元至顺二年（1331 年），孔子五十四代孙衍圣公孔思晦奏请："依前代故事，起围墙，四隅建楼，仿王宫之制。"（孔尚任《阙里志·祠庙志》）随后元文宗下诏恩准依宫城规制，许孔庙四隅建角楼。

唐初孔庙的规模："正庙五间，祀文宣王，南向坐，颜子面西，配闵子以下十哲及曾子，东西列坐，皆为塑像。两庑二十余间，祀七十二贤，图绘于壁上。庙后为寝庙，祀亓官夫人。前为庙门三间，甚壮丽。"（孔尚任《阙里志·祠庙志》）

宋太祖建隆元年（960 年），"帝谒孔子庙，诏增修祠宇，绘先圣先贤先儒像，释奠用《永安》之乐"，"三年（962 年）诏祭孔子庙，用一品礼，立十六戟于庙门"。（乾隆版《曲阜县志·通编》）宋太宗太平兴国八年（983 年），修阙里孔子庙；宋真宗大中祥符元年（1008 年），"赐孔子庙经史，又赐太宗御制御书一百五十卷，藏于庙中书楼"；"二年（1009 年），春二月，诏立孔子庙学舍。三月颁孔子庙桓圭一，加冕九旒，服九章，从上公制。夏五月，诏追封孔子弟子，秋七月加左丘明等十九人封爵。……三年（1010 年），颁释奠仪注及祭器图，建庙学"。

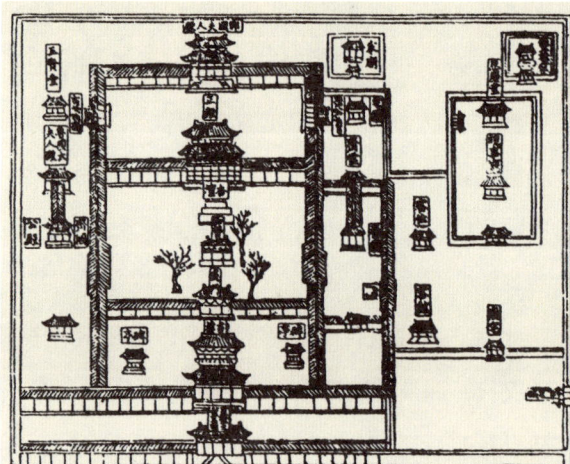

宋代阙里孔庙图

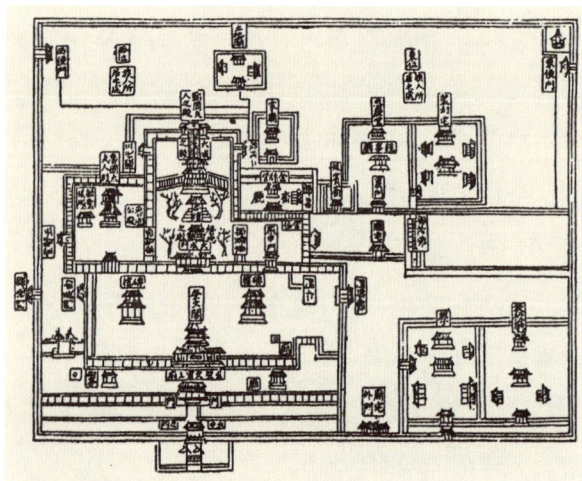

金代阙里孔庙图

到明清时代，曲阜孔庙的规模基本确立。明洪武三十年（1397年），朱元璋下令工部扩建孔庙。永乐十年（1412年），明成祖下令对孔庙"撤其旧而新之"，进一步扩大了孔庙的面积，奠定了现存孔庙的规模。成化年间，"因阙里之庙岁久渐弊"，故而进行了历时四年的大修，共修葺房屋358间，石柱刻以龙凤。明孝宗弘治十二年（1499年）六月，孔庙遭受雷击起火，烧毁殿庑各房123间。次年春二月，皇帝发帑银15万余两开始重修，历时4年功成。重修奎文阁，加建快睹门和仰高门。大门、大中门由3间扩建成5间。大成殿9间、寝殿7间，皆为重檐。修建大成门、家庙、启圣殿、金丝堂、诗礼堂各5间。两庑连廊共100间，启圣寝殿3间，神厨24间，库房9间，碑亭2座，衍圣公斋宿房12间，规模壮丽，工艺精致，足称瞻仰，基本上形成了孔庙现在的规模。清雍正二年（1724年），大成殿遭雷火之灾，世宗敕谕重建曲阜孔庙，"晶荧黄瓦，准制度于宸居"（《圣庙告成祭文》），完全按照皇宫规格重建，经过6年建设得以竣工。

作为国庙，曲阜阙里孔庙长期以来是规模最大的孔庙。它占地327亩，规模宏大，大气磅礴。大家知道，中

弘治重修孔庙，"木则市之楚蜀诸境，石则取之邹泗诸山，瓴甓铅铁则官为之陶冶，丹垩髹彩则集之于商贾，斫削抟埴雕琢绘饰之工则征之京畿及藩府之良者"（李东阳《重修阙里庙图序》）。

曲阜孔庙鸟瞰图

国建筑尤其是官方建筑，特别强调中轴对称的布局。曲阜孔庙便是如此，它沿一条南北中轴线展开布置，左右对称，布局严谨，共有九进院落，前有棂星门、圣时门、弘道门、大中门、同文门、奎文阁、十三御碑亭。从大成门起，建筑分成三路：中路为大成门、杏坛、大成殿及两庑、寝殿、圣迹殿，是孔庙核心区域，是祭祀孔子及先贤先儒的场所；东路为承圣门、诗礼堂、故宅井、鲁壁、崇圣祠、家庙等，是孔子故宅部分加上祭祀孔氏前三代祖先、中兴祖及孔子上五代祖先的地方；西路为启圣门、金丝堂、启圣王殿、寝殿等建筑，是祭祀孔子父母的地方。庙内有殿堂、坛阁和门坊等各类各式建筑达 464 间。这样一座古代礼制与建筑艺术的宝库，不仅在历史上备受尊崇，在今天更应该珍惜。1935 年，现代著名建筑学家梁思成先生来曲阜勘察孔庙、孔林及颜庙。在谈到孔庙的建筑价值时，他称之为"世界上唯一的孤例"。梁思成先生说："由建筑史研究的立场上着眼，曲阜孔庙的建筑，实在是一处最有趣的，也许可以说是世界上唯一的孤例。以一处建筑物，在二千年长久的期间，由私人三间的居室，成为国家修建、帝王瞻拜的三百余间大庙宇；且每次重要的修葺，差不多都有可考的记录。姑不论现存的孔庙建筑与最初的孔子庙有何关系，单就二千年来的历史讲，已是充满了无穷的趣味。"（《中国古建筑调查报告·曲阜孔庙建筑之研究》）

大家要知道，孔庙并不止曲阜有。从唐太宗贞观四年（630 年）下令在全国的州县设置孔庙起，孔庙在全国范围内先后出现。在地方上，孔庙往往与学校合一，成为教化的重要场所。截至清末，全国的府、州、县设立的孔庙数量达 1560 多处。当然，曲阜阙里孔庙可以说是"孔庙祖庭"了。其中较为著名的，除了曲阜孔庙，还有北京的国子监孔庙、南京的夫子庙、云南建水文庙、吉林文庙等。更要注意的是，孔庙不仅在中国，而且随着历史上儒学的对外传播，在儒家文化圈的日本、朝鲜半岛、越南等都有孔庙，全世界的孔庙有 2000 多座。近代以降，孔庙的地位日渐衰落，终成为历史的遗迹，有的被改作学堂，有的成为文物，有的则被拆毁。

目前国内保存比较完好的孔庙其实也就 300 多座。不过近年在传统文化复兴的态势下，好多地方都在修缮、修复或重建、新建孔庙，这是一件可喜的事情。孔庙，分为国庙、家庙和地方文庙。曲阜孔庙与北京国子监孔庙代表最高规格，属于国家级的祭祀场所。浙江衢州孔氏家庙则主要属于家庙性质。其余大量的府学文庙、县学文庙都具有地方庙学合一的性质，既有教育功能，也有祭祀功能。

孔府是孔子嫡系后裔的府第。孔府是特指，不是泛指，并不是所有孔氏家族的府第都称为孔府。孔府当然也不止曲阜独有。除了曲阜的衍圣公府之外，在北京也有一座衍圣公府，在浙江衢州也有孔府。曲阜孔府是衍圣公府，而浙江衢州则是孔氏南宗府第。二者之间的关系，我们后面详谈。大家一般所谓孔府，显然指的就是曲阜衍圣公府，被誉为"天下第一家"。

孔林是孔子及其后裔的墓地。与孔庙、孔府不同，孔林作为孔子长眠之所具有唯一性。在"三孔"之中，孔庙从建筑的角度讲属于金到清，孔府属于明清，孔林则为周代至清代。"三孔"作为一个整体，体现出无比深厚的文化底蕴与内涵，涉及中国古代礼制、政治、教化、生活、建筑、艺术、思想、信仰等方方面面。

从建筑艺术的角度而言，中国建筑具有不同于欧洲、阿拉伯等建筑体系的建筑风格，与中国文化的内在精神相一致，体现出独一无二的建筑理念、智慧、气度与神韵，形成了别具一格的东方建筑意境。"建筑意境"的概念，是中国现代建筑学的开创者梁思成、林徽因两位先生在 1932 年发表的《平郊建筑杂录》一文中提出的。他们认为，古建筑的美在建筑审美者的眼睛里都能引起特异的感觉，在诗意与画意之外，还能引发"建筑意"的愉快。因为天然的材料经过人的聪明建造，再受时间的洗礼，成为美术、历史、地理之和，不能不引起赏鉴者特殊的性灵的融会、神志的感受。他们的弟子、著名建筑史家萧默先生曾经在中华书局出版过一本名为《建筑的意境》的书，我读后深受触动。萧先生认为，中国木结构建筑在结构和构造上体现的复杂与精微，都是欧洲砖石结构所远远不及的，其结构美和构造美体现了中国人的智慧。但是，由于受到木材受力性能的限制，与西方建筑相比，中国建筑的体型不够丰富，内部空间也缺乏变化。西方建筑中更能体现石材受力性能的是券、拱和穹隆结构。比如，哥特式建筑发明的骨架券技术是人类使用石头所能达到的最高境界。因此，西方一些优秀的建筑内部空间极其复杂多变，为木结构建筑所无法企及。同时，中国建筑在外部空间的创造上占据了世界高峰，"群"是中国建筑的灵魂。中国园林重视自然美，追求曲折多变，崇尚意境。西方园林追求形式上的美，缺乏深度。确实，正如萧默先生在该书开篇所对比的那样：仰观德国科隆大教堂，为那一对高达 150 多米的尖顶塔楼所震慑，那么高，那么大，全部用石头雕刻堆垒而成，我们必会惊叹于人类的伟大。如果我们置身在太和殿广场之上，又会有另一种感受。整群建筑采取院落方式组合起来，向横向发展，大殿最高处只有30多米，但其性格内涵表现得似乎更加深沉而丰富，是在庄重严肃之中蕴含着平和、宁静与壮阔。

当我们徜徉在曲阜古城，同样会感受到中国建筑之美。明代黄昭道曾云："海岱与阙里，天下古今之大奇观。"（《再谒阙里·序》）我们穿行于孔庙、孔府、孔林之中，仰观俯察，瞻仰巍峨的大殿，端详肃穆的碑碣，抚摸千年的古树，诵读传世的经典，定如黄昭道所云"胸次悠然，真有可与天地游者"（《再谒阙里·序》）。那就不仅是一次穿越时空的文化之旅、与古圣先贤心灵对话的思想之旅，也是感悟匠心独运的艺术之旅、审美之旅。

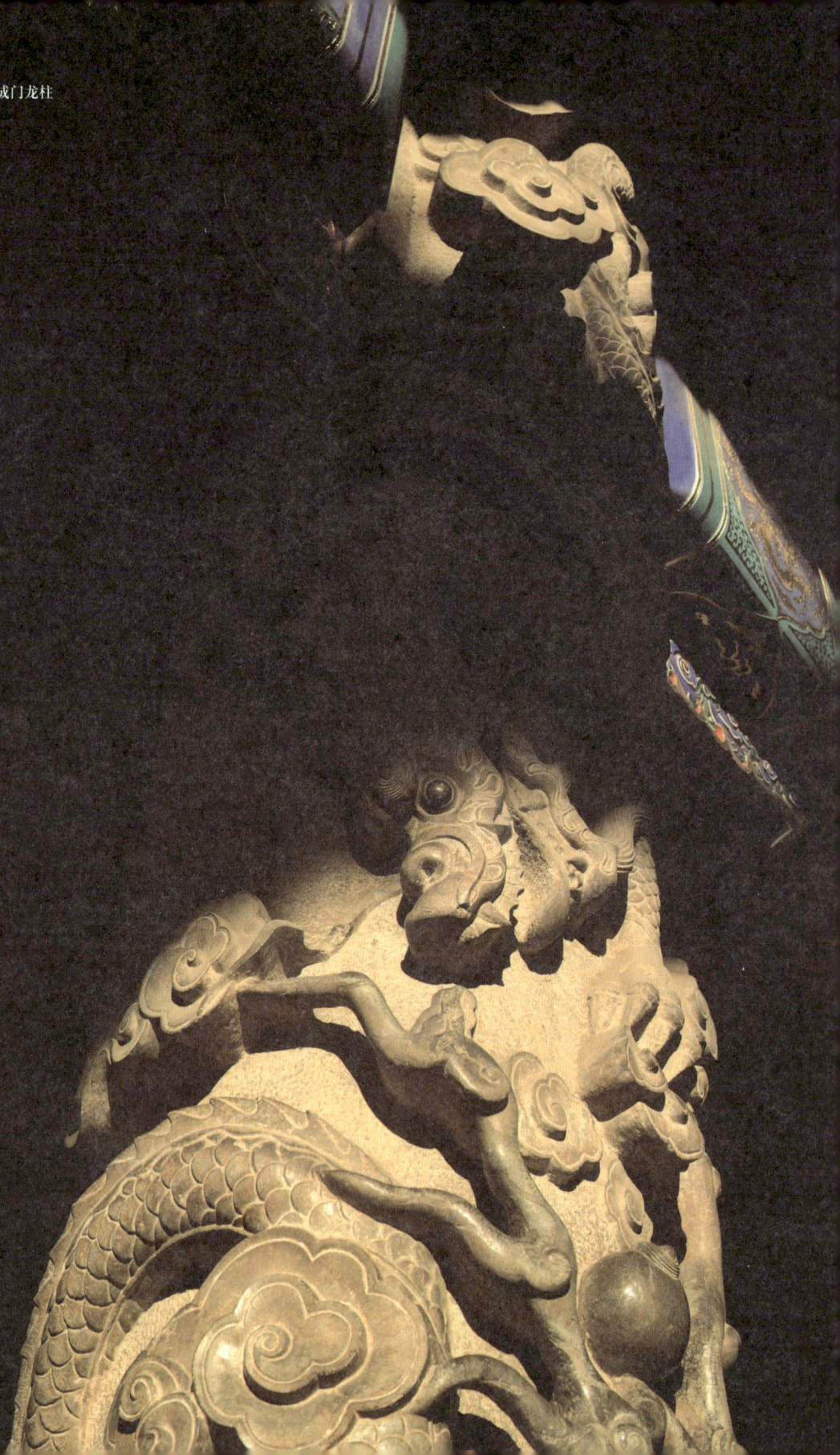

大成门龙柱

孔庙

万古衣冠拜素王

孔庙平面图

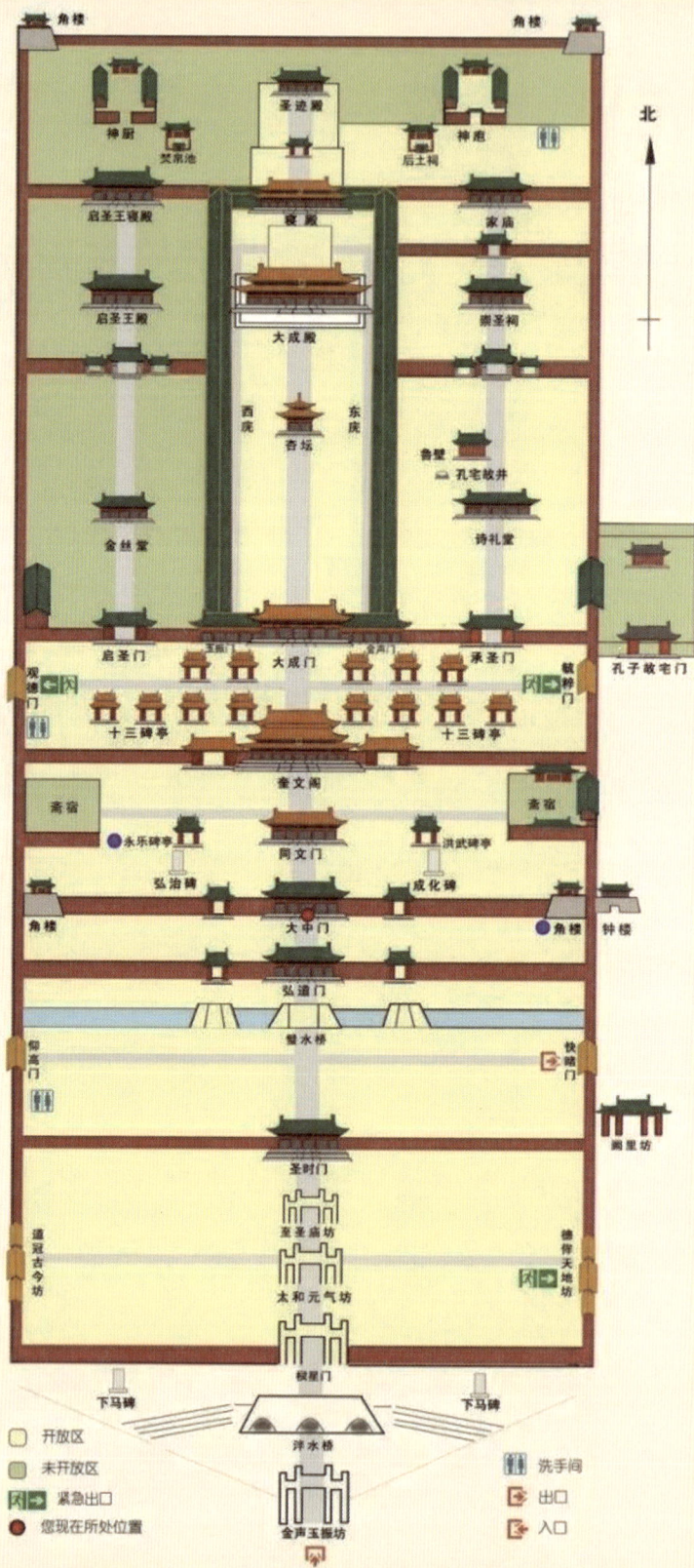

角楼　　　　　　　　　　　　角楼

北

神厨　　　　　圣迹殿　　　　　神庖
　　焚帛池　　　　　　　后土祠

启圣王寝殿　　　　　　　　　家庙

启圣王殿　　　寝殿　　　　崇圣祠

　　　　　　　大成殿

　　　　西庑　　　东庑
金丝堂　　　　杏坛　　　鲁壁
　　　　　　　　　　　孔宅故井

　　　　　　　　　　　诗礼堂

启圣门　玉振门　金声门　承圣门　毓粹门
观德门　　大成门　　　　　　孔子故宅门

十三碑亭　　　　　　　十三碑亭

　　　　　　奎文阁

斋宿　　　　　　　　　　　　斋宿

永乐碑亭　　同文门　　洪武碑亭
　　弘治碑　　　　成化碑

角楼　　　　大中门　　　　角楼　钟楼

　　　　　　弘道门

　　　　　　泮水桥

仰高门　　　　　　　　　　快睹门

　　　　　　　　　　　　　阙里坊

　　　　　　圣时门

道冠古今坊　圣圣庙坊　　　德侔天地坊

　　　　　太和元气坊

　　　　　　棂星门

下马碑　　　　　　　　　下马碑

　　　　　　泮水桥

□ 开放区　　　　　　　　洗手间
□ 未开放区

🚹 紧急出口　　　　　　　出口
● 您现在所处位置　　　　入口

　　　　　　金声玉振坊

四、孔庙神道：开启朝圣之路

神道，是古代礼制的反映。在陵、庙之前，往往有修长的神道，遍植苍松翠柏。孔林前面的神道长达一千米，其实，从大林门到二林门，依然属于神道。孔庙前的神道比较短，约辟建于明代中叶。人们从神道开启祭祀、朝拜之旅，穿行在古老桧柏遮蔽下的石板路，大家就会肃然起敬，收敛心神，培养出一片恭敬之心。

请大家随我一起，以恭敬之心、庄重之容，缓缓前行。暂时把生活中的琐事抛诸脑后，凝神聚气，感受历史的沧桑与悠久，体验人文的厚重与博大，敞开心扉，迎接孔子回归到我们的心灵家园。

神道两侧这两排树，尤其是其中的千年古树，那虬劲的枝条、粗大的树干，天然带有一种历史的沧桑感，气象森然，一眼望去，就能感受到这里的历史厚度。在曲阜，大约有万余株古柏。那么为什么在孔庙、孔林等陵庙要栽植柏树？《论语·子罕》记载孔子的一句话："岁寒，然后知松柏之后凋也。"大家知道，中国人讲春生、夏长、秋收、冬藏。到了冬天，草木凋零，万物闭藏，只有松柏能够经受严寒的考验。"岁寒三友"——松、竹、梅，在中国人的绘画、对联、装饰图案中，随处可见。松柏的特性就是耐寒，体现了生命的韧性与强度。松柏长青，在陵庙场所栽植松柏，就寄托了人们对生命永存的期盼。再加上松柏树龄长，能活数千年而不死，即便枯死也不腐朽，代表着人们对"生命不朽"的向往。

孔庙神道

　　中国人习惯"天人合一"的思维，以物比人，以物观德，从宇宙万物中发现人应该学习的品德。所以，儒家十分热爱大自然。他们能够从万物中体悟生命之道，这便是圣哲的伟大智慧。孔子说："知者乐水，仁者乐山。"（《论语·雍也》）孔子是智者，所以他喜爱水；孔子是仁者，所以他喜欢山。热爱山水，因为孕育山水的大自然是人类智慧的源泉。一个真正的智者，会从大海的波涛汹涌中，领悟到风波之患；会从滔滔不绝的江河中，体会到时光的流逝、生命的短暂；会从潺潺的小溪中，体悟到流水不腐的真谛；会从水滴石穿的现象中，明晓柔能克刚的道理；会从积水成渊里，感受到力量的源泉；会在山不转水转中，领略到智慧的魅力。一个真正的仁者，会在巍峨的高山上，体会"登东山而小鲁，登泰山而小天下"（《孟子·尽心上》）的意气风发；会在积土成山的过程中，体验为仁由己的自豪；会在养育鸟兽草木的深山中，感悟仁爱生命、厚德载物的情怀与胸襟。所以，我们中国人看待身边的自然，有着独特的眼光。

　　中国古人对生命的理解是理性的。受人文精神的熏染，受儒家文化的教化，大多数中国人并不相信永生，也并不真正认为人死可以复生。孔子说："未能事人，焉能事鬼？""未知生，焉知死？"（《论语·先进》）他将人生的着力点稳稳地安放在现实的生命、生活之中。但这不意味着受儒家影响的中国人缺少信仰或终极关怀。佛教和道教对于中国人影响自然深厚广远，佛教六道轮回的说法影响很大，道教祈求长生的做法也广为人知，但是在中国人的骨子里，儒家价值取向却很难被其他宗教信仰撼动。即使信仰佛教或道教以及其他宗教的中国人，你也可以发现他们身上难以忽视的"三不朽"的人生取向，这大概就是儒家"终极关怀"在起作用吧！

　　真正的不朽，中国人认为不是肉体的物质性的永存，而是精神上、文化上的永恒。"三不朽"一说，见于《左传·襄公二十四年》。鲁国大夫叔孙豹说："太上有立德，其次有立功，其次有立言，虽久不废，此之谓不朽。"自此，立德、立功、立言的"三立""三不朽"之说便流传开来，经过儒家的宣扬，成为中国知识分子的共同追求。中国人起名字，有很多以"三立"来命名的。直到现代依然如此，比如大家都熟知的相声大师马三立。可见这种观念影响之深。

　　什么是立德、立功、立言呢？我们来看唐代大学者孔颖达对这句话的疏解："立德，谓创制垂法，博施济众，圣德立于上代，惠泽被于无穷……禹汤文武周公与孔子皆可谓立德者也。立功，谓拯厄除难，功济于时。……勤民定国，御灾捍患，皆是立功者也。……立言，谓言得其要，理足可传。……老、庄、荀、孟、管、晏、杨、墨、孙、吴之徒，制作子书，屈原、宋玉、贾谊、杨雄、司马迁、班固以后，撰集史传及制作文章，使后世学习，皆是立言者也。"孔氏这一说法，可以代表古代学者的共识。对于个体来讲，虽然"三不朽"很难完整统于一身，但是，对于大多数中国古代的士人来说，他们还是不约而同地将此三者作为人生追求的理想目标而努力。

传承优秀传统文化，也要更多地留意这种精神层面的东西。文化，大体可以分为三个层面——物质文化、制度文化和精神文化。最核心的就是精神文化。2017 年 1 月，中共中央办公厅和国务院办公厅联合印发了《关于实施中华优秀传统文化传承发展工程的意见》。《意见》提出，传承和发展中华优秀传统文化的主要内容有三块：第一叫"核心思想理念"，第二叫"中华传统美德"，第三就是"中华人文精神"。中华文化受儒、墨、道、法等先秦诸子影响，没有走向宗教形态。不是说中国文化中没有宗教，而是指中国文化的宗教性特征不强。我们的传统文化中，有本土产生的道教，有印度传来的佛教，还有基督教、伊斯兰教等，尤其是儒、释、道并称中华文明的三大主流。佛教、道教影响很大，不过宗教的影响主要在民间，在社会底层。佛教在士大夫阶层中更多被关注的是佛学，道教上面有一个道家哲学。中国文化形成了丰厚浓郁的人文传统。所以我们关注的是人文的东西，重视人的精神世界、人格养成。在这一点上儒家的贡献尤其巨大。正是受着孔子、孟子这些思想家的影响，后来的中华文明才呈现出这样独一无二的理念、智慧、气度与神韵。

五、万仞宫墙：仰之弥高的圣人

走到神道尽头，抬头便见眼前一座城门，与它相连的是厚重的城墙。门洞上方镶嵌着一块石额，上刻"万仞宫墙"四个大字。这座古城，就是明代嘉靖年间修建完成的曲阜城，今天我们称之为"曲阜明故城"。"万仞宫墙"这个门，正对着孔庙。如此布局，在全国也是独一无二的。这座城门是一座瓮城形制，"重城皋门，以象朝阙"（于慎行《阙里重修林庙碑》），体现出尊孔的礼制需求。

曲阜明故城万仞宫墙

　　当然，我们今天看到的这座"曲阜明故城"是经过重修的。1930 年，中原大战期间，阎锡山部下围攻曲阜，激战十几天，东西北三座城楼被毁，唯有正南及东南两座城楼幸存。虽经修复，但是在当时的条件下，已经难复往日的盛况了。1978 年 7 月，曲阜拆除了明故城城垣，仅保留了南、北二城门及东北、西北两个城角。后来为了保护历

史文化名城，对古城进行了部分修复。1989 年 10 月，明代曲阜城南门楼重建工程竣工。1990 年 12 月，城北门楼重建工程告竣。而到了 2002 年，曲阜开始启动曲阜明故城城墙恢复建设工程。但是基于现实交通等方面的考量，城门由原来的 5 个增加到 22 个。

曲阜明故城南门

"万仞宫墙"是这座城门的名字吗？其实不是。这座城门名叫仰圣门。《阙里文献考》卷一二上说："正南曰仰圣门。"乾隆版《曲阜县志》卷五也记载："金声玉振坊南为县正南门，曰仰圣门。"仰圣，意思就是由此可以瞻仰圣人。但是，奇怪的是，大家如果走出曲阜北门，回首一看，会发现北门石额上赫然题刻着"仰圣门"三个楷体大字。大家就会迷惑：到底哪个才是仰圣门？

有文献记载说，南门不是正德至嘉靖年间修的，而是后来重新辟建的。不过，据更早的文献记载，嘉靖十七年（1538年）建金声玉振坊时，胡缵宗同时题写了南门"万仞宫墙"的匾额。也有人说，因为正南门除了举行祭孔等重大礼仪活动，平时不开，所以后来才又辟建了东南门。其实，我个人认为，这五座门应该是同时规划设计并修建的。只是仰圣门的匾额被"万仞宫墙"取代，但是这个名字流传了下来。正如今天北门城楼上所悬挂的"延恩门"的木质匾额一样，原来仰圣门的门楼上也应该有木质匾额。是国民党统治时期，在东南门额上镌刻了"中山门"，东门是"中正门"，西门是"归德门"，北门外因有孔林，便在其门额上镌刻上"仰圣门"。这样就打乱了原来的面貌。

1538年，当时的山东巡抚胡缵宗题写了"万仞宫墙"，镶嵌在城门上。胡缵宗是甘肃天水人，一位相当优秀的儒家士大夫。但是，大家今天看到的却不是胡缵宗的墨宝，而是清代那位号称"十全老人"的乾隆皇帝的书法。乾隆八次到曲阜，留下了无数的墨宝。在孔庙、孔府，你会发现好多乾隆皇帝的墨迹。乾隆可能也觉得这个位置格外醒目显眼，于是用自己的墨宝取代了胡缵宗的书法。不过你不用怀疑乾隆此举，除了显

曲阜明故城东南门

摆，当然也是出于尊孔的目的。

古人题写的文字，几乎都有出处，而且富有深意。那么，"万仞宫墙"的出处何在呢？这四个字源出于《论语》。在第十九篇《子张》中，记载了一个故事："叔孙武叔语大夫于朝，曰：'子贡贤于仲尼。'子服景伯以告子贡。子贡曰：'譬之宫墙，赐之墙也及肩，窥见室家之好。夫子之墙数仞，不得其门而入，不见宗庙之美、百官之富。得其门者或寡矣。夫子之云，不亦宜乎！'"

大概在孔子刚刚去世的时候，鲁国大夫叔孙武叔公开诋毁孔子。他采用的方式是，抬高孔子学生，贬低孔子。他说："子贡贤于仲尼。"意思是，子贡比他老师孔子贤能多了。如果正面来理解，这句话对子贡评价太高了。

我们知道，孔子一生桃李满天下，三千弟子，七十二贤。在七十二贤中，又有"孔门十哲"，子贡位列其中。我将之与颜子、子路并称为"孔门三杰"。子贡，名端木赐，春秋末年卫国黎（今河南浚县）人，比孔子小31岁，确实非常优秀，在《论语》中"出镜率"也很高。他性格活泼，志向高远，能言善辩，才华横溢，通达事理。他横跨儒、

子贡像

商两界，皆有大成——既能经商，又能做官，还能搞外交，绝对是一个全面的人才。从世俗的视角来看，子贡绝对是"成功的典范"。今天社会上流行成功学，像子贡这样的，便会成为偶像。

近年来随着中国经济的腾飞与传统文化的复兴，"儒商"一词又逐渐为人们所津津乐道起来。而提起儒商，就不能不提子贡。在传统社会，商家喜欢在铺面前挂出"陶朱事业，端木生涯""经商不让陶朱富，货殖当推端木贤"这样的对联。这两副联语正是后世商家极为得意与标榜的。子贡出身商贾，乃"卫之贾人"，后来从学于孔子，也没有放弃"货殖"，"七十子之徒，赐最为饶益"，他是孔子弟子中最富有的。经营有道，因此他家累千金，以至于所到之处，列国国君无不与之"分庭抗礼"（《史记·货殖列传》）。这一点，我们只要读一下司马迁的《史记·货殖列传》就能明白。

值得注意的是，子贡虽然达到了富可敌国的程度，却能尊师重道，大力宣扬孔子及其学说。所以，当子服景伯向他转告了叔孙的评价之后，他的反应不同寻常。我们每个人都希望得到承认、肯定、表扬、赞美，这就是常人的心态。但子贡不一样。他很聪明，按理说，聪明人容易犯的毛病就是"傲"，子贡虽然很狂傲，但他对孔子绝对是

"仰之弥高，钻之弥坚"（《论语·子罕》）。

　　子贡听到赞美后，他的反应是立马站出来反对。但子贡说话从来不是直来直去的，他总是打比方。这也就可以理解为什么子贡名列孔门的"言语"科之首，他是真善于表达，有高超的语言艺术。这次子贡拿什么作比喻的呢？子贡说："譬之宫墙。"我们今天听到"宫"字，马上想到皇宫、宫殿。其实，先秦时期"宫"就是"室"，就是房子，老百姓家住的房子也叫"宫"。所以，宫墙其实就是房屋宅院的墙。"赐之墙也及肩"，子贡是说，他家的院墙刚到肩膀头，那就很低了。大家观察一下，我们东北地区人家的很多院墙，就到肩膀这里。子贡这是比喻自己的境界、学问很低。而"夫子之墙数仞"，孔子的院墙有数仞高。这个"仞"字是古代长度计量单位，"八尺曰仞"，东周时期一尺相当于今天的 23 厘米左右，八尺大概就相当于一人高，"数仞"就是数人高。子贡的意思就是孔子的学问、境界极高。低有低的好处，正如院墙低矮，你能"窥见室家之好"，不用进门，在院子外边就能看到院子里的一切，有点好东西也一览无余，遮蔽不了。所以，你们都觉得我厉害，那是因为我境界低。我老师孔子的境界太高了，就像你在好几人高的高墙之外，如果不从大门进去，你怎么会知道这深宅大院里有多么富丽堂皇？你就"不见宗庙之美、百官之富"。很多人因为看不到，摸不透，反过来理解不了其中的高大。以不知为未有，是多么可笑啊！其实，现实中的我们经常做这样愚蠢的判断。我们普通人对某人某物某事的看法、判断，往往出于肤浅的观感，而不是细致的体察。就像社会大众所认为的"学术大师"，往往是那些经常在媒体上尤其在荧屏上露脸的人，而真正的学者往往是不为大众所知的。其实，荧屏上频繁出现的，往往只是"学术明星"，而不是"学者"，更不是"学术大师"。

为什么很多人不理解孔子，甚至认为孔子比不上子贡呢？子贡说，正是因为大多数人根本没找到进入孔子思想宅院的门——"得其门者或寡矣"，找到门的人太少了，意思就是真正理解孔子的人太少了。以世俗的眼光来看，显然子贡厉害。但子贡却反过来说，你们的眼光有问题。看来，子贡毕竟不俗。这就是"万仞宫墙"的出典。

后来随着中国人对孔子的敬仰越来越高，"数仞宫墙"显然不足以形容孔子思想的高峻、伟岸。所以，要"变本加厉"，在数字上作文章。大家知道，在中国古代，"万"字乃常用的数之极，所以改成"万仞宫墙"。康熙在第一次来曲阜祭孔的时候，写下一首《过阙里》诗，其中就有对万仞宫墙的表述："鸾辂来东鲁，先登夫子堂。两楹陈俎豆，万仞见宫墙。"而乾隆不仅题写了"万仞宫墙"匾额，还写了一首《万仞宫墙赞》："苞予自幼，被服圣言。明德新民，知易行难。颙有素诚，瞻谒尼山。亦既泚止，敢云得门。"

当然，万仞宫墙不光在曲阜有，而是孔庙的标配。如果大家留心观察，就会发现全国很多文庙前边，都会竖一堵墙，同时要题写上这四个字（有的改为"宫墙万仞"），以此来表达对孔子思想的景仰，意味着穿过万仞宫墙，我们才能得其门而入，去找到真正走进万世师表、至圣先师思想世界的大门。那我们就怀着仰圣之心，穿越万仞宫墙，走进孔庙，去领略孔子到底是什么样的人，孔子思想到底是什么样的思想吧。

六、金声玉振：孔子思想如华美乐章

根据张玉舰《中国牌坊的故事》，牌坊大体分为六类：其一就是像孔庙这样的，叫"庙宇坊"；其二是功德牌坊；其三是节孝坊，俗称的贞节牌坊，在古代特别多；其四是标志坊，比如曲阜孔庙的至圣庙坊；其五是陵墓坊，比如在孔林神道上的万古长春坊、绍兴市大禹陵牌坊等；第六是百寿坊，数量不多，如山东青州市韩楼百寿坊、安徽泾县九峰村百岁牌坊等。从材质上说，最常见的就是石质与木质两种。从形制上说，又分为牌坊和牌楼两种。北京的"东四牌楼""西四牌楼"、孔庙的"德侔天地""道冠古今"坊其实都是牌楼的形制。牌楼一般比牌坊复杂、高大，有屋顶的设计。

穿过万仞宫墙，展现在大家眼前的就是孔庙。首先映入眼帘的是"金声玉振"石坊。大家行走中国大地，可能见过很多牌坊。作为中华特色建筑，它滥觞于先秦时期的"衡门"，发展于汉代石阙，成熟于唐宋，明清时发展到极致。它是传统社会为表彰功勋、科第、德政以及忠孝节义所立的建筑物，还可用作庙、观、陵等的大门。在曲阜城里，原来建有十几座牌坊、牌楼，后来在"文革"期间大多被毁，非常可惜。

我们眼前这座石坊，是什么时候立的呢？大家来看右侧的落款："明嘉靖十七年六月吉"。嘉靖十七年也就是1538 年，是曲阜明故城建成之后的 16 年。

大家看，中间额坊上有四个大字："金声玉振"。这四个字是谁写的呢？大家来看左边的落款："都察院右副都御史天水胡缵宗"。这四个字和前面看到的"万仞宫墙"风格迥然有别，笔力遒劲，结体方正。虽然胡缵宗题写的"万仞宫墙"我们见不到了，但是我们有幸看到他的真迹。除了这四个字之外，我们到济南去，著名的"趵突泉"的题名便出自胡氏之手。

金声玉振坊

金声玉振坊，为三间四柱冲天式结构，高 5.60 米，宽 13.50 米。石柱是八角八面，前后有石抱鼓夹抱，柱头上为仰莲座，柱顶有圆雕鳞甲的独角兽，就是老百姓常说的"辟邪"，又叫"朝天吼"。中间的额坊稍高，两次间额坊稍低，额坊上雕有云龙戏珠浅雕图案。额坊均覆屋盖悬山顶，整石刻成瓦垄形，有脊而无吻。这一形制介于牌坊与牌楼之间。

胡缵宗（1480—1560），字可泉，又字世甫，自号鸟鼠山人。明巩昌府秦州秦安（今甘肃天水市秦安县）人。明武宗正德三年（1508年）中进士，任翰林院检讨。1510年后，历任嘉定州判官，安庆、苏州知府，山东、河南巡抚。嘉靖十五年（1536年）二月，胡缵宗升任都察院右副都御史，巡抚山东。嘉靖十七年（1538年）六月，调任河南。明嘉靖三十九年（1560年）病故于家，卒年81岁。著有《鸟鼠山人集》等著作多种。

胡缵宗像

胡缵宗作为一位儒家士大夫，对孔子格外尊崇。他曾多次来曲阜朝圣，写下了大量诗篇，有的就刻石保存在孔庙之中。一首《夫子赞》四言诗——"一以贯之，金声玉振。是谓大成，贤于尧舜。教在六经，道该群圣。生民以来，未有其盛"，最能代表胡缵宗对孔子及其思想的赞扬。

　　"金声玉振"当然是胡缵宗用来表彰孔子的话，但并不是胡氏自己杜撰的词，而是有典故出处的。它出自《孟子·万章下》。《孟子》分为 7 篇，各分上下，共 14 卷。《万章下》有一段话是孟子赞誉孔子的："孔子之谓集大成。集大成也者，金声而玉振之也。金声也者，始条理也；玉振之也者，终条理也。始条理者，智之事也；终条理者，圣之事也。"

　　我们常说"孔孟之道"，就是因为在孔子之后有一位孟子，他对孔子思想进行了深入的阐释和发展。孟子最大的理想是："乃所愿，则学孔子也。"(《孟子·公孙丑上》) 孟子出生距离孔子去世已 100 多年，他没见过孔子。根据司马迁的说法，孟子是孔子的孙子子思的学生的学生，而孟子自己说是"予私淑诸人也"(《孟子·离娄下》)，孟子对孔子是隔代传承。尽管他没有机会成为孔子的及门弟子，但是孟子确实把握了孔子思想的真谛，维护、发展了孔子思想。所以说，道的传承不一定是老师传给学生，时间无法阻断思想相通。所以，唐代韩愈才说："斯吾所谓道也，非向所谓老与佛之道也。尧以是传之舜，舜以是传之禹，禹以是传之汤，汤以是传之文、武、周公，文、武、周公传之孔子，孔子传之孟轲，轲之死，不得其传焉。"(《原道》) 而不论是韩愈，还是后来的程朱，无不以孔子的传承人自居。我们今天距离孔子 2500 多年，也依然可以传承孔子之道，发展孔子之道。

　　孟子说"孔子之谓集大成"。什么是"集大成"呢？孟子说："金声而玉振之也。"(《孟子·万章下》) 这几句，我们一听就蒙了，字都认识，意思搞不懂。什么叫"金声而玉振"？大家注意，这里的"金"可不是金子，在战国之前"金"主要指铜及其合金。比如我们把青铜器铭文称为"金文"。另外，"金"又是古代八音之一，指铜质的乐器如钟、镈、铙等。孟子这里说的"金"就是指编钟。"玉"，其实也不是真正的"宝玉"，古时候将"石之美者"称为"玉"。古人认为"玉"是石头中非常精美的一种。当然，古代早期对于"玉"的定义是比较宽泛的。我们今天去看新石器时代考古发现的大量玉器，比如大家如果去孔子博物馆，就可以看到鲁国故城考古发现的大量玉璧，就和我们到珠宝店买的那种软玉——如和田玉，硬玉——如翡翠是不一样的。这里的"玉"是指"磬"，石质的，当然也不是普通的石头制作的。古代八音没有"玉"，但是有"石"，就是指石磬。"金声"就是古代乐器编钟发出的声音；"玉振"则是指古代乐器石磬发出的声音。

《周礼·春官·大师》云："皆播之以八音，金、石、土、革、丝、木、匏、竹。"《尚书·尧典》云："诗言志，歌永言，声依永，律和声。八音克谐，无相夺伦，神人以和。"意思就是，八类乐器之间相互配合协调，演奏出完美的乐章。

八音就是指金、石、土、革、丝、木、匏、竹等八种不同质材所制的乐器。金，指钲、钟、镈一类打击乐器；石，指石磬一类乐器；土，是指缶、埙一类乐器；革，是指鼓类乐器；丝，是指弦乐器，如琴、瑟、筝、琵琶等；木，是指木制乐器，如柷、敔等；匏，是指笙、簧一类乐器；竹，是指箫、笛、竽、筑、籥、笳类乐器。中国古代音乐美学所追求的就是"八音克谐"。

释奠礼所用编钟

释奠礼所用编磬

孔子与乐的关系不可谓不密切，文献多有记载：

子在齐闻《韶》，三月不知肉味，曰："不图为乐之至于斯也。"（《论语·述而》）

子曰："吾自卫反鲁，然后乐正，《雅》《颂》各得其所。"（《论语·子罕》）

孔子学琴于师襄子。襄子曰："吾虽以击磬为官，然能于琴。今子于琴已习，可以益矣。"孔子曰："丘未得其数也。"有间，曰："已习其数，可以益矣。"孔子曰："丘未得其志也。"有间，曰："已习其志，可以益矣。"孔子曰："丘未得其为人也。"有间，孔子有所缪然思焉，有所怡然高望而远眺。曰："丘迨得其为

古代演奏音乐，以击钟为始，以击磬为终，"金声玉振"是将孔子思想比喻为一首完美而华丽的乐章。孟子用"金声玉振"来形容孔子，并不是偶然的。因为儒家和音乐有着不解之缘。甚至可以说，脱离了音乐的儒家是残缺的，不完美的。我们知道，孔子本人一生与音乐相伴，并且他整理的"六经"中就有《乐》，可惜相传秦始皇焚书之后失传了。但是我们通过《论语》《孔子家语》《礼记·乐记》等，仍然能够明白孔子是何等地重视"乐教"。礼乐文明，不能光有礼，而没有乐。礼的功能是"节"，乐的功能是"和"。孔子的人格为什么这样健全？"温、良、恭、俭、让"（《论语·学而》），"望之俨然，即之也温，听其言也厉"（《论语·子张》），原因就在于孔子不仅有着极高的礼仪修养，而且有着精湛的音乐素养。孔子不仅是哲人，也是诗人、歌者。孔子曾经向苌弘学乐，向师襄子学琴。他在学琴过程中，那种全身心投入，那种勇猛精进，真是令人在千载之后依然感佩不已！尤其是在齐闻韶，"三月不知肉味"，足以说明好音乐的无穷魅力。不管是落魄还是得意，孔子经常要抚琴鼓瑟，还要唱歌。比如孔子在周游列国途中，最惨的一次就是"厄于陈蔡"。孔子和弟子被人围困，七天没吃饭，群弟子都饿得东倒西歪，你看孔子是

什么状态呢？《孔子家语·在厄》给我们留下了镜头："孔子愈慷慨讲诵，弦歌不衰。"《论语·述而》记载："子与人歌而善，必使反之，而后和之。""子于是日哭，则不歌。"由此可见，孔子除了在办丧事的当天不唱歌，平时都要唱的。

孔子认为，音乐的力量是非常强大的，它能够将人的情志、人格涵养到中和境界。所以他强调：

> 兴于诗，立于礼，成于乐。（《论语·泰伯》）

贺麟先生认为，儒家思想本来包含三方面：有理学以格物穷理，寻求智慧；有礼教以磨炼意志，规范行为；有诗教以陶养性灵，美化生活。用诗歌来兴发人的情意情感，但是又不能泛滥无归，需用礼仪来加以约束、节制，但是礼也不能过分烦琐，否则会压制、束缚甚至扭曲人的情感，所以要用音乐来调节，让情理交融，不偏不倚，中和圆融，人格就真正完善了。这是孔子的"自我写照"。著名历史学家杨向奎先生在《宗周社会与礼乐文明》中曾说，孔子对礼乐做了新的诠释，在"乐"的协调下，"礼不再是苦涩的行为标准，它富丽堂皇而文采斐然，它是人的文饰，也

人矣。黯而黑，颀然长，旷如望羊，奄有四方，非文王，其孰能为此？"师襄子避席，垂拱而对曰："君子，圣人也，其传曰《文王操》。"（《孔子家语·辩乐解》）

孔子不得行，绝粮七日，外无所通，藜羹不充，从者皆病。孔子愈慷慨讲诵，弦歌不衰。（《孔子家语·在厄》）

是导引人生走向理想境界的桥梁"。孔子不仅在理论上诠释了礼乐，而且用自己的生命诠释了礼乐的功能。有学者认为，如果我们在先秦诸子中寻找一位既为实现理想而奔波劳苦，又将精神生活处理得风雅诗意的人物，那一定非孔子莫属。确实如此！孔子被誉为"圣人"，并不是他人随意吹捧，而是他真正达到了我们常人难以企及的圆满。所以，孟子说"孔子之谓集大成"（《孟子·万章下》），并且用"金声玉振"来形容孔子、赞美孔子，可谓贴切之至！

七、泮桥：庙学合一，入泮受教

穿过金声玉振坊，眼前是一座单孔小石桥，为明代所建，桥两侧各有一株古柏，正对着这个单孔桥，这个景观名叫"二柏担一孔"。"一孔"除了实指这一孔桥，实际上也借指孔子。

这座石桥很小，它在中国石桥当中肯定是不起眼的。但是孔庙门前的这座小桥，也不能等闲视之，说它是古代所有文人学子心中的圣桥，也不为过。这座桥叫泮桥（孔尚任《阙里志》称为"圣门桥"），桥下之水叫泮水。

泮桥

所有的孔庙前基本上都建有泮池或泮水，并在水上建桥。最早在周代，中国学校制度已大体完善。《礼记·王制》记载："小学在公宫南之左，大学在郊。天子曰辟雍，诸侯曰泮宫。"中央级别的大学叫辟雍，诸侯国的叫泮宫。后来庙学合一，也就是说各地文庙和学校是合在一块的，只不过有的是左右分布，有的是前后分布。所以，文庙、学宫前建有泮池，意味着这里就是学校。明清两代，把考中秀才称为"入泮"。

在古代，辟雍具有唯一性，而泮宫则很多。辟雍在哪儿能见到呢？大家有机会去北京，可以去东城区安定门内的国子监街（原来叫成贤街）去参观国子监和孔庙，离着雍和宫很近。国子监就是明清时的太学，里头就有一座建筑，在圆形的水池上面建有四方形的建筑，那就是辟雍。

鲁国的太学就叫泮宫。如果大家读过《诗经》，在《鲁颂》里有一篇叫《泮水》，描写的就是鲁僖公所建造的泮宫。今天曲阜明故城的东南角，有一汪池水如碧，那里就是鲁国的泮宫旧址。泮宫早已不存，泮池却留存下来。清代曾经在古泮池边建有乾隆行宫。乾隆还曾有《驻跸古泮池》诗，他说：

此地非常地，新城即故城。馆仍今日驻，池是古时清。

后来曲阜孔庙前，便不再另凿泮池，而是引泮池之水西行，流经庙前。所引泮池之水称为泮水，泮水上面建桥名为泮桥。

北京国子监辟雍

古泮宫石碑

曲阜古泮池旧影

曲阜孔庙的泮水比较特殊，泮池就比较常见。大家如果去西安看碑林，要知道那里本来就是明清时代的府学文庙，进门时前面就有半圆形泮池。而南京夫子庙，其前为秦淮河，在庙前还是呈半圆，那其实就是泮池，与秦淮河合一了。为什么叫"泮水""泮池"？顾名思义，泮，水之半也。汉代大学者郑玄解释说："泮之言半也。半水者，盖东西门以南通水，北无也。"（《毛诗传笺》卷二十）也就是说，根据礼制的规定，天子的辟雍是圆形水池，诸侯要降低规格，呈半圆形。泮桥有的地方叫状元桥或青云桥，以后大家去其他地方的文庙，可留意一下。

八、棂星门：文运所系

棂星门是孔庙的第一道大门。此门始建于明代永乐十三年（1415 年），原为木质结构，清乾隆十九年（1754 年），七十一代衍圣公孔昭焕重修孔庙时，改为石柱铁梁。门高 10.34 米，宽 13 米，门上龙头门簪十二，门中有大型朱栏六扇，大石柱四，下有石鼓夹抱，上装饰穿云板，顶端雕有四大天王像，以象征此门由天将守卫而成为参天立地的天门。额坊明间两层，稍间一层。明间上层与两稍间两侧刻条环花纹，明间中刻二龙戏珠，稍间刻云鹤，正中置圆雕火焰宝珠。

其实，此门还不是正式大门，而是礼仪性的大门。棂星门也是孔庙的标配，不光孔庙前面有这个门，曲阜周公庙、邹城孟庙前面也都有。这里的"棂星门"三个字是清代乾隆皇帝题写的。大家看，这个"欞"字很少见，其实就是"棂"的繁体字。"灵"的繁字体一般写作"靈"，由雨字头、三个"口"、一个"巫"组成。这个字显然和古代的巫术有关。那为什么乾隆皇帝写这个字时把底下的"巫"给省掉了呢？有人说，可能跟《论语》记载的"子不语怪、力、乱、神"（《论语·述而》）有关。也有人说，"欞"字笔画太多，同"星门"二字写在一起，笔画粗细很难统一，乾隆就自作主张，把右下部的"巫"字给去掉了。其实，这个"櫺"字出现比带"巫"的"欞"字还要早。大家看《说文解字》就收入了"櫺"，而"欞"则到了南朝梁代的《玉篇·木部》才出现。"櫺""欞"对应的简化字都是"棂"。

东一　　　　　　东二　　　　　　西二　　　　　　西一

棂星门石柱顶端的天王像

元代刘壎《隐居通议·学宫灵星门制》："州县学宫旧制，外门曰灵星。"《明史·礼志四》："（洪武）十五年，新建太学成。庙在学东，中大成殿，左右两庑，前大成门，门左右列戟二十四。门外东为牺牲厨，西为祭器库，又前为灵星门。"

棂星其实原来写作"灵星"。灵星是二十八星宿之东方苍龙七宿的角宿。此星又名天田星，古代皇帝在祭天之前要先祭天田。宋仁宗天圣六年（1028 年），筑南郊坛，置灵星门。至南宋理宗景定间，开始将灵星门移用于文庙。

一直到明代，孔庙的大门一直叫"灵星门"。到了清代，发生了变化。清代袁枚在《随园随笔·辩讹类上》中说："或曰取义于疏通，则直以为窗棂之棂，误矣。"但是，櫺星实在没有根据，也缺乏内涵。清人陆以湉在《冷庐杂识》中就说："圣学櫺星门，当作灵星门。"但是，积非成是，也只能将错就错了。古人认为灵星"主得士之庆"，就是负责选拔出优秀的人才，于是就成了文运所系的标志。所以文庙前面都会有这个櫺星门。

乾隆题"櫺星门"

九、下马碑：保持对圣贤的敬意

大家站在棂星门前，往左右看，大概 30 米开外各有一块石碑，叫下马碑。上面写："官员人等至此下马"。这是昔日皇家设立的谕令碑。类似的下马碑往往出现在皇家宫殿之前。孔庙下马碑最初立于金明昌二年（1191年），金章宗诏令孔子庙前置下马碑，刻文为"文武官员军民人等至此驻轿下马"。永乐十五年（1417 年）重刻为今字样。一说为清康熙二十九年，即 1690 年所立。

明成化十八年（1482 年），明宪宗下诏要求在文庙正门的东西分别设立下马碑，规定文武官员在两个下马碑之间必须步行通过，锣鼓仪仗也停止演奏，以表示对孔子的尊重。由此全国文庙都设有下马碑，孔庙从此享受到了"王"的崇高待遇。但是由于没有统一规定，所以各地的下马碑文字并不一样。清康熙二十九年再次申令："文庙前左右竖下马碑，一应文武官员军民人等在此下马。"所有来曲阜祭孔的官员，无论职位高低，来到孔庙前见到此碑，须文官下轿，武官下马。为什么要这样做？是要表达对所要祭祀的先贤的礼敬。你大摇大摆地进去实在不妥，我们要用谦卑的心态走进这个圣庙。

下马碑

官員人等至此下馬

一〇、太和元气坊：元气淋漓的孔子生命状态

　　穿过棂星门，眼前又有一座坊。这座坊也是明代所立，落款是"嘉靖甲辰春三月"，是1544年。比金声玉振坊要晚六年。谁立的牌坊呢？大家看落款："巡按监察御史郑芸立"。这上面的坊额是谁题写的呢？是"巡抚副都御史曾铣书"。

　　这座坊让大家眼前一亮。原来看到的"万仞宫墙""金声玉振"字都是红的，"棂星门"是明黄色；红色、黄色代表一种威严，显得格外正式。而这座坊的字是青色，显得清朗脱俗，而且这颜色与内容十分贴切。

曾铣塑像

曾铣（1509—1548），字子重，号石塘。明代江都（今扬州）人，祖籍浙江台州，后随经商的父亲落籍江都。嘉靖八年（1529年）进士，授长乐县令；嘉靖十二年（1533年）诏为御史，巡按辽东。因平乱有功，升大理寺丞。后任右佥都御史，巡抚山东、山西，进兵部侍郎。嘉靖二十五年（1546年），总督陕西三边军务，曾多次击退入侵的鞑靼军队，屡立战功。嘉靖二十七年（1548年）遭严嵩陷害被杀，隆庆二年（1568年）始得昭雪。穆宗下诏追赠为兵部尚书，谥"襄愍"。万历二年（1574年），御史周馨呈请在陕西为曾铣建祠。

太和元气坊

　　"太和元气"这四个字，大家都认识，但其内涵却很深奥。你懂得这四个字，对中国哲学就有一个初步了解了。"太和"是形容词，"元气"是名词。"元气"这个词大家不会陌生。比如说有人做了手术，就会感慨"伤了元气"。那元气是什么？要了解元气，就得先知道"气"。气，是中国哲学、中国文化的独特范畴。西方哲学家说宇宙的起源是水、火、原子之类。而中国人则认为宇宙是由气组成的。清气上升为天，浊气下降为地。在天地形成之前，或者说在清浊之气之前，也就是在阴阳不分的时候，这个气就叫元气。元是什么？元的本义就是指人头，就是首，我们今天还经常说"元首"。元气就是最原始的气，是宇宙最根本的能量，是生命之本源，它化生万物。中国生命哲学认为人体就是小宇宙，所以我们也认为元气是我们身体最重要的那种生命力量。其实，早在宋代，北宋大儒程颢就用"元气"来形容孔子。据《近思录·圣贤》记载，大程子评议孔子、颜子和孟子："仲尼，元气也；颜子，春生也；孟子并秋杀尽见。仲尼无所不包；颜子示'不违如愚'之学于后世，有自然之和气，不言而化者也；孟子则露其才，盖亦时然而已。仲尼，天地也；颜子，和风庆云也；孟子，泰山岩岩之气象也。观其言皆可见之矣。仲尼无迹，颜子微有迹，孟子其迹著。孔子尽是明快人，颜子尽岂弟，孟子尽雄辩。"

　　"太和"，大家也不陌生。在北京故宫，有三大殿——太和殿、中和殿与保和殿。什么是"太和"？太，在古代也写作"大"，"大学"就是"太学"。"泰山"最早写作"太山"，也作"大山"。太，比"大"还大一点。所以太和就是大和，特别的和。这个词来源于《周易》"保合太和，乃利贞"一语，这是最美好的一种状态。"和"是什么？"和"是中国哲学的核心范畴，也是中国文化中最高的一种境界追求。"和"包含着至少六重维度：个体身心的和泰，家庭关系的和睦，人际关系的和善，社会状态的和谐，国际关系的和平，天人关系的和顺。其实，和就是一种多元平衡的状态。世界是多元的，社会是不同的个体组成的。如何处理好这多元因素之间的关系？中国人的智慧叫"和"。北宋大儒张载有段话，非常经典。他说：

　　有象斯有对，对必反其为。有反斯有仇，仇必和而解。(《正蒙·太和篇》)

　　中国人认为，宇宙由气组成，然后形成天地、阴阳、万物，这都是"象"，各种现象。"有象斯有对"，有了现象有了事物，就有了各自的性质，这些性质往往是相互对立的，比如阴阳、男女、美丑、善恶、是非，就是"对"，对立的双方。"对必反其为"，对立的双方必然向相反的方向运行，产生张力。这种反向的张力就是矛盾，这叫"有反斯有仇"。矛盾如何解决？冲突如何化解？可能有人主张"争"，强调"以暴易暴"，但是中国智慧却说："仇必和而解。"矛盾必须通过"和"来解决。在求和过程中，是不是就完全否定"争"，那也未必。它的关键是"争"虽不可或缺，但不是最重要的手段，更不能当作目的。目的在于"和"，就是要学会"妥协"，学会"对话"，学会"让步"，双方在一定程度上对自我稍加节制、克制，达到一种双方都可以接受的程度，最终实现多元平衡的状态。

　　和是平衡。如果不和，就不平衡了，问题就来了。过去我们中医有个词，把身体生病隐晦地称为"违和"。违背和谐状态，不平衡了，就有病了。而"太和"就是最高的和谐平衡状态。

古人讲"和"，往往都是从生活实际经验来谈，而不是谈得那么虚无缥缈、玄而又玄。比如春秋时代的齐国贤相晏子，就用做羹也就是煲汤，来解释"和"与"同"的差异。做饭如此，其实音乐、绘画，无不如此。当我们把这种生活智慧转变为生命智慧的时候，我们的境界就得到提升了。不仅如此，古人还讲"和实生物，同则不继"（《国语·郑语》）。说这句话的人，是西周末年的史伯，比晏子还要早一两百年。"同"就是同质的，如水里加水还是水，不会发生性质的变化。"和"就是不同质的东西合在一起。如果往水里加入茶叶，那叫茶水；如果加入面粉，那就是面汤。团队建设，你贡献一个想法，我贡献一个想法，我们就会有更多的想法，方案也就会在这种交流对话、相互切磋中变得更加圆满。如果只听老板一个人的，即使老板再英明再智慧，也不能保证所制定的方案就是最好的。所以，孔子主张："君子和而不同。"（《论语·子路》）尊重他人，求同存异，这应该成为我们为人处世的一种基本追求。

用"太和元气"来形容和赞美孔子的智慧、孔子的思想、孔子的人格，不仅是说孔子境界之高，而且其中蕴藏着最为深沉的能量。确实，孔子不仅人格上堪称典范，而且其思想确乎如元气一般。我们古代有个词叫"元气淋漓"，形容一个人生命状态的饱满、生命能量的丰沛。孔子就给人以这样的感觉。

一一、德侔天地、道冠古今坊：孔子人格与思想的境界

我们穿过了太和元气坊之后，不要急于前行，大家向左右两边看。在孔庙东西墙上各有一道门，叫腰门。孔庙共有三道腰门，这是第一道。从建筑形式上看，属于木质牌楼式大门，都是建于明代永乐十三年（1415 年）。柱下夹杆石圆雕石兽，中间四只名叫"天禄"，两旁四只是"辟邪"，形象古拙可爱。须弥座所刻圆角柱、卷草粗放，显系明初风格。

东边的坊额，上题"德侔天地"四字。西边的坊额则是"道冠古今"四字。东边的赞美孔子之德，就是孔子的道德人格。西边的则是赞美孔子之道，也就是孔子的思想学说。明代山东巡抚陈凤梧《孔子赞》云：

> 道冠古今，德配天地。删述六经，垂宪万世。统承羲皇，源启洙泗。报德报功，百王崇祀。

"德侔天地"什么意思呢？"侔"的含义是齐等、相等。就是说，孔子之德与天地相齐。我们知道《西游记》里孙悟空一开始自号"齐天大圣"，其实真正的"齐天大圣"就是孔子啊！他的道德人格超越了世间的万物，只有天地可与之媲美。《中庸》上说：

> 唯天下至诚，为能尽其性；能尽其性，则能尽人之性；能尽人之性，则能尽物之性；能尽物之性，则可以赞天地之化育；可以赞天地之化育，则可以与天地参矣。

二门均为三间四柱五楼，柱不出头，覆黄色琉璃瓦顶（原为绿瓦，清光绪年间改），如意斗栱。明间庑殿顶，斗十三踩；两稍间歇山顶，斗九踩；明、稍间之间有小屋顶，斗五踩。

德侔天地坊

儒家认为，只有圣人才可以赞天地之化育，只有圣人才能与天地相并列为三。说的是圣人，其实就是在以孔子为标准。《中庸》赞美孔子：

仲尼祖述尧舜，宪章文武，上律天时，下袭水土。辟如天地之无不持载，无不覆帱；辟如四时之错行，如日月之代明。

这样的赞美还了得吗？《论语·子张》当中曾记载子贡赞美孔子说："仲尼，日月也。"前面我们提到程颢赞美孔子，说的就是："仲尼，天地也。"这些天地、日月的比喻，都是形容孔子的至诚无私。比如孔子提出所谓"有教无类"，不分高低贵贱都能接受教育，这种平等意识难道不像天地、日月那样无私、那样至诚吗？

孔子被誉为"至圣先师"，是因为他将他的道用自己的生命具体实践出来、呈现出来，套用西方经常讲的一句话叫"道成肉身"。北京大学哲学系杨立华教授曾经说过这样一句话："孔子没做任何惊天地泣鬼神的事，只是把自己能做的和该做的一切都做到饱满。"（《孔子的精神家园》）说得多好啊！孔子人格的伟岸与高大，恰恰不是那种英雄般的惊天地泣鬼神，而是一种春风化雨、润物无声。高山即使如珠穆朗玛峰，也还是能够被人逾越，只有卑下、平坦的大地，无人能够逾越。孔子之德，是"中庸之德"，看似"平常"，却非常人所能企及。新儒家代表人物徐复观先生曾说过"平常即伟大"的名言，颇得中庸真谛。孔子便是如此。我们后人在某一个维度上、某一种才能上，都可以超越孔子；但是一个整全的孔子，我们恐怕永远无法企及，更遑论超越了。

"我们看到孔子和他的弟子们的谈话，里面所讲的是一种常识道德。这种常识道德我们在哪里都找得到，在哪一个民族里都找得到，可能还要好些，这是毫无出色之处的东西。孔子只是一个实际的世间智者，在他那里思辨的哲学是一点也没有的——至于一些善良的、老练的、道德的教训，从里面我们不能获得什么特殊的东西。"（［德］黑格尔《哲学讲演录》第一卷）

"道冠古今"，是说孔子的思想学说是古往今来最好的。人类的思想史，群星璀璨。我们大家熟悉的思想家也不在少数，比如西方的苏格拉底、柏拉图、亚里士多德、康德、黑格尔、马克思，中国的老子、孔子、孟子、庄子、墨子、荀子、韩非、董仲舒、朱熹、王阳明。在中国古人看来，儒家的道、孔子的道，超过其他的思想学说，具有正统性、正确性。当然，站在其他学派的立场上，未必这么看。比如佛家就将孔子纳入他们的谱系里头，说孔子是儒童菩萨；道教呢，更是强调孔子曾经是老子的学生，要压儒家一头。大家知道，黑格尔也有一段"名言"，说孔子只是一个实际的世间智者，而没有什么哲学可言。当然，今天中国人从一种文化自信的立场上，再也不会为黑格尔的"轻视"孔子而感到"自卑"或者"愤愤不平"了。德国哲学家雅斯贝尔斯说孔

道冠古今坊

子是"思想范式的创造者"，这个评价是非常高的。

孔子的道，是不是最好的，今天我们并不用纠结，也不用辩论。但你应该知道，孔子的思想学说，不仅在古代被视为至高的道，影响或者塑造了中华文明的古典形态，而且还将在今天和未来持续地影响人类。

孔子的学说，围绕"人"而展开，所以有人说，孔子的学说可以归结为"人学"或"人道"，具体表现为"仁"学与"礼"学。《论语》中谈到"仁"109次，"礼"这个字出现74次，但是涉及礼的内容则非常多。所以，学术界曾经争议：孔子思想核心是仁还是礼？我觉得，仁和礼是不可或缺的，不必畸轻畸重，硬分轩轾。仁学侧重于人的生命完善，尤其是心性、德性、人格的完善，即"内圣"的方面；礼学则侧重于人的社会关系的协调，尤其是风俗、制度、政治的完善，即"外王"的方面。内圣外王是一个整体：起点是修身，是个体自我的成长、完善；落脚点是天下平，是所有个体的安顿、幸福。这就是《大学》讲的"修齐治平"之道。当然，在关注人的同时，孔子将人置于天地之间，人要处置好人与天地、与自然、与万物的关系。因此，儒家强调学习。通过学习，认识天地万物，增长知识智慧。儒家强调中道，通过中道的方法处理和解决遇到的各种问题。儒家强调和谐，最终的目的就是六个维度的和谐，总之就是太和的状态、至善的状态。这是理想，理想不一定能实现，但是需要为之努力！

聪明智慧的思想家们，或冥思苦想，或突发奇想，为人类贡献了太多的思想盛宴和文化大餐，都值得我们尊敬。但是中国文化，尤其是儒家文化，特别强调"道"与"德"的统一，人格与思想要合拍要一致，不能分裂。在西方就不太强调思想家的道德问题、人格问题。所以，西方有本书叫《行为糟糕的哲学家》，挺有意思的，大家有机会可以找来看看。孔子所开创的儒家传统，从来都主张学问思想与人格的统一，否则就是伪儒、伪君子。中国人对于那些行为糟糕的哲学家、文人、士大夫有点嗤之以鼻。比如秦桧、蔡京、严嵩，都是才子，但是为人所不齿，成为负面典型。所以，大家学传统文化，尤其是立志学儒学，一定不能把儒学仅仅当作知识、思想，更应该成为我们自己的信念，要做到知行合一，做一个真君子。

一二、至圣庙坊："特产"圣人

大家眼前这座坊，汉白玉石质地。四柱三间，明间石坊上有火焰珠，柱上插饰祥云，柱顶同样有辟邪。两稍间额枋平，云龙图案，线条流畅，构图匀称，雕刻精细。明间坊额深刻三个篆体大字。我把这个石坊称为"曲阜孔庙的身份证"。为什么这样说呢？我们经常开口闭口说孔庙，其实孔庙是"小名"，是俗称。曲阜孔庙的大名在这里刻着呢。这三个字是"至圣庙"。在明弘治十三年（1500年）始建时，原坊额篆刻"宣圣庙"，后来清雍正七年（1729年）改建时易名"至圣庙"。

首先，这三个字把这座建筑群的性质点出来了。这是"庙"。一听到"庙"，很多人可能马上联想到佛教的寺院。其实，"庙"在佛教进入中国之前就有了，而且非常早。它是和西周的宗法制度密切相关的。最早的庙，就是祭祀祖先的神圣空间。这样一提示，大家可能马上就会想到北京的太庙。现在的北京劳动人民文化宫，就是明清两代的太庙。其实，这种祭祀祖先的庙制，至少在西周就确立了。周代规定：天子七庙，诸侯五庙，大夫三庙，士一庙，庶人无庙而祭于寝。

天子地位最高，祭祀的祖先就最多，因此是七庙。其次，诸侯五庙，大夫三庙，士一庙，庶人则没有庙。后来，到了宋代，民间就出现了家庙、祠堂。南宋《朱子家礼》最早对"祠堂"规制做了较为详细的阐述。家族建立自己的祠堂，进行祭祖。大家到南方去，在安徽、福建、广东会看到遍布乡间的古老建筑——祠堂。祠堂就是老百姓家供奉祖先牌位的地方。

中国人是一个宗教色彩很淡的族群，但是中国人有没有信仰？有。在中国古代，信仰方式不是宗教形态，而是一种伦理、人文形态，即通过"祭祀"之礼来呈现。

《左传·成公十三年》说："国之大事，在祀与戎。"把祭祀与军事相提并论，作为国家最重要的两件大事。《礼记·祭统》也说："礼有五经，莫重于祭。"在吉、凶、军、宾、嘉五礼之中，最重要的莫过于祭祀之礼。《周礼》将祭祀对象分为天神、地祇和人鬼三大类。祭天神，对象有昊天上帝、日月星辰、司中、司命、雨师等；祭地祇，对象有社稷、五帝、五岳、山林川泽、四方百物等；祭人鬼，则包括先王、先祖、圣贤、英烈等对象。

祭祀是人们对死者表达思慕之情的一种方式，是忠信爱敬之德的最高表现，代表了礼节仪式的繁盛。作为精英的士君子理解祭祀的内在深意，积极推行祭祀于天下，化民成俗。哲学家冯友兰先生在《中国哲学简史》中说："行祭礼的原因并不再是因为相信鬼神真正存在，当然相信鬼神存在无疑是祭礼的最初原因。行礼只是祭祀祖先的人出于孝敬祖先的感情，所以礼的意义是诗的，不是宗教的。"这道出了知识阶层对于祭祀的深层理解。不过，对于一般的社会民众而言，祭祀依然保存着一定的信仰的意涵。古人祭祀是为了表达对天神、地祇和人鬼的崇敬与报恩之情。

古人认为，在这个世界上有几种最值得人感恩和敬畏的对象——天、地、君、亲、师。

　　"天地君亲师"的信仰，源于古代所谓"礼有三本"："天地者，生之本也；先祖者，类之本也；君师者，治之本也。"（《荀子·礼论》）

　　确实，天地自然是包括人在内的所有生物生存的前提，祖先是人类的根本，君和师则是人类社会实现治理的关键。人当然应该对"天地君亲师"有所敬畏、有所报答，而祭祀就是表示报恩与敬畏的方式。因此，北京有天坛、有地坛、有太庙、有孔庙，是皇帝祭祀"天地君亲师"的场所。老百姓家里也供奉着写着"天地君亲师位"的牌位。

　　设立孔庙祭祀孔子，即是为表彰和尊崇孔子所代表的中国文化之道。魏文帝在诏书中曾说得非常明白：孔子"可谓命世之大圣，亿载之师表者也"（《三国志·魏书·文帝纪》）。明代儒者钱唐也说："孔子垂教万世，天下共尊其教，故天下得通祀孔子，报本之礼不可废。"（《明史·钱唐传》）这是一种非常典型的看法。祭祀孔子，目的在于"崇礼报功"，即纪念和表彰其作为文化先师对人类所做出的不朽贡献。

天地君亲师位

（洪武）二年诏孔庙春秋释奠，止行于曲阜，天下不必通祀。（钱）唐伏阙上疏言："孔子垂教万世，天下共尊其教，故天下得通祀孔子，报本之礼不可废。"侍郎程徐亦疏言："古今祀典，独社稷、三皇与孔子通祀。天下民非社稷、三皇则无以生，非孔子之道则无以立。尧、舜、禹、汤、文、武、周公，皆圣人也。然发挥三纲五常之道，载之于经，仪范百王，师表万世，使世愈降而人极不坠者，孔子力也。孔子以道设教，天下祀之，非祀其人，祀其教也，祀其道也。今使天下之人，读其书，由其教，行其道，而不得举其祀，非所以维人心、扶世教也。"皆不听。久之，乃用其言。（《明史·钱唐传》）

宋元之际的学者熊禾在《三山郡泮五贤祠记》中说："尊道有祠，为道统设也。"也就是说，孔庙的设立，是为了尊崇孔子之道，体现中华文明的一脉相沿、传衍不息。无怪乎，当明太祖下诏孔庙释奠只行于曲阜，天下不必通祀时，招致了士大夫群体的激烈反对。侍郎程徐上疏说：古往今来，只有社稷、三皇与孔子是通祀天下的对象。民众如没有社稷和三皇，就无法生存；离开孔子之道，将无法立世。尧、舜、禹、汤、文、武、周公，都是古代圣人，但能够将三纲五常之道发挥阐明，进而删订"六经"，垂范后世，为万世师表，维系世道人心的，唯有孔子。因此，天下祭祀孔子并非单纯地祭祀其人，关键在于"祀其教也，祀其道也"（《明史·钱唐传》）。历代先贤先儒配享、从祀孔庙之中，目的也在于"衍斯世之道统"（王世贞《弇州四部稿》卷一一五）。因此，祭祀孔子及先贤先儒在于维系人心、匡扶教化，从而使得社会有序。朱元璋在洪武三年的《大明诏旨》中对岳镇海渎、忠臣烈士封号加以裁撤，唯一保留了孔子的所有封爵。在孔庙《大明诏旨》碑中，可以看到朱元璋这样说："孔子善明先王之要道，为天下师，以济后世，非有功于一方一时者可比。"

我们再说"圣"。一百多年来，"圣"这个概念备受批判。大家可能对"圣"并不陌生。我们上学的时候，学历史，知道好多历史人物被冠以"圣"字，比如"诗圣"杜甫、"医圣"张仲景、"书圣"王羲之等。其实，这些"圣"都是从儒家的圣人概念引申出来的。

"圣"是传统儒家人格的最高称号。中国古代读书人有个理想，叫"希圣希贤"。最早就是周敦颐提出的："圣希天，贤希圣，士希贤。"（《通书·志学》）希就是希慕、追慕。士人追求成为贤人，贤人追慕圣人境界。历史上好多名人，都用这样的意思来取名。在古代，儒家系统里，被尊为"圣人"的，套用孔乙己的话："多乎哉？不多也。"（其实，这句话就来自孔子，《论语·子罕》记载孔子的话："君子多乎哉？不多也。"但是，这里的"多"是"多能"的意思。）人格太高了，太难做到了。物以稀为贵，圣以少为尊。被国家承认的儒家圣人只有六位：至圣孔子；孔子之前有元圣周公；孔子的两个学生"优入圣域"，一个是复圣颜子，孔府旁边就有复圣庙，还有一个宗圣曾子，按照过去的说法，他是《孝经》和《大学》的作者，宗圣庙在嘉祥；再下一代是孔子的孙子，传说是曾子的学生，《中庸》的作者——述圣子思子；最后一个是子思的再传弟子，跟孔子隔了一百年左右——亚圣孟子。所以，曾经有人问我：你们济宁有什么特产？我说：我们这里"特产圣人"。几大圣人都在这片土地上生活、学习、工作。山东人应该自豪的是，齐鲁这片土地，在中国历史文化的发展当中发挥过非常重要的作用。

曲阜复圣庙

刚刚说了，孔子被尊为"至圣"。大家看，至圣庙坊额中"圣"右面那个就是"至"字。在这里，"至"就是至高无上之义。其实，"至"在甲骨文中就出现了，是个会意字。字形所要表达的意思是射箭射中目标。上面是倒写的"矢"，像射出的箭，有箭羽、箭镞，下边"一"横就是那个目标。不过，《说文解字》的解释是："鸟飞从高下至地也。从一，一犹地也。象形。"其实，这种说法是错误的。后来到了隶书、楷书，字形变化，上面的箭羽呈平横状。所以，这个字有两个意涵：一个是到达，今天我们经常说的"到"，就是从"至"的字；另一个就是极致，箭射中目标，再也过不去了，到头了，叫极致。

我们知道最早说孔子是"至圣"的人是司马迁。《史记·孔子世家》最后，司马迁说了一段非常有名的话。

> 太史公曰：《诗》有之："高山仰止，景行行止。"虽不能至，然心乡往之。余读孔氏书，想见其为人。适鲁，观仲尼庙堂、车服、礼器，诸生以时习礼其家，余祇回留之不能去云。天下君王至于贤人众矣，当时则荣，没则已焉。孔子布衣，传十余世，学者宗之。自天子王侯，中国言六艺者折中于夫子，可谓至圣矣！

司马迁的父亲崇信黄老之学，司马迁则推崇孔子，给孔子作传记，取名《孔子世家》，足以见出他对孔子的尊崇。尤其是《孔子世家》最后一段"太史公曰"，真是让人感慨于千载之下。这里出现了"至圣"两个字。这个"至圣"是什么意思呢？是说孔子是最高的圣人呢，还是孔子达到圣人的境界呢？我经过若干次的阅读、揣摩，觉得司马迁的意思是，孔子达到圣人的境界了。大家知道，"至圣"的封号出现于宋真宗时期，如果早在司马迁那个时候就把孔子视为"最高的圣人"，我想这个封号的出现不会这么晚。

至圣庙坊额

其实，在孔子乃至司马迁生活的时代，"圣"都是极高的称谓。孔子自己都说："若圣与仁，则吾岂敢？"（《论语·述而》）孔子不敢以仁人和圣人自居。先秦时代，人们心目中的"圣"，都是圣王，也就是尧、舜、禹、汤、文、武这样的人物。孔子有德无位，但是因为他的思想和境界太高了，当时人就有尊其为圣人的。但是，这属于破天荒。孔子当然不敢以此自居。这既是孔子谦卑品质的体现，也是圣人品性的体现。前些年有学者提出"去圣乃得真孔子"，说孔子是个堂吉诃德式的人物，是个在现实世界里找不到精神家园的人。他说孔子不是圣人，理由是孔子自己都不承认是圣人。大家如果了解孔子一生，就不会认为孔子在现实世界里找不到精神家园。孔子的精神家园多富足啊！"里仁为美"！孔子不仅有，而且还给后世中国人提供了精神家园。再者，孔子不以圣人自居，说明了什么？如果一个人自己说"我是圣人"，你认为他是圣人吗？我认为，凡是自称为圣人、大师的，要么是疯子，要么是骗子，而以骗子居多。就像现在的江湖上，各种大师满天飞，其中"大忽悠"特别多。真正的大师，反而是谦卑的。真正的圣人，也一定是谦卑的。大家都认为孔子是圣人，他自己反而说不够格，人们才越来越尊重他。如果人家一奉承，自己就半推半就，甚至坦然接受，这便与圣人判若云泥。

圣人不能自封，都是后人公认公推的。儒家这六位圣人，可以说是实至名归。当然，大家最认可的还是孔子。孔子是圣人的代表、典范。即便我们永远也达不到圣人的境地，也不能狂傲地否定"圣"这一境界的存在。即便我们不以成圣为目标，我们也应该明白成圣是中国文化中非常值得尊重的人格追求。

一三、圣时门：与时偕行的智慧

　　眼前这座门叫圣时门。其实，这才是孔庙正式的大门。它建于明永乐十三年（1415 年），弘治十二年（1499 年）扩建，清代多次扩建重修。前后御道上各有浮雕云龙戏珠石陛，系明代雕刻。此门原名"宣圣门"，清雍正八年（1730 年）世宗钦定为"圣时门"。现在的匾额，为乾隆所题。

　　"圣时门"的命名当然也有出处，还是与孟子有关。

　　孟子是这样说的："伯夷，圣之清者也；伊尹，圣之任者也；柳下惠，圣之和者也；孔子，圣之时者也。"（《孟子·万章下》）

　　孟子认为在历史上有好几位圣人。其中，伯夷是圣之清者。清，就是清高。大家都知道，《史记》列传的第一篇就是《伯夷列传》。大家听说过"不食周粟"的故事吧？商朝末年，有个孤竹国。国君有几个儿子，老大叫伯夷，老三叫叔齐。从伯仲叔季的排行来看，应该还至少有一个儿子，但是我们不知其名，也与此事无关。伯夷的父亲想着让叔齐做自己的继承人。可是，当父亲真的去世后，叔齐又让位

此门立于 1.15 米高的台基之上，共有 5 间，高 12.09 米，宽 23.03 米，深 11 米，中设拱门 3 间，砖木结构，五踩斗栱，灰瓦绿边单檐歇山顶。

圣时门

给大哥。结果伯夷不同意，于是自己就离开了孤竹国。叔齐也放弃了君位，追着大哥离开祖国。两个人就商量着去西岐，投奔仁义的周文王。不巧的是，周文王已经去世，而武王要起兵伐纣。伯夷、叔齐叩马而谏："父死不葬，爰及干戈，可谓孝乎？以臣弑君，可谓仁乎？"二人差点被杀掉。后来，周武王灭商兴周，整个天下都归服了周，可是这二位耻之，"义不食周粟，隐于首阳山，采薇而食之"。最后的结果当然是"饿死首阳"。你看，这是多么清高啊！所以，孔子曾经评价伯夷："求仁而得仁，又何怨？"孔子给伯夷以极高的评价。所以，孟子就把伯夷称为"圣之清者"。

伊尹是谁呢？大家可能稍微陌生。他可是和周公、姜太公齐名的。周公辅佐周武王建立了周朝；伊尹则辅佐商汤建立了商朝。《荀子·臣道》中说："殷之伊尹、周之太公，可谓圣臣矣。"伊尹本来是一名厨师，他从厨事中悟出了很多道理和智慧，辅佐商汤夺取并治理天下。后来又辅佐商汤之后的三任君主。尤其是商汤孙子太甲，昏庸残暴，伊尹将之流放于桐宫，让他面壁思过三年。三年后，太甲改过自新，伊尹重新将之扶上君主宝座。伊尹可以称得上最能担当责任的人。

柳下惠，我想大家不会陌生。因为在民间八卦里有一个"柳下惠坐怀不乱"的故事。柳下惠是春秋时期鲁国公室成员，贤大夫，早于孔子百年左右。其实，"坐怀不乱"的故事纯属以讹传讹。柳下惠绝对是正人君子。在《论语》里孔子赞美柳下惠为贤人，并且记载了柳下惠作"士师"——管理刑狱的司法官时，由于"直道而行"，多次被贬职。有人劝他离开鲁国，他说："直道而事人，焉往而不三黜？枉道而事人，何必去父母之邦？"（《论语·微子》）柳下惠坚持自己的立身原则，同时又对祖国充满爱国之情。他虽然直道而行，却不是那种特别有棱角的人，而是一团和气，具有极高的修养。

1935年，鲁迅先生写过一篇文章《在现代中国的孔夫子》。大家知道，鲁迅是反孔的，他挖苦孔子说："孟子批评他为'圣之时者也'，倘翻成现代语，除了'摩登圣人'实在也没有别的法。"当然，鲁迅接着说："孔夫子的做定了'摩登圣人'是死了以后的事，活着的时候却是颇吃苦头的。"摩登，就是modern，用今天的话翻译就是"时髦"。这显然是有点挖苦的意思的。

孔子确实不是顽固不化的人，而是与时俱进的人。这就是孟子所把握的"时"。孔子对"时"理解得特别深。时的观念主要体现在什么地方？儒家六经，第一部书就是《周易》。《周易》的主旨就是强调时和变。西方人把《周易》翻译为 The Book of Change——《变化之书》。变化和时间有关。在传为孔子所作《易传》中，"时义大矣哉""与时偕行""与时偕极"的说法多次出现。与时偕行，不就是今天常说

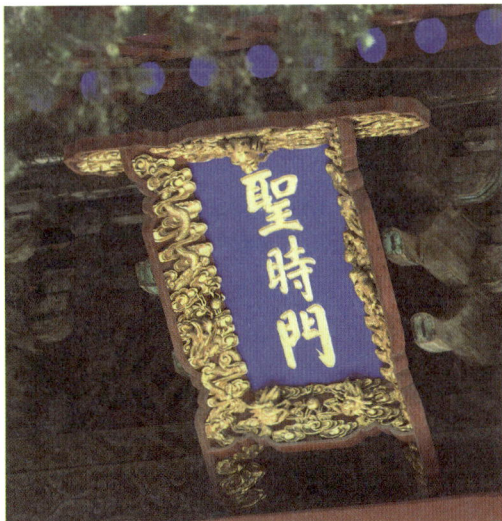

乾隆题"圣时门"匾额

的"与时俱进"的源头吗？

时就意味着变。《周易·系辞下》有句话叫："穷则变，变则通，通则久。"什么叫穷？穷就是穷途末路，走不通了。这个时候必须改变。只要变化了它就通达通畅，才可以长久。所以，我们为什么要改革？改革就是变，变是为了通，把很多矛盾化解掉，然后就能可持续发展。可见，孔子对时把握得特别深刻。这是中国独有的一种智慧。西方人到了现代哲学，到了存在主义才有了对时间真正的领悟。

《中庸》当中有句话："君子之中庸也，君子而时中。""圣之时者"的"时"就是指"时中"的"时"。所以，我把中庸之道分为三个层面：第一个层面，就是时中，意思就是中庸要求把握时；第二个层面是适中，就是度的问题，即孔子说"过犹不及"（《论语·先进》）；第三个层面是"中和"，要以"中"求"和"。中庸本身就蕴含着对和谐的追求。"中"有时候也意味着一种价值判断。今天河南话、鲁西南方言里，还用"中"来表达满意、认可、赞同。过去，我们谈中庸，一般都是强调不偏不倚，过犹不及，那只是度的问题。其实，在"度"之前，还有"时"的问题。"时"就是时间、条件、环境、场合，这是一个大背景，做到"中庸"首先就得对"时"有把握。度，就是分寸、火候，这是第二位的问题。

在《论语·乡党》有一个小段落，最后一章，非常能体现"时"："色斯举矣，翔而后集。曰：'山梁雌雉，时哉！时哉！'子路共之，三嗅而作。"

　　这一章可能有错简，非常难以索解，但是结合古今注疏，可以发现这一章画面感非常强。我们知道，孔子的课堂到处都是，在路上，在山上，处处可以给学生讲课。有一天，孔子率领众弟子到山上去散步。这个时候，山梁上有很多野鸡——"山梁雌雉"。野鸡一看有来人，马上警觉起来，哗地一下就飞走了。但是"翔而后集"，飞到离人远的地方，又落到树上。这个"集"字，本身就是多个鸟聚集在树上的意思。孔子见此场景，马上就赞美这个鸟，说："时哉！时哉！"这群鸟不简单，太懂得时了，危险来了，马上就警觉地跑了。《大学》上有一句孔子的话："于止，知其所止，可以人而不如鸟乎？"有些人还真不如鸟，大难临头都不知道。子路跟着老师，一听老师在赞美鸟，马上对鸟肃然起敬。大家知道，子路很直率可爱，既然老师在赞美鸟，这鸟就应该尊重。于是他就冲着远处的鸟，拱手作揖。大家看这个动作，古人穿的是宽袍大袖，子路很粗率，行礼的幅度有点大，鸟儿又警觉了，振振翅膀又飞走了。"三嗅"这个"嗅"字费解，大都认为当作"昊"，读为"菊"音，或读为"恤"音，是鸟张两翅之貌。"三嗅"，就是鸟振振翅膀又飞走了。孔子对鸟的这种赞美当中表达了对时的重视。

　　"时中"的智慧，就是"具体问题具体分析"。古今中外再好的思想、再好的经验，都不能照搬照抄，不能泥古不化，也不能食洋不化，要根据自身的现实情况来作取舍。这就是将原则性与灵活性相结合的方法论，就是要结合现实条件来进行创造性转化、创新性发展。

　　大家看，这个红漆大门，上面排列着门钉。在古代，门钉是身份等级的象征，身份不同则门钉的数量和材质不同，这也是礼制的体现。《大清会典》规定：皇宫"门设金钉"，圜丘"外内垣门四，皆朱扉金钉，纵横各九"；"亲王府制，正门五间……门钉纵九横七"；"世子府制，正门五间……门钉减亲王七之二"；郡王、贝勒、贝子、镇国公、辅国公与世子府同；"公门钉纵横皆七，侯以下至男递减至五五，均以铁"。圣时门的门钉是七九六十三个。

　　这座圣时门过去并不轻易开启，除了皇帝来祭孔、衍圣公府的小公爷诞生，一般不开此门。人们都要从两侧的快睹门、仰高门进出。当然，现在我们都可以随意进出了。

一四、快睹门、仰高门：一睹为快，仰之弥高

走过圣时门，整个院落豁然洞开，偌大一个庭院，古柏森森，绿荫匝地，芳草如茵。

大家从这里往左右看，在东西墙上有一对腰门。东腰门曰"快睹门"，西腰门曰"仰高门"。二门为方便人们拜庙而添建。故东门为"快睹"，寓意先睹为快。西门名"仰高"，据颜回赞扬孔子"仰之弥高"（《论语·子罕》）语意命名。

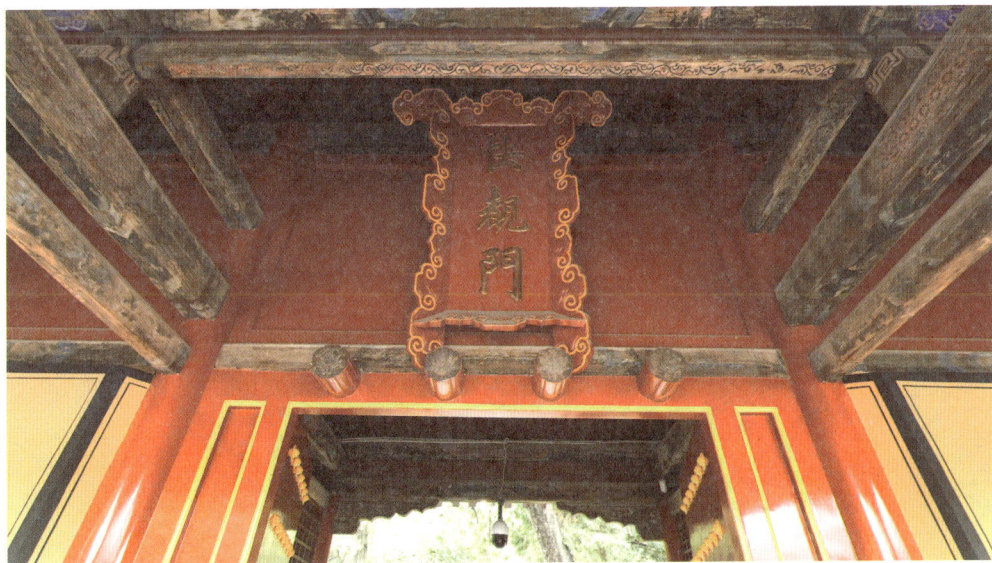

快睹门

二门始建于明弘治十三年（1500 年），在清康熙十六年（1677 年）、雍正七年（1729 年）、乾隆二十三年（1758 年）、嘉庆二十一年（1816 年）经过若干次重修。到光绪二十三年（1897 年）时，仰高门"木柱仅存，琉璃瓦全无"，而"快睹一门坍塌尤甚，基址仅存"，"木料全损，琉璃瓦无存"，山东巡抚命"照毓粹、观德门式修盖一新"。今存规模形制与清雍正修庙记载相同，当是照原样重修的。门各三间，单檐悬山顶，灰瓦绿边，五檩三柱分心式木架，无斗。

一五、璧水桥：教化流行之象

　　再往前看，面前一水横陈，三桥纵跨，皆以砖石券拱，中间主桥宽 10.30 米，长 16.68 米，两侧的辅桥宽 3.43 米，长 13.35 米。这一条河，名曰"璧水"（亦作壁水、碧水）。三桥因而得名"璧水桥"。此桥始建于明代永乐十三年（1415 年），明弘治十二年（1499 年）增添石栏。河身砌有河底，原河上为小墙，清康熙十六年（1677 年）将小墙改为石栏杆。雍正重修孔庙，曾以大成殿旧料等更换部分栏板、栏柱。其实，这条河是一条人工河，其长度就到孔庙东西墙。康熙年间曾计划引古泮池水入河，但未成功。

璧水桥主桥

"璧水"取义不明，或云取"辟雍"之义。《白虎通·辟雍》："天子立辟雍何？所以行礼乐、宣德化也。辟者，璧也，象璧圆，又以法天，于雍水侧，象教化流行也。"可备一说。

维修工人从璧水桥走过

璧水

大家可能会在一些老照片上看到，孔庙里有一座汉石人亭，但是现在从孔庙里却遍寻不着。汉石人亭于 1953 年在璧水桥的西南侧建造。亭内的两尊石人，雕刻于东汉时期。两尊石人"一人介而持殳"，"一人冕而拱手立"（毕沅、阮元《山左金石志》卷八）。其石人原立于曲阜东南张曲村汉代鲁王墓之前，1794 年移入城内疆相圃，1953年移至孔庙，建亭保护。亭内石人均身高 2 米余，且胸间均有古朴刻字，被历代金石学家所重视。石人亭目前皆移存于汉魏碑刻陈列馆，所以在孔庙肯定见不到。

已移入汉魏碑刻陈列馆的汉石人亭

一六、弘道门：有理想信念，并努力实现它

　　跨过璧水桥，就是弘道门。此门始建于明代洪武十年（1377 年），原门三间，当时是孔庙的正门，永乐十三年（1415 年）后成为二门。明弘治年间重修孔庙时，改建为五间，石柱木构。清初改名"天阶门"，雍正八年（1730 年）钦定为"弘道门"，后由乾隆皇帝题写"弘道门"三字竖匾立于门额。弘道门下原有石碑两幢，东碑是元代刻成的《曲阜县历代沿革志》，记载了曲阜在元代以前的历史沿革概况，具有较高的史料价值。西碑是元代《处士王先生墓志铭》，颇有书法价值。二碑发现于曲阜城东旧县村，后移入孔庙。现二碑也移至汉魏碑刻陈列馆保存展览。

弘道门

弘道门高 9.92 米，宽 17.28 米，深 8.96 米。阔五间，深两间，开三门。单檐歇山顶，灰瓦绿边，七檩三柱分心式木架，檐下施五踩重昂斗栱。梁枋肥宽，平板枋高狭，均呈清代特点。只有外檐八角石柱侧角升起，当是明代遗物。

乾隆题"弘道门"

"弘道门"的名字来自《论语·卫灵公》里孔子的一句话："人能弘道，非道弘人。"在中国文化中，道是最高的范畴。著名哲学家金岳霖曾经写过一部书，名字就叫《论道》。该书虽然是非常西化的哲学论著，但他取了一个非常典型的中国书名，足见"道"这个字眼与中国哲学的紧密关联。西方老是提"神"，我们中国人则爱讲"道"。道家有道家的道，儒家有儒家的道。后来，中国人又提出一个"理"字，"道理"两个字并提。宋太祖赵匡胤曾经问宰相赵普："天下何物最大？"天底下什么最大？赵普根本没想着拍马屁，没有说什么"天底下天子最大、皇帝最大"，而是说："道理最大。"结果赵匡胤竟然同意了这一说法，"上屡称善"。（沈括《梦溪笔谈·续笔谈》）所以，中国人常说：什么也大不过天，大不过道理。

道，既指思想学说，也指这一学说所追求的最高理想。孔子说："朝闻道，夕死可矣。"（《论语·里仁》）意思是，我早上把道弄通了，我晚上死了都心甘情愿，这一生就值

韩愈塑像

了，死而无憾，可以瞑目。这句话意在强调"闻道"的艰辛及其重要性。对于道，有一个次第，即先求道、明道，然后去行道、弘道，这是一个从知到行的过程。儒家讲知行合一，就是先要通过学习，去追求道的真义，弄清楚道是什么，然后付诸行动，去行道、弘道。这样，道才会薪火相传。从这个意义上讲，人类历史上必须要有教师这个职业。韩愈讲："师者，所以传道、受业、解惑也。""道之所存，师之所存也。"（《师说》）教师是"道"的重要载体，是"道统"的"中转站"。可见，教师的责任重大，使命光荣啊！教师要"传道"，前提就是我们必须先要"有道"，承载道。

道，作为最高的理想，是人应该追求的目标。有了目标，就有了方向，就有了内驱力。因此，儒家强调，先要"立志"，树立高远的理想。孔子说："吾十有五而志于学"（《论语·为政》），不是说孔子到了十五岁才开始立志好好学习，这里的"学"其实就是"道"的另一种表达。孔子主张"志于道，据于德，依于仁，游于艺"（《论语·述而》），强调"士"就是"志于道"的人。如果没有志向，人就难以产生进取的内驱力。明代大儒王阳明在《示弟立志说》中说："夫学，莫先于立志。"在《启问道通书》中，王阳明强调："大抵吾人为学紧要大头脑，只是立志。"王阳明不仅如此说，也是如此做的。他从小立下圣贤志向，这为他日后的人生路确立了方向。王阳明十一岁那年被他父亲、当朝状元王华带到北京读书。他曾经问私塾老师一个问题："何为第一等事？"大家看这气魄：什么是天底下第一等的事情？大家想想，咱十一二岁的时候能问出这样的问题吗？我们到目前为止，有过类似的思考吗？那位私塾老师回答说："惟读书登第耳。"就像你父亲一样，能够通过科举考中状元，就是人生第一等的事。就像今天很多家长认为的，如果能够考上北大、

王阳明塑像

清华，那就是第一等的人。可是人家王阳明并不认同，他摇摇头，说："登第恐未为第一等事，或读书学圣贤耳。"（钱德洪《阳明先生年谱》）同样要读书，王阳明认为不能以科举登第为目标，那样太世俗、太功利了，人读书应该以成圣成贤为目标。自己生命境界的提升，到达圣贤的境界，才是最重要的。我们学习的目的是什么？如果说考大学只为了找个好工作，这个层次就太低了。工作当然重要，我们要生存，就需要有工作，但这只是基础。就如我们常说的，吃饭是为了活着，但是活着不是为了吃饭。我们要为一个自我的意义、生命的圆满而努力。其实，这就是儒家"成人之学""为己

之学"的真精神。

立志，就是树立理想信念，将"道"的践行、实现、弘扬作为人生使命。我们小时候总是被追问："你有什么理想？"大家可能会说："我想当警察抓小偷。"或者说："我想当科学家，研究导弹。"或者说："我想当老师。"不瞒大家说，我小时候喜欢听评书，因此就喜欢上了历史，高中时写下的人生理想就是当历史学家。当然，理想可能会变，但是人总归需要一个理想。大家观察，从古到今，从中到外，凡是成功的人，没有例外，其内心深处肯定有一个理想追求。海上航行需要灯塔指引，人生之路需要理想引领。如果没有理想、信念、目标，人便会庸庸碌碌、稀里糊涂，失去人生的意义。因为，人生意义本来就是在我们的追求当中逐渐产生的。

因此，孔子讲："人能弘道，非道弘人。"（《论语·卫灵公》）我们看历史，孔子创立儒学，尽管他有很多追随者，三千弟子，七十二贤，但是他十四年周游列国的结果什么？处处碰壁。他的弘道之旅并不顺遂。在那样一个"争于气力"的时代，没有人听他的。其实，战国时代的孟子同样如此。孟子周游列国也几乎没有人听他的，最后不得不返回家乡，著书立说，以"立言"的方式替代"立功"。其实，孔孟周游列国，目的就是弘道。从当时看来，弘道的愿望落空了，没有将理想马上变为现实。但是在弘道的过程之中，他们的学说被越来越多的人所接纳。韩非子说，战国时期，儒学是"世之显学"，就是当时最显赫的学说。靠的是什么？靠的就是一代代儒家的执着弘道。我们现在讲"功成不必在我"，其实孔孟等儒家也都意识到了，即使现在实现不了，500 年后、

1000 年后，总会实现的。正是这种精神，使得儒学影响越来越大，到了汉代终于成为主流和正统学说。这就是"人能弘道"。

什么是"非道弘人"？孔子并不是说，道不能使人弘大。恰恰相反，没有道，人就失去了意义。只有道，才让人真正成为人、大写的人、圆满的人。从这个角度讲，道亦弘人。但是，为什么孔子要说"非道弘人"？我认为，孔子强调的无非是人应该主动践行道，将道从理想状态变为现实存在。每个人都要主动地担负、承担起自己的使命、责任，在弘道的过程中，人也得到了自我实现。如果反过来，依赖道、借助道，来弘大自己，那是自我欲望的泛滥。忘记了初心，放弃了使命，将道工具化、功利化，那是对道的亵渎和消解，是万万不行的。其实，这样的担心不是多余的。我们看到，在汉代成了官学之后，儒学就成了很多人的利禄之途。很多人读经典、学孔子的目的就不是弘道了，而是让自己发达，那叫"以道弘人"。这样的结果就是，儒学会越来越丧失生命力。只有当另外一个大儒或一群大儒出来，以道自任，振臂一呼：我们不能这样，应该"弘道"！经过努力，才能恢复儒家的生命力。理想信念是精神之钙，弘道精神能够给我们补足精神之钙。

大家都记得宋代范仲淹的《岳阳楼记》，其中有两句家喻户晓的名言："先天下之忧而忧，后天下之乐而乐。"大家肯定也记得明代东林书院的那副对联："风声雨声读书声，声声入耳；家事国事天下事，事事关心。"大家也记得近代民族英雄林则徐的诗句："苟利国家生死以，岂因祸福避趋之。"李大钊的名联："铁肩担道义，妙手著文章。"这些我们从小就熟知的名言，无一不是志存高远、心系家国的圣贤人物的生动写照。这些精神滋养、鼓舞着后来人，凝结为民族精神。如果没有这种精神，我们这个民族、国家不会这样可大可久。每个时期，尤其是当民族危难之际，总会有一些民族脊梁要挺身而出。所以，我们要加强这种理想信念的教育，给孩子指引生命的意义。即便生活得不那么富足，精神世界也应该是饱满的。

再回到儒家，我们都知道孔子讲过："饭疏食饮水，曲肱而枕之，乐亦在其中矣。"（《论语·述而》）吃的是粗饭，喝的是清水，但是乐在其中。颜回"一箪食，一瓢饮，在陋巷，人不堪其忧，回也不改其乐"（《论语·雍也》）。在贫苦的生活中，孔子和颜子居然都那么快乐。他们的生命状态不像今天的我们，大都愁眉苦脸，长期处于紧张焦虑之中。孔子、颜子活得并不丰衣足食，但是状态却极其从容潇洒。儒家赞美孔子、颜子，并不是鼓励大家学他们的贫苦，而是要明白人生的意义何在。人生不如意事十之八九，一旦我们处于困境、逆境，我们如何自处？你看，现在很多年轻人，一遇到丁点挫折，失恋了、失业了，就好像天塌了一样，寻死觅活。你要学习一下孔子、颜子，寻找一下"孔颜乐处"。程颢曾说："昔受学于周茂叔，每令寻颜子、仲尼乐处，所乐何事？"（《河南程氏遗书》卷二）那是一种内在的充盈。自有生命的博大、厚重，小风小浪算什么？什么是大人物，就是这样的人。单田芳先生说书，经常说一句话，叫"不服高人有罪"。我们真应该多读一下这些圣贤的文章，读读相关的传记，汲取生命的力量，增加生命的光辉。孔子一生落魄，为什么那么多人追随他？他的魅力在哪儿？就是他人格的光辉。孟子说："以德服人者，中心悦而诚服也，如七十子之服孔子也。"（《孟子·公孙丑上》）跟随孔子打心眼里就开心，这不得了。

一七、大中门：理解中庸，才能理解中国

　　我们眼前这座门是孔庙的第三道大门，它曾经是金代孔庙的大门。该门始建于金大定年间，明弘治十三年（1500年）扩建为5间。今存建筑系清代所建，清乾隆皇帝御书门匾。大家往左右看，可以发现大中门两侧各有绿瓦拐角楼一座，各3间，平面作曲尺形，建在方形高台之上，台的内侧有马道可以上下。此两角楼与孔庙东北、西北两角楼构成一个巨大的长方形，以供守卫之用。此角楼也是仿造宫廷皇城角楼而建，意味着孔庙如同皇宫一样威严。

大中门

大中门，高9.42米，宽20.44米，深7.49米，5间3门，单檐悬山顶，绿琉璃瓦覆顶，五檩三柱分心式木架，檐下、脊檩下均施一斗三升斗栱。

东南角楼

　　大家看，门上悬挂的匾额是"大中门"。此门原名"中和门"。中和，在儒家经典《中庸》中说："中也者，天下之大本也；和也者，天下之达道也。致中和，天地位焉，万物育焉。"中和，就是那种天地秩序井然、万物繁育的最佳状态。

　　雍正时改名"大中门"。这个"大"是动词。大中门，取义以中为大，崇尚中道。中庸之道，在孔子和儒家思想体系中具有极为重要的地位，甚至有学者把中庸视为孔子思想的核心。中庸，这个美妙和谐、辩证深邃的思想，不知影响了多少中华儿女，它深深地印在了中国人的心灵深处。近代著名的哲学家冯友兰先生曾在晚年自书一联："阐旧邦以辅新命，极高明而道中庸。"表达了儒家知识分子的入世情怀和处世哲学。中庸智慧，不仅在哲学上，而且体现在审美上、伦理上。总之，中道是中国人最为尊崇的价值观，甚至可以说，不理解中庸之道，就无法真正理解中国。

乾隆题"大中门"匾额

　　然而，不知从何时起，在神州大地，人们忽然谈"中庸"而色变。直到如今，在很多人的眼里，中庸之道只不过是"折中主义""调和路线""好好先生""和稀泥"的代名词。究其原因，实在与近代以来的国情有关。原来沉睡在"天朝上国"迷梦中的中国人，忽然被"蛮夷之邦""红毛鬼子"的坚船利炮打得惨败，割地赔款，丧权辱国。随后，西方列强接踵而至，虎视眈眈，瓜分豆剖，老大帝国岌岌可危。有思想有志向的中国人开始追问：泱泱中华，为何如此不堪一击？人们找来找去，忽然意识到，中西两种文化有着截然不同的价值取向与行为方式。西方人热衷于竞争征服，而中国人则追求中庸和谐。于是乎，深受中庸之道影响的人们开始自我反思、自我批判。中庸之道，在国人的眼中，再也没有了往日的荣光，反而成了中国千百年来裹足不前、封闭自守的罪魁祸首。国人焉能不谈中庸而色变？这色变并非害怕、恐惧，而是愤懑、怨怒。中庸之道面临着极大的尴尬，深受中庸之道影响的中国人变得越来越不中庸了。

　　说到中庸，人们往往会立即想到"不偏不倚，过犹不及"八个字，以为这就是中庸。其实，这种看法只对了一半。不错，过犹不及是中庸之道，但却不是其全部，甚至远不是其主体。由于人们的天赋、性格和所受的家庭教育、社会教育不同，人们处理问题的方式方法也往往个性十足。孔子弟子三千，这个不小的群体就是一个很好的例子。由于学生来自不同的诸侯国、不同的阶层，受过不同的文化熏染，再加上禀赋各异，因此孔门弟子的性格皆颇具个性，十分可爱。子夏性格有些内敛拘谨，而子张则性格热烈、锋芒毕露。有一次，子贡向孔子询问对这两个人的评价。孔子认为，子张"过"，子夏"不及"。在子贡看来，子张的"过"似乎比子夏的"不及"要强。结果孔子出乎意料地说道："过犹不及。"其实何止子张、子夏如此，我们身边的很多人不都是这样吗？更重要的是，我们大多数人不是和子贡一样，以为"过"比"不及"要强吗？不及固然不可取，"过"也往往导致反面，欲速则不达。这就是中庸智慧的一个层面：度。

　　中庸的智慧，是一种实践的理性。我们的生活，处处都离不开中庸。离开中庸，生活就会出问题，甚至会"一地鸡毛"。比如，现在大家都非常关注孩子的教育问题。这两年好几部电视剧都在反映这样的社会性焦虑，比如《小欢喜》《小舍得》。一句"不能让孩子输在起跑线上"这样的鸡血广告，刺激着几乎绝大多数家长产生一种系统性焦虑症，造成严重的社会问题。在对待孩子的教育问题上，就有个"度"的问题。有一种"控制型"家长，就像几年前非常有名的"虎妈"，将孩子当成流水线上的产品，制定了严格的路线图，完全控制着孩子按照一种计划去培养，上各种补习班，完全不顾孩子的个人兴趣和感受。有很多孩子出现心理疾病，做出离家出走或者跳楼自杀等极端行为，造成极为严重的后果。还有一种与之完全相反，以"平等""自由"的理念，撒手不管，家长完全是"甩手掌柜"，结果丧失了家庭教育的职责和父母应有的管教，这是"放任型"家长。这样的孩子因为没有目标、没有约束，往往变得十分自私、任性。如何理智地面对竞争，心平气和地分析孩子的兴趣、特长与升学的压力，做出谨慎的选择，这里就有个"度"的问题。

中庸的意思其实很简单，就是"用中"。孔子说要"执其两端用其中"（《中庸》），就是这个意思。然而，这两个字所蕴含的思想确实极为深邃玄妙，简直可以称之为神奇。何谓"中"，却不是件一眼看透的简单事。如果"中"就是数学、物理意义上的"中间"，那就没有什么深邃玄妙可言了。有人曾以生活中常见的"秤"来比喻，切中肯綮。秤的结构很简单，一个秤杆，古称"衡"，一个秤砣，古称"权"。称东西时，秤砣不会固定在一个地方，而是随物之轻重来回移动，这叫"权衡"，这才是中。这就是前面我们讲的"时中"。

当然，如果说中庸思维的不足，那就是在中庸智慧中，往往强调模糊学，不是纯粹计量的、精确的。古人经常拿炒菜、做饭来比喻和谐状态。菜炒得色、香、形、意各方面都很好，这叫和。这个和怎么达到的？主料放多少，盐放多少，醋和酱油放多少，香料放多少，没准数，全凭厨师掌握。过去的中国菜谱，上面写盐少许、油适量。现代人的菜谱就不这样，他会精确到诸如油 20 克、食盐 3 克等等。但真正做饭的时候，厨师都是凭着感觉经验走，这种经验是在长期实践当中摸索出来的度。每个人对度的掌握都不一样。每道菜，都是独一无二的。有没有规律可循？有。但他是把规律和灵活性结合起来的。你看博物馆的各种珍宝，那是手工时代的作品，都是独一无二的。而现代社会强调标准化的批量生产。设计好图纸，做好流水线，生产出一模一样的产品。它适合大众化需求，你用我也用。过去只有富贵之家才能享用，我们现在都能用，但是从艺术上就没有多少价值了。

物理学家杨振宁先生曾经批评中国文化这种思维阻碍科学发展。我想，中国古代技术的领先，也与中庸有关。中庸强调时中，需要精确的时候，它一定讲求精确，失之毫厘，谬以千里嘛！但是，其中又强调个体因素的参与，强调了个性。在科学方面，中国文化没有那一种兴趣，所谓"志不在此"。当然，今天看，科学、逻辑非常重要。我们在这一方面必须认真向西方学，不仅是技术上追赶，更重要的是培养科学思维、逻辑思维，丰富中国人的思维世界，从根本上使得我们的文化更完满。

一八、成化碑：孔子之道如布帛菽粟，民生日用不可暂缺

各位，我们已经进入孔庙的第四进院落。这一进比较局促。只有两座石碑，分立东西。东边的是明代第八位皇帝宪宗成化皇帝所立，西侧则是他的儿子孝宗弘治皇帝所立。

明宪宗朱见深

明孝宗朱祐樘

明宪宗朱见深（1447—1487），初名朱见濬，明朝第八位皇帝，明英宗朱祁镇长子，1464年登基，1465年改元成化。

明孝宗朱祐樘（1470—1505），明朝第九位皇帝，1487年继位，1488年改元弘治。

成化碑

我们先来看成化碑。这通碑很高大，碑额高约 1.6 米，宽 2.28 米，浮雕云龙，碑身高约 4.6 米，龟趺高 1.25 米。由于没有碑亭遮掩，可以看清碑的全貌。这个碑中间上段有一道裂缝，那是 1966 年被人破坏留下的痕迹。

这通碑在孔庙众多碑刻中非常有名。文化市场上有卖《成化碑帖》的，字体结体方整，端正大方，笔力刚劲，内容尤其值得一看。成化碑立于明成化四年，也就是 1468 年，距离明朝肇建正好一百年。碑文的全称是《御制重修孔子庙碑》。此碑文代表了古代帝王对孔子最系统、最到位的一种评价。由于碑文及史志对书丹者没有记载，所以人们虽然都觉得此碑书法甚佳，但遗憾的是不知出于何人之手。近年有专家考证，此碑当出自当时的中书舍人姜立纲之手。

历朝历代的皇帝，他们尊孔的表现不外乎几条：一是给孔子加封号，一是给孔子嫡长孙加爵位，另外一个就是修缮孔庙，祭祀孔子。孔庙为什么要经常地修缮？一方面是因为中国古代建筑大都是木制建筑，年久失修会朽坏，有时候因遭雷击等原因，被烧毁；另一方面就是要扩建规模，以示尊崇。这都是国家出资修缮、扩建。修完之后要立碑，一则要显示自己修建孔庙的功德，一则要表达对于孔子的尊崇。孔庙的碑文，基本上都是这些内容，只是表述略微不同罢了。

> 朕惟孔子之道，天下一日不可无焉。何也？有孔子之道，则纲常正而伦理明，万物各得其所；不然，则异端横起，邪说纷作。纲常何自而正？伦理何自而明？天

下万物又岂能各得其所哉？是以生民之休戚系焉，国家之治乱关焉，有天下者，诚不可一日无孔子之道也。

成化皇帝说：孔子之道一天也离不了。为什么离不了？有孔子之道，天下就有秩序。没有，天下就会大乱。孔子之道与老百姓的生活幸福息息相关，和国家的长治久安紧密相连。我觉得，孔子之道的价值，下面这句话说得特别贴切：

> 孔子之道之在天下，如布帛菽粟，民生日用不可暂缺。

我们老百姓的生活一会儿也离不开孔子之道。孔子的思想对于天下人来讲，就像吃饭穿衣一样，民生日用不可暂缺。"如"是好像，"布帛"是衣服，"菽粟"是大豆和小米，就是粮食。我觉得这是古代人对于孔子思想价值的最佳比喻。

在中国文化当中，除了儒家之外，其实还有道家、墨家、法家、名家、兵家、阴阳家等诸子百家，汉唐之后形成儒、释、道三大主流三足鼎立的局面。儒、释、道，影响中国人深而远。对于三者的功能和影响，古人一直想用最简洁的语言来表述。南宋有个皇帝宋孝宗，他就提倡："以佛修心，以道养生，以儒治世。"用佛学来修养内心世界，佛家讲四大皆空、六根清净，有助于人们修身养性。道教强调养生，修炼仙丹、气功、打太极、中医中药，可以养生。用儒家的思想学说来管理国家。那儒家能不能治心呢？要我说，当然能。儒家、道家都有修心养性的本事。但是，君主更关心的是儒家的治世功能。

元代有人做了进一步的形象化比较。有人说：“释如黄金，道如白璧，儒如五谷。”（陶宗仪《南村缀耕录》卷五）孔子的学说就像我们吃的五谷一样，五谷不值钱，但是不可暂缺。道家思想就像服用的药物和治病的砭石一样。人吃五谷杂粮，没有不生病的。生了病怎么办？要吃药，要调理。而佛家的思想就像金玉一样，让我们的生活富丽堂皇。但是，请大家思考三者谁最重要、最基础。金玉肯定珍贵，五谷肯定不值钱。但是你可以没有金玉，却离不了五谷。佛家不是必需品，而是一个装饰品、营养品。道家像药品，你不生病可以不去找它，生了病必须找它。所以，中国文化主体上呈现出儒道互补的结构。

儒家是世俗的道理，所谓“世间法”，不是像佛家那样的“出世间法”，但是它也上通天道，可以化俗为雅，即凡而圣。儒家主张，“不离日用常行内，直造先天未画前”（王阳明《示诸生》）。中国人的生活，主要就是儒家的生活。世俗的生活，当然不像出世的生活那么逍遥洒脱。我们要结婚生子，成家立业，过去讲“开门七件事”——柴、米、油、盐、酱、醋、茶，非常琐碎，也时常闹矛盾，遇到困境，甚至难免鸡飞狗跳，但这就是一种人间烟火气，就是我们庸常平淡的生活。中国人的生活，有自己的模式，有自己的规矩，这就是伦理的生活、礼乐的生活。每个人都处于伦理之中，担负着不同的伦理角色，父慈子孝、兄友弟恭、夫和妇顺等等，这些伦理观念教导我们怎么更好地把日子过好，生活得更好。所以，有学者就提出来，儒家就是教人拿得起。要担负人生的责任，建构自己的人生之路。这是人生之路的主体，但不是全部。我们需要在儒家的教诲之外，增加佛家、道家的智慧，让我们生活得更惬意更圆融。

如果说，儒家是教人拿得起，那么佛家是教人放得下，道家是教人看得开。我经常说，中国人从小的教育肯定是儒家式的。父母、老师从小就教我们，要"好好学习，天天向上"，要勤奋努力，要与人为善，要有责任心，等等，这就是儒家的生活态度。成年之后，成家立业。有困难怕什么？有困难解决困难。中国人就是这么一辈一辈地走过来的。但是，儒家的教诲，使得我们的生活不免沉重，所有的东西都是自己来扛，甚至有些人会把这种责任心、事业心变异成对功利的追逐，所谓"利欲熏心"。在现实的世俗中，大家活得很累，现在的流行语叫"压力山大"。怎么办？要减压。佛家禅宗的很多智慧，就可以让你放得下。我们不能像柳宗元写的蝜蝂那样，只知道取不知道放，只知道得不懂得舍。舍得舍得，有舍才有得。但是，人生在五十岁之前，主要还是一种积极向上、不断建构的状态，也就是儒家的生活态度。可以吸取一些佛家的智慧，给自己做好调节，一张一弛，让自己有从容的心态，幸福感就更强。到了晚年，壮志未酬，这时候就要学习道家，要看开。人生不如意事，十之八九。人终归是有限的，不必追求完美，缺憾也是一种美。

儒释道都有很多很好的智慧，但是我们在接触、学习的时候，要注意一个"时"的问题，也就是次第的问题。有一个大学生和我聊天，他说："老师，我看开了，看破红尘了。"我说："你看开得太早了。你还不知道红尘是啥样，你看开什么了？"还有学生讲：

"老师，我要放下。"我说："你还没拿东西，你放什么？没资本放。"谈放下，也得有资本。年轻的时候是要积累生活资本的时候，这就是我们儒家的生活态度。这个次第，你不能颠倒。先建构，才谈得上解构。要破得先立。青春时代，属于儒家的，或者说，儒家是属于青春的。年轻人对中国文化要理解和体悟，对自己的人生之路要规划和建设。先从儒学入手，从《论语》入手，走近孔子，开启你的人生之路。你会发现，孔子教会你的，不止眼前的苟且，还有诗和远方。

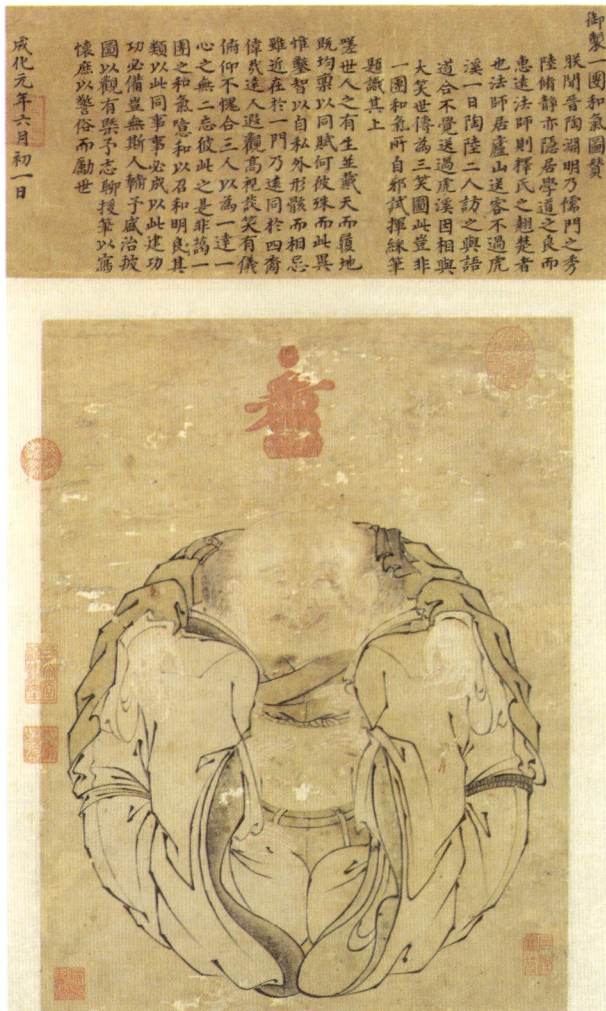

一团和气图（明宪宗绘）

一九、同文门：多元一体的意义

大家从成化碑向西看，有一座门，孤立院中，没有围墙，显得非常独特。此门乃北宋时所建，金代时成为二门，清初名"参同门"，雍正八年（1730年）清世宗钦命为"同文门"，乾隆十三年（1748年）高宗题写门匾。

同文门，取义很清楚，就是来自儒家经典《中庸》"今天下车同轨，书同文，行同伦"。"同文"两个字，大家学过历史，应该不会陌生。晚近一点的，大家知道在洋务运动时期，1862年，清政府曾经设立过一个机构叫"京师同文馆"，旨在培养外交和翻译人才，作为借以了解西方世界的窗口。这个名字其实也是来自《中庸》"书同文"，意指要通过翻译了解西方，做好中西文化交流。再往远了说，大家学古代史，知道秦始皇统一中国的历史功绩，其中就有一项，叫"统一文字"。这一点确实了不起。我经常讲，中国版图辽阔，方言众多，如果没有文字的统一，很难想象，中国如何能够实现几千年的统一局面。其实，在战国之前，在夏商周三代时期，中国的文字应该是统一的。我们通过对金文的研究，可以了解到，最起码周代施行的是统一的文字。只是到了战国时代，诸侯并立，王纲彻底解组，统一的文字也开始分化；而到了秦始皇建立大秦

同文门原为三间，有围墙，明代成化年间扩为五间，并取消两侧围墙和角门。今所见为清嘉庆二十年（1815年）、同治十一年（1872年）重修之门，1927年大修，换部分木构件，并改用黄瓦，门阔五间，单檐歇山顶，七檩三柱分式木架，高16.96米，宽10.62米，深9.34米，中辟3门。

同文门

乾隆题"同文门"匾额

帝国，再次统一了文字。即便如此，也是功莫大焉。如果大家经常到祖国各地旅游，你就会明白，如果没有统一的文字、通用的语言，人们的交流实在太困难了。我们北方人到南方去，如广西、广东、福建，如果大家不用普通话，我们就难以交流。其实，别说那么远。就省内来说，作为山东人，我是鲁西北的，到胶东去，也是听不懂胶东话。为了便于交流，国家往往会规定官话，就像我们现在使用的普通话，古代也称"雅言"。《论语·述而》记载，孔子"《诗》《书》、执礼，皆雅言也"，也就是在诵读经典或者相礼的时候，用当时的"普通话"，其他时候可能会操一口"曲阜话"（当然古今曲阜话也是差别太大，如果能够时空穿越，今天的曲阜人也一定听不懂孔子的曲阜话）。国家通用语在古代的普及难度太大。即使今天，我们依然面临着推广普通话的历史重任。

因此，相较之下，国家还重视文字的统一，这一点影响更广，意义更大。随着中国文化的向外传播，形成东亚儒家文化圈，这个文化圈也被称为汉字文化圈。中国之所以能保持长期的统一，和"书同文"是有紧密关系的。

当然，孔庙同文门的"同文"，说的还不是文字的问题，而是文化的问题，即我们现在经常用到的一个词——"同文同种"。中华民族拥有统一的中华文化。我们中华民族是"多元一体"的共同体：多元是指组成中华民族大家庭的 56 个民族，各个民族都有自己的文化，各具特色，异彩纷呈，甚至不同地域也有不同的文化，比如我们常说的齐鲁文化、燕赵文化、巴蜀文化、荆楚文化、秦晋文化等；这 56 个民族、不同的地域又是"一体"，是同一个中华民族，是同一个中国。这个"一体"的民族、国家，拥有一体的"中华文化""中华文明"。作为一个文明来讲，有一个共同的主流的传统，这就是在历史上形成的以儒家文化为主体，包括外来文化在内的多种文化共同缔造的文明共同体。在比较文明的视野中，西方学术界经常将东亚的儒家文明，与欧美的基督教文明、阿拉伯地区的伊斯兰教文明、南亚的印度教文明，视为足以鼎立的四大文明圈。这样的宏阔视野中，关注的就是这个文明的主体部分。所以，对西方人来讲，中华文化所指称的往往是作为主流的汉文化，尤其是儒家文化。对于中国人来讲，其实也是如此，这是由一种宏阔的、化约式的、比较视野造成的。当然，我们今天也应该明白，在"一体"之中还有"多元"，我们不能抹杀汉族之外的其他民族文化对于中华文化的贡献，也不能否认作为主体的儒家文化之外还有其他学派的文化。但是，能够代表中华传统文化、象征中华传统文化的，应该说，还是儒家文化。所以，我们今天也应该注意，多元一体终归是一个共同体，要强调共同体意识，培育共同体意识，才能抵制那些分裂势力，维护祖国的统一。

为什么这些年国家从上到下都在重视弘扬中华优秀传统文化？因为，中华优秀传统文化是我们这个民族的根和魂。把这个根斩断了，把这个魂丢掉了，我们在世界的风雨激荡中就可能站不稳脚跟，就可能会六神无主。所以，我们今天谈孔子、谈经典、谈儒学、谈传统，目的只有一个，就是筑牢我们的根，安顿我们的魂。

其实，我刚才说，"作为一个文明来讲，有一个共同的主流的传统，这就是在历史上形成的以儒家文化为主体，包括外来文化在内的多种文化共同缔造的文明共同体"，这可以通过孔庙的历史得以印证。历史上，不光是汉族政权要建孔庙、修孔庙，少数民族政权入主中原后，也要修孔庙、尊孔子。大家会看到，在孔庙里头有很多碑，这些碑是不同时代竖立的。不仅有唐、宋、明朝的碑，还有少数民族入主中原、建立中原王朝的金、元、清这些王朝所立的碑，这表明他们的帝王对孔子的尊崇，并不亚于汉族王朝。虽然是少数民族，但他们要认同孔子所创造的这一套文化体系，这才能够融入中华民族这个大家庭里、文化体系里面。所以，历史上儒家所强调的"夷夏之辨"，从根本上并不是一种血统、种族的区分，而是一种文化上文明上的区分。所以，在历史上，儒家认为，即使是少数民族，你认同了华夏，就是华夏人。

二〇、洪武御碑亭：唯有孔子，非有功于一方一时

我们刚才看过的成化碑以及与之相对的弘治碑，碑亭皆毁。大家从同文门往左右后侧看，在成化碑和弘治碑的北侧，各有一座碑亭：东为洪武碑亭，西为永乐碑亭。也就是说，洪武碑亭与永乐碑亭皆位于同文门之后的第五进院落。

明洪武初，朱元璋将《大明诏旨》颁布天下，洪武四年（1371年）镌刻石碑立于孔庙并筑建碑亭以护，此即"洪武碑"。弘治十二年（1499年）农历六月十六日夜，孔庙遭雷击，起大火，烧毁大成殿、廊庑、寝殿等共计120余间。此亭和碑均被焚毁，弘治十七年（1504年）重建。后碑亭又被毁，清雍正年间又重建。今所见洪武碑亭为

明洪武碑亭

洪武大明诏旨碑

民国时期改建。亭内正中立洪武"大明诏旨碑"，通高 5.56 米，宽 3.07 米，厚 0.34 米，下有龟趺，总重量达 19 吨之多。

碑文内容为明太祖朱元璋所下诏旨：规定五岳、五镇、四海、四渎、城隍之神与历代忠臣烈士可以继续享受祭祀，但是都必须革去封号。唯承认历代追封孔子的爵号并可继续享受祭祀。朱元璋认为，孔子乃天下宗师，"非有功于一方一时者可比，所有封爵宜仍其旧"。

西侧的是永乐碑亭。永乐十年（1412 年），朝廷拨巨资修孔庙。竣工后，永乐十五年（1417 年）朱棣亲撰御制重修孔子庙碑碑文，赞颂孔子"参天地，赞化育，明王道，正彝伦，使君君臣臣、父父子子、夫夫妇妇，各得以尽其分"的功绩。但原碑也与洪武碑一样毁于弘治十二年大火，今所见为弘治十七年重立。亭内还有"问礼故址""古泮宫"等碑。

明永乐碑亭

明永乐碑

二一、斋宿所：祭祀必斋戒以示敬

洪武碑亭之后，有一处封闭的院落，这是衍圣公的斋宿所。明成化十九年（1483年）重修孔庙时为家庙，弘治十三年（1500年）改为衍圣公的斋宿所。现存东斋宿所已非明代原构，而是清代官式小型建筑。厅房均为七檩四柱前后廊式木架，正厅檐下施一斗二升交麻叶斗。因康熙、乾隆祭祀孔子时在此院盥洗休息，故改名为"驻跸"。跸，指帝王出行的车驾。驻跸，指帝王出行时停留的地方，此指帝王休息的地方。东斋宿所，院面向西，入大门，即为屏门，正房5间。原设宝座，现已不存。厢房是衍圣公祭祀孔子前斋戒的地方。

东斋宿所

东斋宿所院内景

　　与此相对，在西侧有西斋宿所。明成化十九年（1483 年）重修孔庙时为神祠，就是祭祀土地、山川之神的专用祠。弘治十三年（1500 年）改为斋宿所，祭祀孔子前，从祀人员在此斋戒更衣，清代中期毁坏无存。清道光十八年（1838 年），孔子七十一代旁系孙孔昭薰将孔庙内所存的部分宋、元、明、清四代文人、官员的谒庙碑 130 余块集中镶嵌在墙上。其中不乏名人笔迹，真草隶篆，蔚然大观，具有很高的书法艺术价值和宝贵的史料价值，故而又称之为碑院。

西斋宿所门

除了东西斋宿所之外，在奎文阁两侧，还有值房，原为 30 间，明弘治十七年维修，到清雍正七年时已改为 5 间，西值房重建，东值房维修。现存东西值房各 5 间，灰瓦硬山顶，低小狭窄，是祭祀前族人、礼乐生等斋宿的地方。

大家知道，古代祭祀是非常庄严的事。祭祀之前，参加祭祀的人员都要进行斋戒。斋戒时，要沐浴更衣，不能喝酒，不能吃荤，不与妻妾同寝，以示虔诚庄敬。作为最为隆重的典礼，祭孔自然更是如此。释奠礼，隋文帝时一年有四祭，唐武德年间改用中丁日祭祀，唐开元年后专用春、秋二仲月的上丁日举行祭祀，即每年阴历二月、八月第一个丁日祭祀孔子，又称丁祭。不过，曲阜孔庙依然保持四丁祭。

祭祀前三天衍圣公着公服，在大堂将祭祀大榜盖上官印（衍圣公大印）之后，用彩亭（用纸、绸缎扎裹的彩色小轿）送往孔庙，张贴于奎文阁、崇圣祠、家庙北墙上，将祝文送往奎文阁内正中案上，并率参加祭祀人员至同文门戒誓，随后沐浴，至斋宿所斋宿。

二二、奎文阁：古建筑中一座不多见的特例

我们眼前这个高大的建筑是奎文阁。梁思成先生称它是大成殿主要组群前面"序曲"的高峰，高大仅次于大成殿，也是孔庙三大主体建筑之一。此阁东西阔30.1米，南北深17.62米，高23.35米。三重飞檐，四层斗栱，黄瓦歇山顶，檐下为八根八棱石柱，内部结构为层叠式木架，以楠木为柱，阁两层，中间夹暗层，原上层藏御赐经书，暗层藏印版，下层藏御赐香帛。奎文阁始建于宋太宗太平兴国八年（983年），一说为宋真宗天禧二年（1018年），原为重檐5间，立于高台上，下檐的上面有平座，两侧有廊庑，当时叫书楼，或藏书楼，主要用于

奎文阁

收藏儒家文化典籍，加之宋真宗御赐的历代善本和孔府档案，致使藏书楼藏书颇丰，成为当时全国著名的藏书之所。在金章宗明昌二年（1191 年）重修时，改为三檐，并更名为奎文阁。当时藏书已达到"阁中之书，天下莫备焉"（熊相《奎文阁重置书籍记》）的规模。明弘治十七年（1504 年）重修，改为 7 间。阁上悬挂的"奎文阁"匾额是乾隆皇帝所题。有人称之为"中国十大名阁"之一。

乾隆题"奎文阁"匾额

奎文阁内景

"奎"是什么？中国天文学讲二十八星宿，分为四宫：东青龙，西白虎，南朱雀，北玄武。这个奎星，是西方白虎宫的七宿之首，古人认为"奎主文章"，该星是主宰天下文运的吉星。后来就用奎文来比喻孔子。

这座建筑，主要功能是藏书，后来其藏书移入孔府。藏书丰富，主要有皇帝御赐，四方所献，衍圣公购置。为了管理藏书，专门设置典籍官一名，为正七品。据孔府老人回忆，在奎文阁东西两端，过去设有桌凳，专供孔、颜、孟三氏后裔子弟和县学生员阅览图书使用，有类似现代图书馆的功能，只不过不是完全开放的图书馆。

当然，除了藏书之外，它还承担着祭孔之前演习礼乐的功能。在正式祭孔之前，衍圣公要在奎文阁里虚设孔子及四配十二哲牌位，进行释奠礼的彩排。

李东阳撰奎文阁赋碑

在奎文阁门外的东西长廊上，有两通石碑，已经被玻璃罩保护起来了。东为李东阳弘治十八年（1505年）所撰《奎文阁赋》，赞扬奎文阁的建筑价值；西为熊相在正德十五年（1520年）所撰《奎文阁重置书籍记》，记载了正德六年（1511年）刘六、刘七起义军攻占曲阜、占领孔庙，将奎文阁藏书"焚毁殆尽"之后，皇帝命礼部重修、赐书、庋藏的情况。

经过千年的风雨，这座古建筑依然屹立。康熙七年，临沂郯城发生8.5级大地震，殃及曲阜，曲阜城"人间房屋倾者九，存者一"（《重修三圣堂记》，碑在孔庙永乐碑亭内），民房十之八九都塌了，孔庙很多建筑也被毁，但奎文阁却岿然不动。为什么？这就是中国传统建筑的特点。传统中国建筑多为木结构，榫卯的减震缓冲能力比较强。过去讲中国古建筑的时候，有个说法叫"房倒屋不塌"，垒的砖墙可能倒了，但整个房架子塌不了。著名建筑学家梁思成先生曾经对奎文阁进行过细致的考察。这座建筑，全部为木质榫卯结构，所有柱、梁、橡、板等构件，互相咬合，异常牢固。梁先生赞叹："在结构上，奎文阁平坐及上层用通长柱的这种做法，较之通常的做法，实在是合理而且固结得多。在中国古代建筑中是一座不多见的特例。"（《中国古建筑调查报告·曲阜孔庙建筑之研究》）并亲手绘制了《山东曲阜县孔庙奎文阁》的古建筑测绘图纸。

夕照中的奎文阁

二三、十三碑亭院：历代尊孔的见证

　　穿过奎文阁东侧的掖门，就进入了孔庙的第六进院落。在东掖门下有元代至正十七年（1357年）所立复手植桧铭碑，原为元代衍圣公孔治立石，后孔希学重立。铭文说，至元三年，三氏学教授张达善将东庑旧址所生的桧树幼苗，移植于先师手植桧的原址。并发誓说："此桧日茂，则孔氏日兴。"结果第二年果然"翠色葱然"。关于孔子手植桧，我们待会儿到大成门内再详细讲。

复手植桧铭碑

十三碑亭

　　这座院落名为"十三碑亭院"。在这座狭窄的院落里，分两排，南八北五，建有十三座碑亭。这些碑亭看上去非常相似，平面呈方形，三间见方，明间开敞，稍间砌墙，重檐歇山顶，黄色琉璃瓦，红墙黄瓦，格外醒目。碑亭始见于宋代庙图，当时是单檐，十字脊，悬山顶，到了金代庙图中成为重檐歇山顶。

金代碑亭

　　目前所存十三碑亭，南面一排的八座碑亭，中间两座为元代碑亭，分别建于元大德六年（1302 年）和至元五年（1339 年），里头有元代重修孔庙的碑，尤其值得注意的是，碑文有汉文和八思巴文（元朝国师八思巴创制的蒙古文字）两种文字。元代碑亭左右是两座金代碑亭，建于金章宗明昌六年（1195 年），距今将近九百年了，这是孔庙现存最古老的建筑。其余九座碑亭均为清代所建，其中御制碑亭五座，即北面一排的五座，分别建于康熙、雍正、乾隆年间。遣官致祭碑亭四座，即南排西起第一、二座及东起第一、二座。西二亭建于清康熙二十六年前，东二亭为雍正年间所建，规格较御碑亭要低。

　　碑亭中，保存着唐、宋、金、元、明、清至民国的 57 块石碑，碑文多是皇帝对孔子追谥加封、遣官致祭和整修庙宇等的记录，由汉文、八思巴文、满文等文字刻写。其中最早的是两通唐碑，就存放在西侧的金代碑亭中，分别是唐高宗乾封元年（666 年）的大唐赠泰师鲁先圣孔宣尼碑和唐玄宗开元七年（719 年）的鲁孔夫子庙碑。前碑高3.64 米，宽 1.25 米，厚 0.32 米，碑阳 31 行，行 82 字，崔行功撰文，孙师范书，字体为隶书，是记唐高宗封赠孔子为太师一事的碑记。碑阴分上下两部分，刻两诏一表一祭文，即唐太宗封孔子后裔褒圣侯的诏书、唐高宗修孔庙的诏书及太子李弘的表和乾封元年的祭文。后碑高 4.02 米，宽 1.45 米，厚 0.61 米。李邕撰文，张庭珪隶书。正文 19行，行 60 字，碑阴题记 2 段，碑侧刻题记 12 段，为宋金元时期人题名。

十三碑亭

唐·大唐赠泰师鲁先圣孔宣尼碑

唐·鲁孔夫子庙碑

元武宗·加大成封号诏书碑

大家来看，这通元碑是元武宗的加大成封号诏书碑，立碑时间是大德十一年九月十九日。大家要知道，武宗是元朝的第三任皇帝。元武宗孛儿只斤·海山是忽必烈的曾孙，他的祖父和父亲都先于忽必烈早逝。忽必烈将帝位传给了元成宗。成宗无嗣，武宗在成宗去世后继位。大德十一年是元成宗的年号，这一年的五月元武宗刚刚即位，七月，尚未改元就发布诏书，要给孔子加封号。碑文如下：

上天眷命，皇帝圣旨：

盖闻先孔子而圣者，非孔子无以明；后孔子而圣者，非孔子无以法；所谓祖述尧舜，宪章文武，仪范百王，师表万世者也。朕缵承丕绪，敬仰休风，循治古之良规，举追封之盛典，加号大成至圣文宣王，遣使阙里，祀以太牢。於戏！父子之亲，君臣之义，永惟圣教之尊；天地之大，日月之明，奚罄名言之妙？尚资神化，祚我皇元。主者施行。

大德十一年九月十九日

　　大家看，这通碑里，讲到元武宗敕封孔子为"大成至圣文宣王"，这是孔子封号当中最全的一个。大家看碑文上说："先孔子而圣者，非孔子无以明；后孔子而圣者，非孔子无以法。"我们知道，在孔子之前，有多位圣人，如尧、舜、禹、汤、文、武、周公都是。如果不是孔子删述"六经"，将上古的文献保存并通过教授生徒而流传下来，我们谁能知道呀？他们就湮灭在历史的长河之中了。在孔子之后也有很多位圣人，像颜子、曾子、子思、孟子等，如果没有孔子，他们要效法、学习谁呢？所以，对于中华文明而言，孔子的历史地位可以用"承前启后，继往开来"来概括。

　　碑文还讲到孔子"祖述尧舜、宪章文武"。这句话出自《中庸》。"祖述"实际上就是追溯，是一种精神性的继承。尧舜留下更多的是尧舜式人格，是一种精神性的东西，在制度上还谈不上成熟，国家还没有完全确立。但是，到了周文王、周武王，礼乐制度就开始建立起来。所以，孔子精神上追溯的是尧舜，那是儒家最理想的内圣外王的人格；在制度上孔子继承的则是周代的礼乐制度，因为它是最切近、最系统、最完整的。孔子对上古不放弃，对当时的周代也很尊重，既不厚古薄今，也不厚今薄古。孔子祖述尧舜、宪章文武的文化立场，就传给了整个儒家。而儒家正是靠着看似保守、实为中道的做法才确保了中华文明的连续性。在世界的古老文明当中，古巴比伦、古埃及、古印度、古中国等四大古文明，只有中华文明是五千年亘古亘今，没有中断过，其他的要么被异族给同化了，要么直接消亡。

中华文明对人类的贡献举世瞩目。我们文明的特点是什么？就是五千年一以贯之，且幅员辽阔，用钱穆先生的概括就是"可大可久"。说"可大"，中国幅员辽阔，面积和欧洲差不多少。这么大的版图不是侵略出来的，而是靠着它的文化向心力，像滚雪球一样滚出来的。除了中国本土之外，朝鲜半岛、越南、日本等等这些地方，在历史上被西方学者归为儒家文化圈。西方人用儒家文化圈和基督教文化圈、印度教文化圈、伊斯兰文化圈来比较。比较之后，你会发现，其他三大文明圈都是宗教型的，而我们则是一种人文型的文明。

说"可久"，就是说中国历史源远流长，绵延不绝。在中国历史上，五千年文明为什么能够一以贯之、绵延不绝？原因当然有很多，但是其中一个不可忽视的因素，就是孔子作为"轴心时代"的"轴心人物"所发挥的枢纽作用。在先秦诸子中，真正自觉接续之前的文明而向下传述、发展的，只有孔子和儒家。按照现代新儒家代表人物牟宗三先生的说法，面对周文疲敝的状况，道家、墨家和法家都是采取否定周代文明的方式，而儒家则自觉地赓续周文。孔子的文化观是"述而不作"，这对于中国文明的延续起到了很重要的作用。什么叫"述而不作"？很多人解释说孔子只讲课、不写文章、不写书。这当然是误解。述，按照古人的解释就是对之前文明的继承。作就是创造、创新。今天我们经常讲对中华优秀传统文化要进行"创造性转化、创新性发展"，就是这样一个意思。光有继承，没有发展，文明就会僵化，就是死的。不继承，光发展，那叫空中楼阁，是无源之水、无根之木，那也是不会长久的。孔子讲"述而不作"，实际上是他很自谦的一句话。述是基础，不是另起炉灶，而是接续着传统讲。我觉得孔子是中国文化"两创"的古典型典范。他早年接着周代文明讲"礼"，后来则发展出"仁"的思想。所以，孔子的"述而不作"，其实就是"寓作于述"。这是一种很高的智慧。很多人做不到，都想另起炉灶，树立自己的旗帜，建立自己的地盘。孔子没有这样的想法，他很谦卑。在他看来，古代圣贤创造了那么伟大的思想、智慧，把它继承好、落实好已经很不错了。周公的时代和孔子的时代，面临的形势肯定不一样，所以你不想创造都不可能。孔子面对新的挑战，有现实因素在里面，所以要解决时代问题，自然就会创造新的思想。我觉得，今天对孔子要有一个新的认识。孔子绝对不是倒退的、复古的。孔子其实是一位保守主义者。什么叫保守？对历史文化要保存守护。就像我们的家业一样，祖先、父母挣下的家业，我们不能坐吃山空，肆意挥霍，而首先要保守它。保守了才谈得上发扬光大。家族的延续靠什么？民族的延续靠什么？首先需要保守——保而守之，然后才能讲到进一步的发扬光大。

对待历史文化遗产，我们今天做的工作首先就是要搞清楚历史文化遗产是什么。比如面对"三孔"这一组文化遗产以及孔子留下的思想，我们应该先搞清楚它的本真面目是什么。在过去，我们对孔子有批判，也有赞美。但是，批判和赞美的是那个真实的孔子吗？我就见过很多人，没有读过《论语》，他就敢对孔子妄下雌黄。大家想，如果你没读过孔子的书、不理解孔子，那么你的赞美和批评都是无效的。所以，我建议大家，要一边行走，要走万里路，实际地去体验、去考察，一边还要多读书，要读原典。没有这个基础，我们的生命就会漂浮无根。

国学大师钱穆先生曾经在《孔子传·序言》的开篇这样评价孔子："孔子为中国历史上第一大圣人。在孔子以前，中国历史文化当已有两千五百年以上之积累，而孔子集其大成。在孔子以后，中国历史文化又复有两千五百年以上之演进，而孔子开其新统。在此五千多年，中国历史进程之指示，中国文化理想之建立，具有最深影响最大贡献者，殆无人堪与孔子相比伦。"这个评价是一位历史学家、儒学大师的真知灼见，大家要仔细琢磨其中的意味。

大成门东侧的这座碑亭，是康熙御碑亭。这通碑，俗称"康熙大碑"，立碑的时间是康熙二十五年（1686 年）春二月。论重量它是孔庙的石碑之王。该碑重达 35 吨，连同赑屃（bì xì，即碑下的龟趺）共约 65 吨之重。此碑的石料采自于北京西山，当时在北京将碑刻好后，沿京杭大运河从通州运到济宁，历时两个多月。然后又从济宁（今任城）运至曲阜，据说当时征用了民工 600 人，耕牛 443 头。我们知道，从济宁城到曲阜约有 90 里路程。据说，富有智慧的劳动人民，想了一个办法，当时正值隆冬时节，每隔一里路凿一口井，泼水成冰，再加上滚木，用牛拉着从冰上滑行前进，就这样也用了半个月才运到曲阜，耗费库银 600 余两。今天大家可能会说，这不是劳民伤财吗？其实，康熙皇帝之所以这样做，无非是要表达对孔子虔诚的敬意。

康熙御碑

大家站在大成门前，抬头向右上方观瞧，会发现一个非常有趣的建筑学现象，大成门和碑亭的飞檐相互穿插，这在建筑学上叫"勾（原作"钩"）心"。大家小时候都学过杜牧的《阿房宫赋》吧？其中有句话叫"钩心斗角"，后来演变成了一个贬义词，表示人与人之间相互的明争暗斗。其原意是在说建筑。这个是"勾心"。待会我们返折回来，出金声门往右看，会发现两个飞檐二角相顶，那个叫"斗角"。"勾心斗角"巧妙地利用空间，造成了一种奇观，视觉效果特别好。这体现了古代的工匠智慧和技术。

勾心

斗角

除了这些御碑之外，这个院子的东南、西南，各有一片丛林似的碑碣。北墙朱栏内还镶着大量刻石，这些碑碣均为历代帝王、大臣们修庙、谒庙、祭庙后所刻。如从书法艺术角度上来看，真草隶篆皆具，艺术造诣各有千秋。

碑林

观德门

在此院东西两侧又有一对腰门，这是孔庙的第三对腰门。此二门始建于金代，是为了祭孔便于出入而辟。东称毓粹门，取义培育精粹，俗称东华门；出东华门便是孔府。西曰观德门，取义观圣人之德，俗称西华门。现存皆为明代建筑。

观德门内景

毓粹门

毓粹门内景图

二四、大成门：孔子的社会贡献与人文影响

    中国传统建筑的一大特征就是讲究对称。前几年我参加了北京联合大学一个课题组的论证会，就是北京中轴线申请世界文化遗产的一个课题论证。故宫是最标准的"中轴对称"建筑群，孔庙也是。孔庙的建筑气象，实际上是仿照皇宫规制，三路布局，九进院落，非常中正的建筑群。从大成门开始，孔庙就开始分中、东、西三路布局。大成门在中轴线，大成门之内就是整个孔庙最核心的建筑区域。我们前面走过的这些院落都是前奏，到这里才是正式的祭祀场所，往里走就是杏坛、大成殿、寝殿、圣迹殿。

    大成门这一道墙，共有五座门。在大成门左右为两掖门，各3间，与两庑连檐，东侧叫金声门，西侧叫玉振门。再往左右，西边叫启圣门，由此进入孔庙的西路，内有金丝堂、启圣王殿和启圣王寝殿，是供奉孔子父母的场所。东边叫承圣门，是供奉孔子上五代祖先和孔氏家庙的所在地。

    大成门建筑在高台之上，气象不凡。此门在宋初叫仪门，宋崇宁三年（1104年）因大成殿而得名大成门，原门为3间。今为雍正年间重修，大家观察，擎檐为石柱，明间前后四石柱深浮雕二龙戏珠，局部透雕，云朵线条流畅，二龙姿态栩

金声门

启圣门

启圣门门钉

大成门于金宣宗贞祐年间遭雷击被焚，元大德六年（1302年）重建；明弘治十二年（1499年）和清雍正二年（1724年）两次火灾后又重建。今为雍正年间重建，建筑为5间，高13.53米，宽24.68米，深11.20米，单檐黄瓦歇山顶，七檩三柱分心式木架，檐下用五踩重昂溜金斗栱，金龙和玺彩画。

大成门

栩如生。南侧二石柱为清代作品，北侧二柱则为明代遗存。其余为八棱石柱。大成门台基高 1.65 米，石须弥座，为明代所刻。门前后各有六级垂帘台阶，中间为陛石，浮雕云龙山水，雕刻非常细腻精美。

　　"大成门"匾额为清世宗雍正皇帝所题，大成门对联也是雍正皇帝亲自题撰。在雍正二年的时候孔庙失火，大成殿、大成门等130多间建筑皆毁。闻奏孔庙被烧时，雍正大为震恐。他素服斋居，减膳撤乐，并亲诣国子监孔庙祭奠，宣读告文，以展不安之心。同时，遣礼部侍郎王景曾驰赴阙里祭告，以慰神灵，并决定下拨帑银，重新建庙。

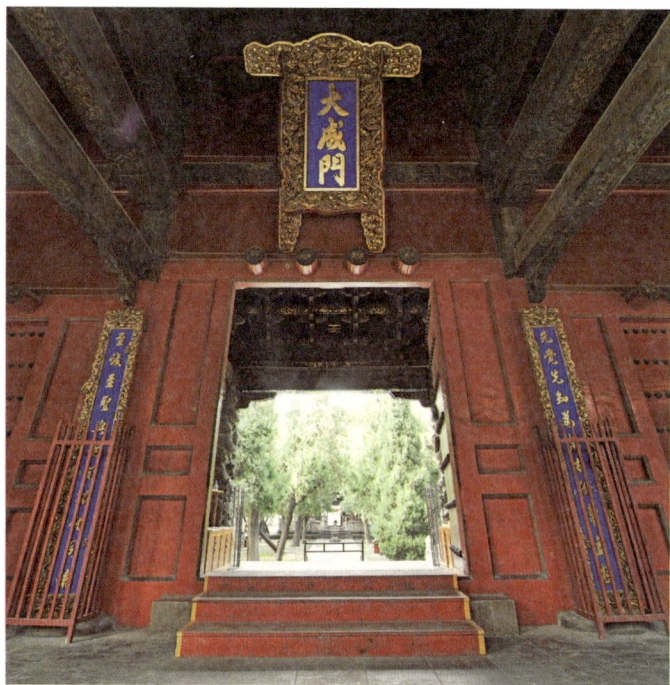

雍正题大成门对联

然后雍正皇帝亲自拨内务府帑银 15.7 万两，重修孔庙。于雍正三年开始动工，具体实施由山东巡抚负责，因为进度不力，工程竟经历了三任山东巡抚。又在各省调集了几十位知县在此督工。到雍正八年（1730 年）秋八月，历时六年才告竣工。在此期间凡是殿堂规模都要绘成图册呈报，雍正皇帝要亲自审定。他还提前为大成殿写了"生民未有"的匾额。大成殿、大成门建好后，他又亲自题匾额、撰题对联。

雍正题"大成门"匾额

　　大成门的这副对联，就出自雍正御笔。上联是"先觉先知为万古伦常立极"，下联是"至诚至圣与两间功化同流"。什么叫先觉先知？有人可能一见"觉"字，马上联想到佛家。其实，这是典型的儒家话语。《孟子·万章下》记载："天之生此民也，使先知觉后知，使先觉觉后觉也。"后来，我们称誉某些人是先知先觉。确实，人类历史上总有一些先知先觉的人物，他们发现了真理，然后传递下来。孔子就是这样的人。孔子发现了人类伦理的密码。在美国联邦法院东门的门楣上塑着一群人物，其中最核心的有三位，最中间的是犹太教的先知摩西，在他左手边是古希腊的政治改革家梭伦，右手边则是来自中国的孔子。为什么要在法院大楼塑这三个人物？美国人的解释是，这三位是

"人类历史上最伟大的立法者"。当然，这个"立法"不是今天狭义上的订立法律，而是从广义上确立人类社会的法则。如果说摩西代表着以宗教方式立法，梭伦是通过法律立法，而孔子则是通过伦理道德立法。举一个最简单的例子，"己所不欲，勿施于人"，就被现代人尊为"人类伦理的黄金法则"。

人类应该怎么生活才好？儒家认为，要伦理地生活。什么叫伦理？伦就是关系，伦理就是人的社会关系的法则。现代西方人强调人是原子个体，我就是我，跟我爸爸妈妈都没关系。中国人不这样讲。中国人强调一个人一定是生活在伦理关系的网络中的。中国人要了解一个人，总是要问他姓氏名谁、家乡何处、家庭如何、出身如何、社会关系如何，这意味着我们有各种各样的关系。古人讲，主要的伦理关系有五种：父子，夫妇，兄弟，君臣，朋友，这就是所谓五伦。当然，随着社会的变化，有学者提出新五伦、六伦、九伦等说法。在伦理的视角下，每个人都生活在关系当中，同时肩负着很多角色，比如说，相对我的父母来讲，我是儿子；相对我儿女来讲，我是父亲；对我太太来讲，我是丈夫；对我的学生来讲，我是老师。所以每个人都有不同的角色。我作为儿子要承担儿子的责任，当父亲要承担父亲责任。孔子跟齐景公讲"君君臣臣，父父子子"（《论语·颜渊》），意思就是你做父亲就要按父亲的要求去做，君主就要按君主的要求去做。

现在很多国人说，人际关系导致我们活得太累了，于是特别向往那种原子个体的理念。很多现代人说：我为什么非得结婚？非得生孩子？非得养老人？非得积极工作？在他们看来，关系就是负担，就是枷锁，要丢弃这些伦理关系，还我一个自由自在身。其实，尽管现代社会不再像古代社会那样，伦理关系那么紧密、那么重要，但是，你不可能完全摆脱伦理关系，去做一个没有任何负担的"自由人"。我们不能只从负面看到关系的约束性，还要从正面去理解关系对于个体的那种支撑、保护作用。《荀子·王制》就讲，"人力不若牛，走不若马，而牛马为用"。人的力量赶不上牛，速度比不上马，但是牛马被人所役使。为什么呢？荀子说："人能群，彼不能群也。"人的社会化是优势，人必然要生活在共同体之中，那么关系不可或缺。关键是怎么处理好这种关系。孔子发现了"伦理"。伦理生活有一个关键的密码，用梁漱溟先生的话总结就是，就是以对方为重。在伦理的生活中，我们以对方为重。父母子女之间，父母想的一定是孩子，"儿行千里母担忧"。唐诗里咏叹母爱："慈母手中线，游子身上衣。临行密密缝，意恐迟迟归。谁言寸草心，报得三春晖。"父母的慈爱是天性。反过来，孩子想的一定是父母，但是这却需要教育，需要唤醒。"母行千里儿不愁"，这也是现实。所以，孔子特别强调"孝"，要教"孝"，孔子说："立爱自亲始""立敬自长始"（《孔子家语·哀公问政》）。孔子这句话太正确了。通过教育，让人懂得伦理的意义，明白如何过一种伦理的生活。所以，父母爱子女，子女爱父母，互相牵挂，互相关心，都是替对方着想。男女朋友谈恋爱的时候最能体现这一点。大家回想一下自己，或者观察一下身边，在热恋中的人，总是心里想着另一半，时时处处为对方着想。其他的伦理关系也是如此。比如说，朋友。朋友不是血缘关系，靠什么维持？从根本上讲，就是相互的关心，是友谊，是情谊。但是，现代人所强调的不是伦理，而是契约；不是关系，而是个体。在这种理念中，不重视义务，而强调权利。伦理是为对方着想，一定讲我该怎么办，我需要干什么，考虑的是自己的义务。而当考虑个体的时候，首先关心的是我的权利如何保护。这叫权利意识。这是现代社会的基本观念。每个人的个人权利当然要保护，要尊重。但是，如果过分强调权利，而忽视了责任义务，也会走偏。儒家讲伦理，强调先有责任后有权利。你先做好父亲应该做的，你才能享受父亲的权利，儿子才会尊重你。其实，权利意识与责任意识，不可偏废。

回到对联，孔子的先知先觉，就表现在"为万古伦常立极"。万古伦常，就是永恒的伦理、纲常。极的本义是房屋的顶梁，"上梁不正下梁歪"中那个"上梁"，引申为标准，"立极"就是确立伦常的标准法则。上联说的是，孔子在社会伦理上的贡献。

大成门龙柱局部

　　我们再看下联。下联是"至诚至圣与两间功化同流"。"至诚至圣"出自《中庸》。

　　《中庸》上讲："诚者，天之道也；诚之者，人之道也。"然后又说："唯天下至诚，为能尽其性。能尽其性，则能尽人之性。能尽人之性，则能尽物之性。能尽物之性，则可以赞天地之化育。可以赞天地之化育，则可以与天地参矣。"

　　至诚是圣人的境界，只有圣人才能做到最纯粹的至诚，一点虚伪都没有。两间就是天地之间。"功化"就是"赞天地之化育"。流，也是一个中国哲学味道很浓的词。中国古人经常讲"大化流行"，整个宇宙由气组成，而气是运行不息、变化不已的，时时刻刻处于流动变化之中。这一联就是说，宇宙间、自然界的变化与发展需要人类的参与。在整个宇宙、天地之间，圣人是可以起辅助、参与作用的。"与天地参"，就是参与到天地变化中。这是"参"。同时这个"参"还读成"三"，人和天地并列为三。《周易》讲天、地、人三才。这说明中国文化对人的评价极高。这在宗教文明中是不可想象的。在神的面前，人是非常渺小的，你怎么能跟神并列呢？绝不可能。你要永远在神前忏悔膜拜。中国文化则认为，我们每个人堂堂正正立于天地之间，顶天立地，把人格挺立起来，重视人的自主性、能动性。儒家文化让你我在天地之间，感受到人的存在，人的尊严，人的价值。作为个体，我要怎么做？在中国不是信孔子，而是信孔子提出的理念。我们不用把孔子想象成神，不用像宗教那样把他奉若神明，你只要学孔子就可以。著名哲学家李泽厚说，宗教的第一义就是信，你不要怀疑，只要信就行，信就得救了。而儒学的第一义是学：通过学习，完善自己。高考的时候你不用到孔子像前面烧香，你认真学习好，好好复习比那个管用。中国的人文精神就体现在这个地方。

中国人认为人的成功，不是靠天、靠地、靠神仙，而是靠自己的奋斗。能够帮我们的只有我们自己，自己挺立不起来，外力的帮助是没有用的。大家知道，我们每个人都有一种安身立命的需求。什么叫安身？我有间房子，有个工作，能活下去，能解决物质问题，这叫安身。什么叫立命？我活得不空虚，活得有意义，这就是立命。安身需要我们学习知识，掌握技术，有工作能力，能养活自己，甚至发家致富。而立命则需要我们吸取传统文化，让古圣先贤的智慧点燃我们的智慧，让智慧充实我们的心灵，在这样的时候，我们活着会感觉特别带劲。

二五、先师手植桧：儒学命运浮沉的象征

　　走进大成门之后，我们进入了孔庙的第七进院落。大家不要着急往前走。你一回头，就会看见大成门内石陛东侧石栏内，有一棵桧树，也就是圆柏，粗可合抱，树冠亭亭如帷盖，青茏苍翠，树身似铜，高达 20 多米，树头向南倾斜，已经斜靠在大成门门檐上。在树的旁边，立有一块石碑，我把它称为这棵桧树的身份证。上写："先师手植桧。"落款是："万历庚子季夏，关西杨光训书。"万历庚子年是万历二十八年，公元1600 年。杨光训是今陕西渭南人，所以自称关西人。此年他任巡漕御史，负责巡按山东漕运，此前曾任山东道御史、巡盐御史。他在曲阜期间，曾经参与重修《陋巷志》，是位典型的儒家士大夫。

先师手植桧

先师手植桧，就是说这是孔夫子亲手栽植的一棵桧树。那这棵树树龄得有两千五百多年了。但是，我们一眼望去，它看上去绝对不像两千五百多年的样子。我要告诉大家，目前看到的这棵树，比杨光训这个碑的岁数还小。

我们得从头说起。这当然是一个美丽的传说，尽管见诸记载，但也未必完全可靠。最早记录这棵桧树的是唐人封演的《封氏闻见记》。书中卷八《文宣王庙树》记载：

> 兖州曲阜文宣王庙内并殿西南，各有柏叶松身之树，各高五六丈，枯槁已久，相传夫子手植。永嘉三年，其树枯死。

据此，孔子亲手栽植的桧树，在晋怀帝永嘉三年（309年）就枯死了。隋大业十三年（617年）复生，唐乾封二年（667年）又枯；宋仁宗康定元年（1040年）再生，金宣宗贞祐二年（1214年）毁于兵火。元至元三十一年（1294年），三氏学堂教授张达善将原东庑废墟上发出的桧树苗移栽于此地，即为第四代手植桧。明弘治十二年（1499年）孔庙着火，此树被烧死，仅存树身；清雍正二年（1724年）再次着火，烧毁树身，仅存下约半米高的树桩。树桩一直保存到"文革"前，"文革"初期锯掉树桩，现石栏内尚保留有第四代树的树根。现在的桧树是清雍正十年（1732年）复生的再生桧。

宋代大才子、书法家米芾曾经来到孔庙，写下一首《孔圣手植桧赞》："炜东皇，养白日。御元气，昭道一。动化机，此桧植。矫龙怪，挺雄质。二千年，敌金石。纠治

乱，如一昔。百代下，荫圭璧。"米
芾手书的碑刻，现存曲阜汉魏碑刻陈
列馆。

从上面的传说可以看出，历代
的孔子后裔、文人士大夫对于这棵树
非常重视，并将其几度死而复生视为
儒家甚至国运兴衰的象征。据斯诺的
《西行漫记》记载，毛泽东同志回忆，
他 20 世纪 20 年代曾来曲阜，还专门
到过孔庙，瞻仰过这棵传奇的桧树，
他向斯诺回忆说："在历史性的孔庙附
近那棵有名的树，相传是孔子栽种的，
我也看到了。"

在大成门与杏坛之间，原来还有
一座御赞殿，建于宋代，毁于明弘治
十二年大火，未再重建。

乾隆·手植桧赞碑

二六、杏坛：千年弦歌的回响

我们站在中轴线上往北看，在树木掩映之中，有一座方亭建筑在平台之上，红柱，黄瓦，这就是著名的杏坛。杏坛，作为孔子讲学的象征，早已成为教育的代名词，代表了教师这个行业的神圣性所在。

站在杏坛，了解了孔子的教育理念和教育智慧，我们就会明白，为什么孔子如此受中国人崇敬。孔子创立的儒家，作为主流文化，其功能发挥的关键场域在哪里呢？就在教育。孔子除了是思想家、政治家之外，更重要的就是教育家。

杏坛作为孔子教学的场所，真有其事吗？其实，杏坛在儒家的早期文献中并不见记载，反而是见于道家文献《庄子》的《渔父篇》，《庄子》上说："孔子游乎缁帷之林，休坐乎杏坛之上。弟子读书，孔子弦歌鼓琴。"所以，可以说杏坛是道家所塑造出来的。

关于杏坛的记载，虽然出自道家，但颇能显示孔子讲学的风采。司马彪解释说："缁帷，黑林也。杏坛，泽中高处也。"孔子设立私学，当然会有固定的课堂，我想最初大概就在他自己的家里。今天在曲阜城北洙水河和泗水河之间，有个洙泗书院，原来叫孔子讲堂，传说也是孔子的讲学之地。《阙里文献考》卷一三记载："汉时诸弟子房舍、井瓮犹存，建武五年，光武帝击破董宪于昌虑，还过鲁，坐孔子讲堂，顾指子路室诣左右曰：'此吾太仆之室也。'"东汉光武帝刘秀来祭孔，到那个地方去看过。当时孔子弟子住的宿舍还有遗迹。光武帝指着子路住过的宿舍，说："此吾太仆之室也。"

杏坛

其实，我们在《论语》等儒家文献的记载中可以知道，孔子不只是把固定的地方设为课堂，山川大地上随处随时都可以成为课堂。比如，孔子和弟子们到山上，到河边，都可以讲课。比如大家都熟悉的，"子在川上曰：逝者如斯夫，不舍昼夜"。再比如，《孔子家语·致思》篇记载的孔子和弟子在"农山言志"，还有前面提到的"山梁雌雉，时哉时哉"，无不表明，孔子走到哪儿，课就上到哪儿，哪儿就是课堂。

中国人似乎有一种情节，即对古人的故事，要有一个固化的东西来呈现。所以，中国大地上有很多名人的遗迹，往往是后人根据记载，甚至是根据传说"塑造"出来的。杏坛也是如此。杏坛由《庄子》里的典故，变成了一个孔子教学的象征物，是在北宋时期。

孔继汾《阙里文献考》卷一二记载："杏坛在宋以前，本为庙殿旧址。宋天禧间，四十五代孙道辅监修祖庙，移殿于北。不欲毁其故迹，因《庄子》有'孔子游乎缁帷之林，休坐乎杏坛之上'语，乃除地为坛，环植以杏，名曰'杏坛'。"

北宋中期宋真宗时期扩修孔庙，杏坛这个位置原是大殿（当然那时还不叫大成殿）的位置。扩修时将大殿后移，这个地方就空出来了。监修孔庙的孔道辅，是孔子四十五代孙，他觉得这个地方原来是大殿，很神圣，夷为平地不好。怎么办呢？他忽然就想到《庄子》杏坛的传说，就把这个杏坛给具象化了。"除地为坛，环植以杏"，用砖砌成高台，周边种了很多杏树。有人说，杏坛的杏是指银杏。其实，湖南大学岳麓书院的肖永明老师专门做了考证，杏坛的杏树并不是银杏树，而就是结红杏的杏树。宋代庙图中已有杏坛。女真族南下，宋高宗带着第四十八代衍圣公孔端友南下，金人统治了北方，曲阜就在金人统治之下。金朝也非常尊孔，他们扩建了孔庙。其中一项工作，就是在杏坛之上建。元世祖至元四年（1267年）重修，明隆庆三年（1569年）改造为重檐方亭。这座亭高12.05米，宽7.34米，平面呈正方形，四面敞开，每面3间，重檐歇山顶，十字结脊，上下檐均为五踩重昂斗栱。每面中柱为石质，金柱为木柱，但斫为八角形。亭内上下檐均用天花，上层天花中心用斗八团龙藻井。坛基为两层，上层用石栏杆，南面8根栏柱下用螭首。四面均有踏跺，刻圭角形云纹。整座建筑极为漂亮。亭下悬挂匾额，上为乾隆帝所书"杏坛"二字。杏坛前有石香炉，雕刻精美，为金代遗物。

在杏坛里头立有两通石碑。南面的一碑，背东面西，为金承安三年（1198年）翰林学士党怀英篆书"杏坛碑"，由孔子五十一代孙孔元措立石，碑高2.2米。我称之为"杏坛的身份证"。这两个深刻的篆体大字，非常漂亮。党怀英是当时的大书法家、文学家，其篆书成就非常之高，当时有"篆籀入神，李阳冰之后，一人而已"（赵秉文《闲闲老人滏水文集》卷一）之誉。而《金史》本传则称赞其"工篆籀，当时称为第一，学者宗之"。

北面这一通碑，面南，上面写着"御制"。这块碑刻的是乾隆的诗《杏坛赞》与《杏坛诗》。

党怀英书杏坛碑

乾隆书杏坛赞碑

　　阳面刻《杏坛赞》："忆昔缁帷，诗书授受。与有荣焉，轶桃轹柳。博厚高明，亦曰悠久。万世受治，杏林何有？"

　　阴面刻《杏坛诗》："重来又值灿开时，几树东风簇绛枝。岂是人间凡卉比？文明终古共春熙。"

　　《杏坛赞》讲的是他对于杏坛的理解。乾隆说，追念当年孔子在缁帷之林讲学，传授《诗经》《尚书》，这些杏树"与有荣焉"，杏坛周边的杏树很光荣，因为孔子讲课它们都听见了。这就不得了了，一下子就脱颖而出，"轶桃轹柳"，碾压桃树和柳树。"博厚高明，亦曰悠久"，这几句出自《中庸》："博厚配地，高明配天，悠久无疆。"这是形容孔子思想的博大精深。"万世受治"，就是说后世都是遵循孔子思想来治国理政。"杏林何有？"当年孔子讲学所在的杏林已经不复存在了。物是人非，但是思想永存。

乾隆书"杏坛"匾额

　　《杏坛诗》是隔了好多年，乾隆"重来"孔庙，发现杏树开花了，诗兴大发写的诗。"重来又值灿开时"，我再次来的时候是春天，杏花盛开时节；"几树东风簇绛枝"，春风吹拂着红色的枝条；"岂是人间凡卉比"，这不是那普通的花；"文明终古共春熙"，这杏花可是文明之花。杏树因为和孔子有关系，那就不得了了。所以，我们不光要吃杏子，还要知道杏花是文明之花。

　　作为教育家的孔子，对中国人的影响太深远了。不能说孔子之前没有教育，但那是官学，第一个真正意义上的教育家是孔子。我概括一下，孔子作为一个教育家的几个功绩。

　　第一是开办私学。在西周，学在官府。到了春秋时代，随着礼坏乐崩，学失官守，文化下移，道在民间。根据《史记》和《孔子家语》的记载，孔子有弟子三千，贤人七十二，规模在当时肯定无与伦比。孔子培养的这些弟子，都是打破贵族垄断教育的受益者。这些新型的士人，为春秋战国之际思想学术黄金时代的到来准备了条件。

第二是提出伟大的教育理念。孔子之前或同时也有办私学的，但是无论是教育理念还是教育方法，没有人能够与孔子相比。尤其值得注意的是，他提出的先进教育理念——"有教无类"（《论语·卫灵公》）。不分贫富贵贱，都可以接受教育，这就打破了孔子之前或当时贵族对教育的垄断，是一种教育的平等观，这是人类历史上第一次振聋发聩地提出这么伟大的观念。有教无类，在今天的世界上，还有很多地方实现不了。

杏坛藻井

每年中国曲阜国际孔子文化节期间，都会颁发"孔子教育奖"，这个奖是山东省政府提议，由联合国教科文组织颁发的，主要奖励那些在农村和贫困地区进行扫盲教育的工作团队和个人。今天，教育平等还有赖于人们的共同努力。

孔子还在实践当中总结出很多行之有效的教育方法、学习方法。比如因材施教、学思结合等等，到今天我们还在用。甚至我们今天距离"因材施教"还有很大距离，那还是需要努力的方向。

第三是编制系统的教材。孔子根据历史文献整理出来《诗》《书》《礼》《乐》《易》《春秋》六部教材。因为孔子的编订和儒家的传习，这些文献成为了儒家的经典、中华文明的经典。为什么孔子要编成这六本，而不编别的呢？有学者说，"六经"的功能不一样。比如《诗》是文学，人的情感表达需要文学这种形式。孔子讲"兴于诗"。我们在某个特殊的时刻，或者观赏了某种美景，触景生情，情绪上来，有了兴感，古人就要用诗歌的形式来抒发。《诗》代表人是文学的动物。《书》代表人是一种历史的动物，人是有历史意识的。我们追溯历史、回顾过往，得到一些智慧、经验。《礼》代表人是一种社会的动物，礼是共同体中社会交往的各种规则规范。《乐》代表人是有艺术的审美的需求的动物。孔子一生和乐有关。他的弟子，连子路那么粗率的一个人都懂音乐。《易》代表人是哲学的动物，人有一种对道的追寻的冲动，人喜欢探索抽象的思辨的道理。《春秋》代表人是政治的动物。《春秋》是孔子政治哲学的著作。这是现代学者对"六经"的归纳。"六经"各有它的功能，是成系统的一套教材。这套教材用了两千多年，成为中华民族的经典。

孔子则讲"六经"之教："入其国，其教可知也。其为人也，温柔敦厚，《诗》教也。疏通致远，《书》教也；广博易良，《乐》教也；絜静精微，《易》教也。恭俭庄敬，《礼》教也；属辞比事，《春秋》教也。"（《孔子家语·问玉》）

其实，孔子教育的过程也是创立儒学的过程。孔子学说的创立，是和他的教育同步的。孔子思想不是向壁虚构的，而是在教学过程中与学生思想心灵产生碰撞激发出来的。《礼记·学记》有句话："善待问者如撞钟，叩之以小者则小鸣，叩之以大者则大鸣，待其从容，然后尽其声。"孔子就是一位"善待问者"，我们读《论语》，看到大多数情况下都是弟子发问，孔子回答。在这个教育过程中，孔子思想逐渐创立起来，没有这帮学生，就不会有这样的孔子思想、儒家学说。后来的很多教育家的思想，包括《学记》的思想、韩愈《师说》的思想，都没有超越孔子整个的教育智慧、思想。我们如果能够通过《论语》把握孔子教育智慧，将其运用到自己的教学实践当中，绝对是一个优秀教师。知易行难！我们今天了解孔子教育思想很容易，专家的研究成果很多，落实却很难。习近平总书记提出"四有"好老师，我觉得中国历史上第一个"四有"好老师就是孔子。倡导教育家精神，追溯其源头，当然也来自孔子开启的传统。我们今天礼敬孔子，礼敬他的思想学说、生命境界，从某种意义上说，实际上是礼敬我们心中那个理想形态的"我"。"我"应该活成什么样？就应该像孔子那样。没活成那个状态，证明我们没有真正努力。我们要不断地去努力，要像司马迁那样，"'高山仰止，景行行止。'虽不能至，然心乡往之"，说不定哪一天就实现了理想。

二七、大成殿：中国最高的精神殿堂

大家走出杏坛，抬眼一望，一座高大雄伟的建筑赫然在目。这就是整个孔庙最核心的建筑，也是最高的建筑——大成殿。

孔庙的核心建筑，唐代时称文宣王殿，共有 5 间，在杏坛那个位置。宋天禧五年大修时，移到今址，并扩为 7 间。宋崇宁三年（1104 年）徽宗取名大成殿。清雍正二年（1724 年）失火被毁，次年重建。今所见即雍正八年（1730 年）竣工的建筑，当然后来还历经过多次修葺。

大成殿基座高 2.1 米，殿高 24.8 米，宽 45.69 米，深 24.85 米，面阔 9 间，纵深 5 间，九脊重檐歇山顶，黄瓦覆顶，雕梁画栋，八斗藻井，金龙和玺彩绘，双重飞檐正中竖匾上刻雍正皇帝御书"大成殿"三个贴金大字。

大成殿四周檐下有 28 根石雕龙柱，均以整石刻成，高 6 米，直径 0.8 米，重层覆莲柱础，是明代弘治年间徽州工匠刻制，工艺水平极高。大成殿前檐的 10 根为深浮雕龙柱，每柱二龙对翔，盘绕升腾，中刻宝珠，雕刻玲珑剔透，龙姿栩栩如生，且无一雷同，是我国古代石刻艺术的瑰宝。两山及后檐的 18 根八棱石柱均为云龙浅雕。每面浅刻 9 条团龙，每柱 72 条，共 1296 条。据说乾隆皇帝八次来曲阜祭孔，衍圣公每次都命人用红绫将石柱包裹起来，不敢让皇帝看到，就是生怕皇帝起羡慕嫉妒之心，进而加以怪罪。从建筑艺术上来说，孔庙大成殿和故宫太和殿、泰安岱庙天贶殿号称"东方三大殿"。三大殿都有自己的特色，在建筑上都有非常特殊的贡献。

雍正书"大成殿"匾额

大成殿侧面

　　大家要知道，在中国传统建筑形式中，殿堂结构为最高等级。中国古代建筑，在形态上的显著特征是大屋顶，在屋顶的等级中，重檐高于单檐，由高到低排序为：重檐庑殿顶、重檐歇山顶、重檐攒尖顶、单檐庑殿顶、单檐歇山顶、单檐攒尖顶、悬山顶、硬山顶、四角攒尖顶、盝顶、卷棚顶。最高等级的大殿就是北京故宫太和殿，是重檐庑殿顶。曲阜孔庙大成殿为第二等级重檐歇山顶。

大成殿龙柱

山花和脊兽

庑殿顶由于屋顶有四面斜坡，故又称四阿顶。殿顶由一条正脊和四条垂脊共五脊组成，又称五脊殿。而歇山顶共有九条屋脊，即一条正脊、四条垂脊和四条戗脊，又称九脊顶。歇山式的屋顶两侧形成的三角形墙面，叫作山花。

另外，在古代殿堂建筑上，都会在它的正脊和垂脊上装饰脊兽。其功能最初是为了保护木栓和铁钉，防止漏水和生锈，对脊的连接部起固定和支撑作用。后来脊兽发展出了装饰功能，并有严格的等级意义。正脊两头安放面朝里的龙首形瓦件称"正吻""螭吻""鸱吻"，一般是龙头形，张大口衔住脊端。传说螭吻为龙之第九子，性格"好望好吞"，能够祈雨避火。故在正脊两端作张嘴吞脊状，又称"吞脊兽"，将之装饰于此，取喷水镇火保平安意。大家看大成殿正脊两端就是吞脊兽。在殿顶翘起的戗脊上安放着仙人和各种小兽，其数目与种类有着严格的等级区别，小兽越多，建筑级别越高，太和殿规格最高，最前面的领队是骑凤仙人，其后依次为龙、凤、狮子、天马、海马、狻猊、押鱼、獬豸、斗牛、行什。大成殿列有9个脊兽，没有行什，仅次于太和殿。这些脊兽不仅具有一定的实用功能，更增添了古建筑的美感。

　　我们近距离去欣赏一下大成殿。大成殿建筑在高达两米的台基之上。前为露台，是祭祀孔子时歌舞行礼的场所，东西长63

孔庙建筑的脊兽

米，南北长 90 米，镌花须弥石座，双层石栏杆，底层莲花栏柱下均有石雕图案，石栏下东西南三面共突出 24 个石雕螭首，南面正中有两块雕龙陛。古代皇家宫殿前设有丹陛石，一般长 2 米以上，宽 1 米左右，被建在宫殿前主路上。石头上刻有不同的花纹，有游龙、祥云、寿山等。大成殿露台前的这个陛石，比大成门前的更大更漂亮，且为两层大型浮雕龙陛，雕刻工艺古拙，是明代的遗物。

我们在丹陛石两侧的台阶拾级而上，登上露台。从 2004 年开始，每年的 9 月 28

大成殿的两层露台

露台螭首

祭孔乐舞

号孔子诞辰日，山东省政府都要在这里举行祭孔大典。祭孔在古代有专门的术语，分为释奠礼和释菜礼。释奠礼比较隆重，礼、乐、舞、歌齐备。在曲阜孔庙的祭孔就是释奠礼。释奠礼在规格上，多数时候是中祀，也曾升为国家的大祀，就是牲用太牢，舞用八佾，规格最高。

新中国成立之后，好长时间没有举行过祭孔典礼。1984 年 9 月 22 日（农历八月二十七），曲阜首届孔子故里游举办，大成殿举行孔子像复原揭幕仪式。1986 年，曲阜首次举行"仿古祭孔乐舞"，称之为"乐舞表演"，那时候还不敢公开祭祀孔子。公祭孔子是 2004 年恢复的。现在每年孔子诞辰日即 9 月 28 日（有人说这个日子算错了。我觉得，即便从考证的角度来看，这个日期有争议，但是这么多年已经约定俗成了，不宜轻易更换），全球各地的孔庙大都会举行祭孔活动，当然仪式有的是传统的，有的是现代的，有的是古今结合的。曲阜孔庙的祭孔大典，是既有传统的乐舞，也有新型的鞠躬礼、献花篮。乐舞用的是非常古典的明式，但是歌词则是崭新的。2005 年，我当时在读研究生，奉命撰写《新编祭孔乐舞歌词》。歌词共分"天人合一""与时偕行""万世师表""为政以德""九州重光""天下大同"六个篇章，分别论述了孔子的哲学、教育、政治、社会思想，并对我中华之光辉未来予以期待。这首歌词代表了我对孔子的贡献及其思想意义的理解。从 2005 年被采用，现在还在沿用，已经二十年了。对于一个从事儒学研究的人来讲，这是一份莫大的荣耀，真是"与有荣焉"。

第一篇章　　天人合一

天地玄黄，宇宙洪荒。民胞物与，泛爱八方。

生生不已，盛德无疆。天人合一，道谐阴阳。

第二篇章　　与时偕行

乾坤不老，日月无殇。泱泱华夏，屹立东方。

元亨利贞，与时行将。继往开来，永新此邦。

第三篇章　　万世师表

三代巨典，六经华章。金声玉振，万仞宫墙。

博文约礼，教化其张。尊师重道，斯文永昌。

第四篇章　　为政以德

人文化成，礼乐相襄。仁义礼智，至德煌煌。

君子德风，万民慕仰。德主刑辅，纲纪有常。

第五篇章　九州重光

躬逢盛世，国运隆昌。海晏河清，王道弥芳。

一阳来复，九州重光。和平崛起，远迈汉唐。

第六篇章　天下大同

讲信修睦，贤能其当。无争无战，美善斯扬。

修齐治平，三光永光。天下大同，协和万邦。

　　大家再来看大成殿檐下的匾额。上面高悬的是雍正皇帝御笔"大成殿"，下面悬挂的巨型匾额"生民未有"，也是雍正御笔。"生民未有"出自《孟子·公孙丑上》。孟子记载孔子弟子对孔子的赞美。

雍正题"生民未有"匾额

子贡曰："见其礼而知其政，闻其乐而知其德。由百世之后，等百世之王，莫之能违也。自生民以来，未有夫子也。"

有若曰："岂惟民哉？麒麟之于走兽，凤凰之于飞鸟，太山之于丘垤，河海之于行潦，类也。圣人之于民，亦类也。出于其类，拔乎其萃，自生民以来，未有盛于孔子也。"

孔子弟子对孔子有一种高山仰止、景行行止的崇拜，是"中心悦而诚服"的。在子贡和有子看来，自从有人类以来，就没有谁赶得上孔子的。这是极高的赞誉啊！所以雍正皇帝用这四个字来赞美孔子！

门口悬挂着雍正皇帝御书的对联："德冠生民溯地辟天开咸尊首出，道隆群圣统金声玉振共仰大成。"上联赞美孔子之德，下联赞扬孔子之道。上联还是取"生民未有"义，说孔子是开天辟地以来，德行最高之人。下联落脚在"圣集大成"，说孔子之道比尧舜禹汤文武周公还有尊隆，因为他集群圣之大成。

殿内中间有一座木制贴金单龛，施十三踩斗栱，龛前两柱各雕一条降龙，绕柱盘旋，姿态生动，雕刻玲珑，异常精美。神龛中所塑便是至圣先师孔子像。这座塑像原为清雍正重修孔庙时所塑，但在"文革"期间被毁坏，1984 年艺术家根据雍正年间的塑像图片进行了复原。孔子像高 3.35 米，头戴十二旒冕，身穿十二章服，手捧镇圭，一

孔子神龛

如天子礼制。除了孔子之外，两边有四配的神龛：复圣颜子、宗圣曾子、述圣子思子、亚圣孟子。颜子和子思子在东侧，面西；曾子与孟子在西侧，面东；四配塑像皆高 2.6 米。四配后面是十二哲的神龛，每座神龛置放两位高 2 米的先哲塑像。十二哲包括孔子的 11 位学生，大家熟悉的子路、子贡、闵子骞、子游、子夏、子张、有子、冉伯牛、冉雍、冉求、宰我都在里头，都是孔子得意的门生；还有一位是南宋的大儒朱子，在康熙年间被升为十二哲，在大成殿陪着孔子接受祭祀。四配十二哲均头戴九旒冠，身穿九章服，手执躬圭，一如古代上公礼制。四配十二哲是两位共用一龛，各施九踩斗栱。所有的神龛前都有供桌、香案，摆满祭祀时使用的笾、豆、爵等礼器。殿内还陈列着祭祀孔子的乐器和礼器。

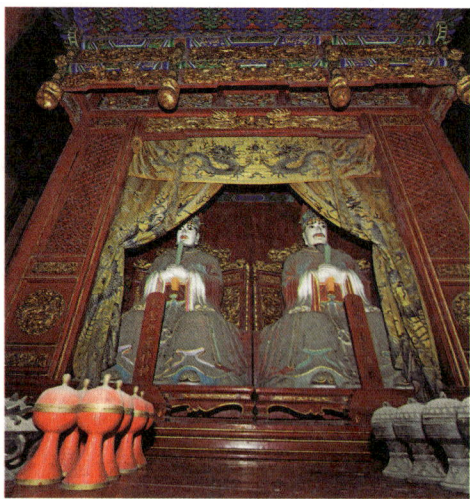

四配（东龛）：颜子与子思子

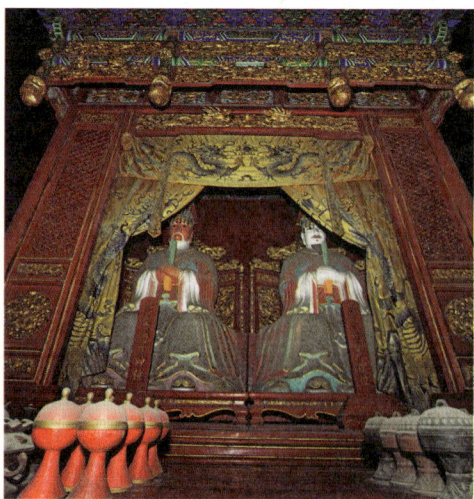

四配（西龛）：曾子与孟子

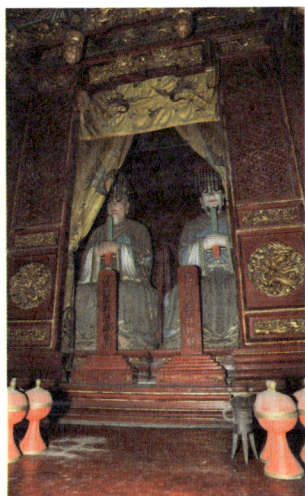

十二哲（东一龛）：闵子骞与仲弓

十二哲（西一龛）：冉伯牛与宰我

十二哲（东二龛）：子贡与子路

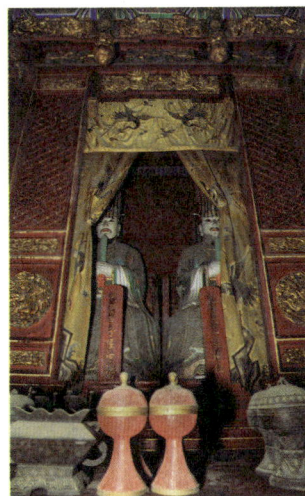

十二哲（西二龛）：冉有与子游

十二哲（东三龛）：子夏与有子

十二哲（西三龛）：子张与朱子

祭孔的礼乐器

笾

豆

簠、簋、爵

　　大成殿原有十块匾额，都是清代皇帝所题，今存八块。每块匾额均长6米多，高约2.6米，雕龙贴金，精美华丽。孔子神龛上边正中有两块匾额。最上面的是"万世师表"，是康熙皇帝在康熙二十三年（1684年）来曲阜祭孔时所书。

　　早在三国时期，魏文帝就曾经说过类似的话。据《三国志·魏志·文帝纪》记载，曹丕赞誉孔子："可谓命世之大圣，亿载之师表者也。"

　　师就是师范，表就是表率，师表就是我们要学习的对象。世是时间单位。我们现在说"世纪"，一世纪是一百年。但是，古代中国世、纪是分开的，一世三十年，一纪是十二年。万世是三十万年，形容时间的永恒或久远。说孔子是万世师表，意味着孔子是我们所有人永远的表率和楷模，是我们师法的对象。这块匾额题完之后，不仅悬挂在曲阜孔庙大成殿，次年皇帝下旨，天下文庙大成殿都要悬挂。

"万世师表"匾额

"斯文在兹"匾额

"万世师表"下面是"斯文在兹"匾额，是光绪皇帝于光绪十四年（1888年）所写。"斯文在兹"出自《论语》。《论语·子罕》篇记载了孔子周游列国途中，在匡地被围的故事："子畏于匡，曰：'文王既没，文不在兹乎！天之将丧斯文也，后死者不得与于斯文也；天之未丧斯文也，匡人其如予何？'"孔子周游列国，到了匡地，匡人误将孔子当作曾经侵犯过此地的阳货，因此围困了孔子一行。孔子说："文王既没，斯文不在兹乎？"孔子崇拜周文王，说文王之后，文脉的传承是我的责任啊，我怎么能死？这是一种对道的担承，是文化自信的体现。

另外，在孔子神龛的左上和右上方各有一块匾额，左边是清嘉庆皇帝于嘉庆四年（1799年）题写的"圣集大成"，右边是清咸丰皇帝咸丰元年（1851年）题写的"德齐帱载"。《中庸》上有句话赞美圣人："辟如天地之无不持载，无不覆帱。"帱是指天无私地覆盖着天下万物；载是指地无私地承载着地上万物。"帱载"就代表了天地之德。所以这句话的意思就是孔子之德与天地之德相齐等。

在孔子神龛的对面，也就是殿门的内侧上方，悬挂着三块匾额，分别是颁于乾隆三年（1738年）的"与天地参"匾额，十年后颁赐的"时中立极"匾额和乾隆三十六年（1771年）颁赐的"化成悠久"匾额，都是取义于儒家经典《中庸》。

曲阜孔庙大成殿只保存了这八块匾额。其实，我们到北京国子监孔庙，还会看到道光皇帝的"圣神天纵"，宣统皇帝的"中和位育"两块匾额。

"圣集大成"匾额

"德齐帱载"匾额

学惟升辈

化成悠久

与天地参

时中立极

大家欣赏完这些匾额之后，再环顾殿内，可以发现有 32 根楠木大柱，内圈 16 根，高 18 米；中圈 16 根，高 15 米。殿内前后内金柱分别悬挂清高宗乾隆题写的两副对联。我们先来看这一副：

觉世牖民诗书易象春秋永垂道法，
出类拔萃河海泰山麟凤莫喻圣人。

上联说的是孔子的历史功绩，"觉世牖民"指孔子通过教化，让世人觉醒，让人民觉悟。用什么"觉世牖民"？就是"六经"。这里提到的是四经，《诗》《书》《周易》《春秋》，没有提到《礼》《乐》。下联说的是孔子的人格境界。这一联取义于《孟子》。我们刚刚在讲"生民未有"的时候，提到了有若的话："岂惟民哉？麒麟之于走兽，凤凰之于飞鸟，太山之于丘垤，河海之于行潦，类也。圣人之于民，亦类也。出于其类，拔乎其萃，自生民以来，未有盛于孔子也。"这是在说孔子是"出类拔萃"的圣人，就像河海、泰山、麒麟、凤凰一样，是各自物类的极致，但这也"莫喻圣人"，无法形容出孔子的人格高度。

我们再看这一副：

气备四时与天地鬼神日月合其德，
教垂万世继尧舜禹汤文武作之师。

上联取义于《周易·乾卦·文言》：

夫大人者，与天地合其德，与日月合其明，与四时合其序，与鬼神合其吉凶。

"气备四时"，见南朝宋刘义庆《世说新语·德行》："绪季野虽不言，而四时之气亦备。"原指春夏秋冬四时之气，也指气度宏远。这一联是赞美孔子之德。

下联取义于《尚书》的《泰誓上》："天佑下民，作之君，作之师。"这是说，孔子继往圣，传道统，把尧舜禹汤文王武王这一诸圣相续的道统集于一身，创立儒学，成为"先师"，其历史功绩就是教化。所以说"教垂万世"。中国人崇拜"天地君亲师"，孔子是"师"的代表，孔庙也是敬师崇圣的体现。

我们欣赏完对联，抬头看大成殿藻井。藻井是我国古代宫殿、厅堂的天花板上的装饰，呈方形、圆形或多边形，向上凹进呈井状，有彩色雕刻或图案。大成殿藻井与北京故宫太和殿内的藻井相似，是八斗藻井，饰有金龙和玺彩绘。图案设计上体现了古代"天圆地方"的理念，藻井正中间雕刻一条俯首下视的巨龙，口衔一粒宝珠，雕工精细。在巨龙的四周分别安置有二十四支小团龙，每一个小团龙也可以作为一个单独的图案纹样。

我们再看一下中国古建筑的斗栱。斗栱是传统中国建筑的独特构件。在立柱顶、额枋和檐檩间或构架间，从枋上加的一层层探出成弓形的承重结构叫栱，栱与栱之间垫的方形木块叫斗，合称斗栱。斗栱作为承重结构，可使屋檐较大程度外伸，形式优美。大成殿所用的斗栱数量非常多，下檐、上檐和室内总计斗栱 356 攒，构件总数在 17 000件以上。它的彩画等级便是皇宫建筑采用的最高等级的金龙和玺彩画。真是雕梁画栋，精美绝伦！

杏坛斗栱

二八、两庑：儒学的三个面向

我们一般常说，孔庙是祭祀孔子的地方。其实，孔庙不仅祭祀孔子，还祭祀孔子之后有代表性的历代儒家圣贤，这表明儒学是一个延绵不绝的文脉和统绪，它体现的是中国人崇德、报本、教化的意识。明代有一位士大夫程徐就说："孔子以道设教，天下祀之，非祀其人，祀其教也，祀其道也。"（《明史·钱唐传》）孔子之道、孔子之教，必有赖于孔子弟子及其后的历代儒家先贤先儒的赓续和发扬。所以，孔庙又称"文庙"，它代表着文脉的延续。所以有学者认为，孔庙是"中国文化名人堂""中国的先贤祠"，这有一定道理。

大成殿是文庙祭祀的核心区域。在大成殿的东西两侧，有两排各40间的长廊，红柱槅扇、金镶玉瓦覆顶，其中南部的各28间是供奉历代先贤先儒的地方，叫两庑。大家走进两庑，就会肃然起敬。狭长的庑廊之中，阳光透过窗棂洒进屋内，真所谓"阴阳割昏晓"，一座座红色的神龛中安放着一排排的木主牌位，上面写着"先贤某子某神主"或"先儒某子某神主"，看到这一串串或熟悉或陌生的名字，你仿佛能穿越时空，与先贤展开直击心灵的对话。

孔庙不仅要祭孔，而且是在祀其道、祀其教，就是彰显对儒家整个传承谱系的认可与纪念。让孔子之道、孔子之教的传承者配祀孔子，这是中国祭祀文化精神的体现，即强调传承。当然，哪些人是孔子之道的传承者，是需要一定共识的。

孔庙的祭祀对象，经过漫长的演进，到了明清时代定型，大体可以分为三个等级、五个层次。大成殿是核心，是主位，两庑是辅翼，是副位，共同构成了完整的祭祀场域。孔子是第一等级，是主祀；四配、十二哲是第二等级，是配享；两庑的先贤、先儒是第三等级，是从祀。大成殿祭祀孔子、四配和十二哲，共17位儒家圣贤。而两庑在北洋政府时期，徐世昌下令将清代初年的大儒颜元及其弟子李塨作为先儒请进两庑从祀，从而使两庑一共供奉着156位儒家先贤先儒。三个等级加在一起是173位儒家人物被祭祀。

东庑内景

孔庙配祀制度在不断调整变化，其中有几个关键节点。唐贞观二十一年（647年）诏左丘明、子夏、郑玄、何休、王肃等22名传经之儒配祀孔子，开创了后代贤儒进入孔庙附祭的先例；总章元年（668年），追赠颜回为太子少师，曾参为太子少保，太极元年（712年），加赠颜回为太子太师，曾参为太子太保，开创了追封附祭人选的先例；北宋元丰七年（1084年）诏孟子配享，开创了后代贤儒超越孔子弟子而配享的先例；崇宁三年（1104年）诏王安石配享，开创了当世儒者附祭的先例，而且享有超越其他从祀先贤甚至十哲的配享地位，这在整个历史上都是绝无仅有的；政和三年（1113年），王安石之子王雱从祀，开创了当世儒者进入从祀行列的先例；靖康元年（1126年）降王安石从祀，又开创了贬谪附祭贤儒的先例；淳熙四年（1177年）"去王雱画像"，淳祐元年（1241年）罢王安石从祀，更开创了罢免从祀贤儒的先例。

四配的形成经历了一个漫长的过程。至南宋度宗时，四配定型。朱子认为："配享只当论传道，合以颜子、曾子、子思、孟子配。"（《朱子语类》卷九十）咸淳三年（1267年）聚齐四配，朝廷下颁的诏文即推衍自朱子此语。元代，四配全部封圣。

颜子是孔子最得意的弟子，从孔庙始建，颜子的地位就非其他弟子可比。三国魏正始元年（240年）祭孔时，首以他为配享，并开配享之例。唐玄宗开元八年（720年），颜子被封为"亚圣"；开元二十七年（739年），被封为"亚圣兖国公"；宋大中祥符二年（1009年），被封为"兖国公"；元至顺元年（1330年），改封"兖国复圣公"；明嘉靖九年（1530年），被封为"复圣"。

　　曾子作为配享有过变化。唐高宗总章元年（668 年），曾子被封赠"太子少保"。唐睿宗太极元年（712 年），释奠以曾子配，是为曾子列入配享之始。然而，不久即废。开元八年（720 年），以曾子受《孝经》，特为塑像，坐于十哲之次；开元二十七年（739 年），赠郕伯；宋大中祥符二年（1009 年），封瑕丘侯；政和元年（1111 年），以"丘"字犯先圣名，改封武城侯；咸淳三年（1267 年），晋配享位，封郕国公；元至顺元年（1330 年），赠"郕国宗圣公"；明嘉靖九年（1530 年），被封为"宗圣"。

　　子思子入配享位最晚。宋崇宁元年（1102 年），封沂水侯；大观二年（1108 年），从祀于左丘明二十二贤之间；端平二年（1235 年），升列十哲；咸淳三年（1267 年），封沂国公，晋配享位；元至顺元年（1330 年），赠"沂国述圣公"；明嘉靖九年（1530 年），封为"述圣"。

　　孟子的地位在宋代大幅提升，一入孔庙就进入配享位。在北宋元丰七年（1084 年）被封为"邹国亚圣公"，配享孔子。明嘉靖九年（1530 年），被封为"亚圣"。

　　明、清乃至民国，孔庙从祀人物，经历多次的增补、罢祀的变更，到 1919 年最终定型。谁能进孔庙，谁不能进孔庙，都反映了不同时代的主流思潮。在两千多年的发展过程中，仅仅有屈指可数的人才能进入孔庙，所以身后能够进入孔庙，从祀孔子，那是儒家士大夫梦寐以求的事，证明自己在儒家道统、文脉中占有一席之地，得到了后世的承认，足以名垂千古！很多士大夫都认为："从祀大典，乃乾坤第一大事。"（瞿九思

《孔庙礼乐考》卷五）以至于很多儒生"梦在两庑之间"。清末还有一位底层的儒生感慨："人至没世而莫能分食一块冷肉于孔庙，则为虚生。"（刘大鹏《晋祠志》卷八）最后进入孔庙从祀的清初儒者颜元，在年轻的时候，就梦想进入孔庙从祀。所以孔庙被称为传统士大夫的精神家园。

　　两庑中分两个层级：先贤、先儒。东庑有先贤40位，先儒39位；西庑有先贤39位，先儒38位。先贤的主体是孔子弟子，还有卫国的蘧伯玉，郑国的子产，还有子张的弟子、孟子的弟子，再有就是宋代的周敦颐、张载、邵雍、程颢、程颐。先儒里也有大家非常熟悉的人物，比如董仲舒、郑玄、诸葛亮、韩愈、范仲淹、欧阳修、司马光、李纲、陆九渊、王守仁、王夫之、顾炎武、黄宗羲等等。先贤在两庑的北部，先儒在南部。这些从祀的人原为画像，金代改为塑像，到了明嘉靖九年改革，全部改为木主，也就是牌位。至雍正年间，大成殿的孔子、四配和十二哲塑像，两庑先贤先儒依然保持木主从祀。

　　另外，在两庑的北部，单独隔开了部分房间，存放《玉虹楼法帖》刻石。《玉虹楼法帖》刻石是由清代孔子后裔孔继涑收集的584块历代著名书法家的手迹临摹精刻而成。这些碑刻原在孔继涑的"十二府"中的玉虹楼，因此而得名。1951年移入孔庙，1964年装镶展出。这部《玉虹楼法帖》与宋代的《淳化阁帖》、清代的《三希堂法帖》并称"中国三大丛帖"，具有很高的艺术价值和文献价值。

　　儒学是一个整全的思想体系，有体有用，有知有行。有学者指出，儒学有三个面

《玉虹楼法帖》刻石

《玉虹楼法帖》刻石局部

向：即道、学、政。根据黄进兴先生的看法，孔庙奉祀的先贤先儒大体也可以分为三类：一类是传道之儒，像四配、董仲舒、程朱、陆九渊这些在思想、哲学上传承并发展了孔子思想的儒家人物；一类是传经之儒，对"五经""四书"等经典做注疏的人物，如汉代的孔安国、郑玄、许慎等等；一类是行道之儒，像诸葛亮、文天祥、李纲等政治人物。也就是说，要么在思想上有创建，要么在学问上有创获，或者在具体实际事务上有贡献，当然这些名单都需要得到当时的士大夫和皇帝的认可。随着时代的变迁，思潮的变迁，从祀名单会有变化。

如果大家仔细考察，就会有疑惑。孔庙的儒家人物名单里没有荀子。我们稍微了解一点先秦儒学，就知道有三个里程碑式的人物，孔子、孟子和荀子。为什么孔庙的配祀名单里居然没有荀子呢？

北宋神宗元丰七年（1084年），荀子就被请进孔庙，但是到了明嘉靖九年（1530年）孔庙制度改革时，荀子又被赶出了孔庙。荀子为什么会被赶出孔庙呢？因为到了明代，宋明理学已经占据思想主导地位。在理学家看来，荀子主要有三件事情做得不对。一是孟子讲"性善"，荀子非要讲"性恶"。程颐就说过："只一句性恶，大本已失。"（《二程集·河南程氏遗书》卷十九）二是荀子教出的两个学生李斯、韩非子，都是法家代表人物。三是荀子批评过思孟学派。

另外一个让人感到疑惑的事就是，在这个名单里，宋代的欧阳修、范仲淹、司马光等等名人都在，可是鼎鼎大名的王安石却不见踪影。其实，王安石去世于 1086 年，在死后很快就进入了孔庙，不仅如此，而且直接进入配享名单。当时，配享孔子的只有颜子和孟子。崇宁三年（1104 年）又诏王安石配享位在颜子之下、孟子之上。就这样他的同党还嫌不够。王安石的女婿、蔡京的弟弟蔡卞，竟私下提议王安石与孔子并列。

洪迈在《夷坚志·优伶箴戏》记载了一个故事，颇能反映当时的尴尬情形，这个故事后来又被明代的冯梦龙收入《古今谭概》：

> 蔡京作相，弟卞为枢密，卞乃王安石婿，尊崇妇翁，当孔庙释奠时，跻配享而封舒王。优人设孔子正坐，颜、孟与安石侍侧，孔子命之坐，安石揖孟子居上，孟辞曰："天下达尊，爵居其一，轲仅蒙公爵，相公贵为真王，何必谦乎如此？"遂揖颜子，颜曰："回也陋巷匹夫，平生无分毫事业，公为明世真儒，位地有间，辞之过矣。"安石遂处其上，夫子不能安席，亦避位起，安石惶惧，拱手云不敢。往复未决，子路在外，愤愤不能堪，径趋从祀堂，挽公冶长臂而出。公冶为窘迫之状，谢曰："长何罪！"乃责数之曰："汝全不救护丈人，看取别人家女婿。"其意以讥卞也。

王安石生前就封王，不仅能配祀神宗，而且还配享孔子。由于孔子也是王爵，所以王安石进入孔庙，一下子冲击了配祀制度，引起较大争议。王安石配享孔子的时间很短，靖康元年（1126 年）即因理学家杨时的攻击而降为从祀。南宋理宗淳祐元年（1241

年），增周敦颐、张载、程颢、程颐、朱熹等理学家从祀而罢王安石，王安石在"道统"中的地位也被彻底否定。

其实，孟子也差一点被赶出孔庙。洪武五年（1372年），明太祖朱元璋览阅《孟子》，当读至"君之视臣如土芥，则臣视君如寇雠"一语时，即以此"非臣子所宜言"，旋诏罢其配享。他知道肯定有大臣抗议，于是同时下诏"有谏者以大不敬论"。按明代律例，大不敬为十大恶之一，死罪不赦。还真让朱元璋猜对了。刑部尚书钱唐是孟子的信徒，为了维护孟子，抱着必死的决心，抬着棺材上朝抗议，且自言："臣为孟轲死，死有余荣。"经过一番抗议，"帝鉴其诚恳，不之罪"（《明史·钱唐传》）。孟子的配享亦旋复。到今天，你去邹城孟庙，还会发现在两庑之中除了供奉孟子弟子，还有这位孟子的功臣钱唐。

孔庙从祀的人数比较有限，能够进入孔庙的先贤先儒屈指可数。为了解决这一问题，各地要表彰本地的杰出人才，于是在文庙旁又附建名宦祠和乡贤祠，前者祭祀在本地任职而勤政爱民、德业显著的官员，后者则祭祀当地德行著闻的乡贤人士，作为文庙的补充。

二九、寝殿：孔子的婚姻与家庭

　　大成殿后，又是一座重檐歇山顶的大殿，大殿上没挂匾额，这是孔庙寝殿。寝殿是供奉孔子夫人的大殿，也用了黄瓦，规制很高。殿阔 7 间，深 4 间，枋檩游龙，藻井团凤，皆由金箔贴成，回廊下 22 根擎檐石柱浅刻凤凰戏牡丹图案，颇类皇后宫室制度。大殿内神龛木雕游龙戏凤，美轮美奂，龛内供奉木主，上书"至圣先师夫人神位"。

寝殿

寝殿内景

　　孔子夫人是谁呢？孔子的夫人一般说成是"亓官氏"，但其实是"开官氏"，这个字是由并列的两个"干"组成，读为间隔的"间"，礼器碑作"并官氏"。孔子的婚姻是"跨国婚姻"，夫人是宋国人。因为孔子的先祖是宋国人，他生于鲁，而长于宋。在他长大了之后，大概十几岁的时候曾经到祖籍地商丘去生活过。他毕竟是殷人的后裔，他回到商丘那个地方，有血脉、情感上的联系。

　　孔子19岁结婚。大家知道，古代要先举行成人礼，然后才能举行婚礼。古代有一种礼叫成人礼，男子20岁加冠，女子15岁加笄。很多人会问，是不是孔子不守礼？孔子是最讲礼的。为什么他在20岁之前结婚？这岂不是不守礼？其实这是误会。礼不是那么死板的。大家注意，孔子3岁丧父，17岁丧母。他17岁之后，就成了一个失去父母的孤儿，他必须尽早成家立业。不这样，那个家就撑不下去。大家知道古代天子也要行成人礼。灭商之后三年，周武王就死了，他的儿子周成王才13岁，由周公辅政。13岁未成人，你怎么能够统治天下？那怎么办？那先举行成人礼。举行完成人礼，然后登基做天子。这体现了礼的变通性。孔子其实也是这样。所以，孔子在结束了三年之丧的

19 岁娶妻，并不违背礼制。

　　孔子在结婚的第二年，也就是 20 岁时生子。孔子一共有几个孩子？不确知。至少有一儿一女。孔子的儿子叫孔鲤，但孔子女儿的名字没有记载。不过孔子的女婿，我们知道是谁。《论语》第五篇叫《公冶长》，第一章记载："子谓公冶长：'可妻也，虽在缧绁之中，非其罪也！'以其子妻之。"公冶长坐过监狱，但孔子认为他是无辜的。孔子把女儿嫁给了公冶长。孔子这个择婿观，在我们常人看来真是不走寻常路，很多人做不到。其实一个人坐过监狱，未必意味着是一个坏人。他有可能是被诬陷。孔子对这个学生是很了解的，所以他敢把自己女儿嫁给公冶长。

　　孔子的儿子为什么叫孔鲤？这样的名字，在今天看来也很奇葩。大家观察，中国人的名字，也反映着社会价值观念和风气的变迁。比如上个世纪 50 年代出生的，男孩叫"建国"的比较多，60 年代叫"卫东"的比较多，女孩叫"英""华""梅"的比较多。现在的名字都是什么"梓涵""梓豪"之类的。孔子的儿子取名为鲤，是因为孩子出生后，当时的鲁昭公亲自命人送来了一尾鲤鱼作为贺礼，孔子为了"荣君之贶"，以国君致贺为荣耀，为儿子取名为鲤，后取字伯鱼。以至到今天，曲阜的孔姓人家，吃鲤鱼都不说吃鲤鱼，而说是红鱼，这就是避讳，表示对祖先的尊重。

　　孔鲤后来有了一位特别厉害的儿子，叫孔伋，字子思，就是我们前面提到的述圣子思子。在宋代的时候，孔庙寝殿东庑为泗水侯殿，供奉伯鱼；西庑为沂水侯殿，奉祀子思。明成化十九年（1483 年）改泗水侯殿为左厢，贮礼器几案等；改沂国公殿为右厢，贮乐器悬架等。现在的格局发生了巨大变化，看不到了。

关于孔子的婚姻和家庭，在近代以来批孔反孔的大背景下，也被好事者拿来大做文章。为了贬低孔子，说孔子家"三世出妻"甚至"四世出妻"。出妻就是休掉妻子，用今天的话就是离婚。有人说孔子的父亲叔梁纥出妻，孔子出妻，孔鲤出妻，子思也出妻。好像这个家族有出妻的传统，总之，最低限度就是孔子他们家婚姻都不幸福，再说得难听点，就是这个家族家风有问题。其实，这些都是为了诋毁孔子而捕风捉影的考证。业师杨朝明先生曾有专门的辨析文章。当然，孔子的家庭，他和夫人的感情如何，这不是古代史学家所关注的，不仅《孔子家语》没有记载，《史记》也没有记载。其实，这种不记载，在中国古代是非常正常而普遍的。

在唐代开始设立寝殿专门祭祀孔子夫人。宋大中祥符元年（1008 年），追封为"郓国夫人"，元至顺三年（1332 年）加封"大成至圣文宣王夫人"，明嘉靖九年（1530 年）改称"至圣先师夫人"。祭祀所用早期为塑像，雍正二年（1724 年）火灾重建后，改为木主。

三〇、圣迹殿：最早的连环画

　　我们现在来到孔庙的最后一进院落，也就是第九进院落。院内狭小，眼前一座大殿，这座大殿的规制要远远低于大成殿和寝殿。这是一座单檐歇山顶建筑，覆绿瓦，面阔 5 间。这座殿因存放《圣迹图》而取名"圣迹殿"。此殿建于明代。万历二十年（1592 年），巡按御史何出光主持修建。

　　《圣迹图》是明代出现的一套表现孔子生平故事的连环画。孔庙原有木刻的《圣迹图》，何出光请吴地的名画工杨芝作画，由章草刻石，镶嵌在殿内的北墙。这一套《圣

圣迹殿内景

萬世

迹图》共计 120 石，每石高 38 厘米，宽 60 厘米。其中前 8 石为文字，其余 112 石为配有文字的图画，用一种图文结合的方式来呈现孔子生平的关键节点，展现孔子的学思历程。其中最后二石为汉高祖和宋真宗祭孔的场景。这些石刻尽管有了玻璃罩的保护，但是因为时代久远，很多已经漫漶不清了。《圣迹图》除了石刻本之外，还有木刻本、绢画本，在孔子博物馆保存有多种，海外的图书馆也有保存。前几年，枣庄一位老师，通过拍卖会拍到了一套清代中期的石刻《圣迹图》的拓片，他请我邀请了孔祥林老师、陈东老师等专家去鉴定，那套图比圣迹殿这一套还多一幅体现康熙祭孔的图画。根据上面的文字题记，可以初步判定是嘉庆之前云南府学文庙或某县学文庙所刻，十分珍贵。

《孔子圣迹图·命名荣贶》

《孔子圣迹图·退修诗书》

《孔子圣迹图·在陈绝粮》

《孔子圣迹图·杏坛礼乐》

《孔子圣迹图·西狩获麟》

《孔子圣迹图·汉高祀鲁》

除了《圣迹图》，殿内还有很多重要的石刻。大家看，正中就是康熙皇帝御书"万世师表"的刻石，与大成殿的是同一手书。另外还有几幅孔子画像。在"万世师表"碑刻下面，正中是唐代吴道子所绘《孔子为鲁司寇像》，也有人说是晋代顾恺之所绘，左边是吴道子《孔子凭几像》，右边是晋代顾恺之的《夫子小影》。三者之中，据说《夫子小影》最为近真，最接近孔子的原貌。只不过，古代没有照相技术，孔子的形象到底什么样，实在不好轻下判断。就像西方人所说，一千个读者心中有一千个哈姆雷特。其实，孔子同样如此。每个人心目中的孔子形象可能都不同。大家看到古人这些不同的孔子画像，你也会有不同的观感。比如大家看到孔子博物馆那幅明代画像

《孔子行教像》拓片

《孔子为鲁司寇像》，戴着獬豸冠，一副威严的神态，就有可能有所抵触，觉得孔子不应该是这样子的。我们今天在各地所看到的孔子像，大都是源自吴道子的《孔子行教像》的摹本，不管是画像还是塑像，大体都是这个形象。这样的流行的形象，会在一定程度上影响大众。

在圣迹殿的西墙最北端，为《孔子行教像》，石高 2 米，宽 0.75 米。行教像为孔子全身像，端庄慈祥，是学者形象，像上面有四行字："德配天地，道冠古今，删述六经，垂宪万世。"这是明代山东巡抚陈凤梧所写《孔子赞》的几句话，用最简洁的语言概括了孔子功绩与地位。

紧接着是宋米芾的《大哉孔子赞》，文字简单到不可思议："孔子孔子，大哉孔子。孔子以前，既无孔子。孔子以后，更无孔子。孔子孔子，大哉孔子。"可以说米芾已经知道孔子没有办法来形容、赞叹，只能用这样的最淳朴的、最简练的语言来赞美他。再往南，就是明清时期翻刻的孔子画像。看这个《夫子小影》，前面是孔子，后面是颜子，孔行颜随，就是《庄子·田子方》记载的"夫子步亦步，夫子趋亦趋"，大家都知道有个成语叫"亦步亦趋"，就描写这么一个情景。孔子最喜欢的学生就是颜回。大家想想，孔子那么多学生，孔子为什么独独欣赏颜回？有什么理由？有位北大的学者说，因为颜子听话。现实中确实有好多老师讨厌那种上课捣蛋不听话的学生，喜欢听话的学生。但孔子如果这样的话，还怎么称得上至圣先师？那样的话连我宋某人都不如。我二十年前做中学老师的时候，也不觉得听话的孩子就是好学生。我觉得，一个学生有思想，爱学习，有主动性，这才是好学生。所以那种解释肯定是很庸俗的。颜回之所以受到孔子无以复加的赞美，是因为他发现颜回十分聪慧，领悟力强，而且道德高尚。在孔门弟子之中真正能够传孔子衣钵的就是颜回。可惜颜回去世比孔子还早，白发人送黑发人。根据《论语·先进》记载，颜回去世的时候，"子哭之恸"，有点失态了，别人提醒他，孔子说，有吗？有吗？孔子不认为自己失态。孔子感慨说："天丧予，天丧予！"虽然颜子没有"著作"，但是颜子在儒家道统中的地位是不能撼动的。儒家推崇颜子，不在于让我们学颜回的穷，吃不上饭，而是学他那种贫不改其乐的态度。这就是儒家士大夫历代推崇的孔颜之乐。宋儒提倡要寻"孔颜乐处"。我想，孔子和颜子之乐，是超越了物质的精神之乐，是生命充盈的状态。这是我们现代人尤其匮乏的。

三一、孔氏家庙：中兴祖孔仁玉的传奇故事

我们走出圣迹殿，往东走。看到一个小院，这是孔庙的后土祠。原是祭祀尼山神的毓圣侯祠，后该祠移至尼山孔庙，于是此处改为后土祠。在后土祠往后，有一个单独的院落，那是神庖。正房5间，东西厢房各4间，是祭祀前屠宰牺牲的地方。始建于明洪武年间。在圣迹殿的西侧，与神庖相对的，就是神厨，是制作供品的地方。目前，神庖为汉画像石陈列馆。

由此往南行，就进入了孔庙的东路。由后往前，分别是家庙、崇圣祠、鲁壁、故宅井、诗礼堂、承圣门。

后土祠

神庖院门

神庖

家庙，面阔 7 间，单檐悬山顶，上覆绿瓦。殿内供奉着孔氏前三代祖先及中兴祖，是孔氏后裔举行家祭的场所。家庙是相对于中路的国庙而言的。大家要知道，孔子去世后，孔子弟子及子思为孔子立庙祭祀，这还属于私祭。但是随着汉高祖过鲁，以太牢祀孔子，便开启了帝王祭孔的先河。汉代，孔庙便由国家派吏员管理，便逐渐成为国庙。阙里孔庙，是国家祭祀的最高等级的孔庙，是典型的国庙。衍圣公是受国家任命的专职祭孔者，代表皇帝负责祭祀。那么，孔子后裔、孔氏族人祭祀先祖孔子，就要在家庙举行。大成殿的祭祀代表的是公祭，家庙则是私祭。浙江衢州的南宗孔氏家庙，是比较典型的家庙。阙里孔庙是国庙，内设家庙。清人孔继汾在《阙里文献考》卷一四中称，"阙里乃孔氏之家庙，有异于国学及天下郡县者也"，这个说法是有问题的。所谓"阙里乃孔氏之家庙"，只能理解为阙里孔庙内含家庙，而不能将整座阙里孔庙视为孔氏家庙。准确地说，"大成释奠，朝廷之命祀也；家庙时荐，子孙之私享也"（《阙里文献考》卷一九），具有国祭与家祭、公祭与私祭的双重性质。古代衍圣公负责释奠孔子，每年的春夏秋冬的仲月上丁日举行，是为四大丁祭，代表公祭。与此同时，衍圣公作为孔氏大宗，在家庙主祭，

家庙

有时也由孔氏族长代祭。

　　家庙内，孔氏始祖孔子夫妇牌位居中，左侧为二世祖伯鱼夫妇牌位，右侧为三世祖子思夫妇牌位。在伯鱼牌位之左，是孔子第四十三代孙、孔氏中兴祖孔仁玉夫妇牌位："四十三代中兴祖温如公神位"，温如是孔仁玉的字。

家庙内景

　　为何要在前三代祖先之外，另特别供奉第四十三代的孔仁玉呢？为何又称其为"中兴祖"呢？这里还有一段传奇的故事。在曲阜流传着一个"孔末乱孔"的故事，其情节非常类似于春秋时期的"赵氏孤儿"传奇。

　　孔子的第四十二代孙叫孔光嗣，生活在五代时期。孔光嗣的墓现在孔林孔子墓园之外的北侧，有明代永乐年间所立墓碑。五代处于唐宋之间，是中国历史上最黑暗的时期。唐代封孔子嫡系后裔为文宣公。唐末至五代十国时期，孔子家族后裔的人数已为数不少，但因外任做官和躲避战乱，他们多流散在外，定居于曲阜的较少。孔子嫡裔一支还是留在曲阜。因为唐末五代的混乱局面，到孔光嗣这一代失爵了，只做到泗水县令。他家有个孔林洒扫户，原并不姓孔，后赐姓孔，改称孔末。这个人很有心计，趁着世道混乱，把生活在曲阜的阙里孔氏一一杀害，最后，孔末又到泗水杀了孔光嗣，夺其家产，取代其位，主孔子祀，俨然以孔子嫡裔自居。他不仅血洗孔府，为了斩草除根，还要追杀恰巧不在府中的孔光嗣之子。孔光嗣的儿子叫孔仁玉，尚在襁褓之中，当时正在姥姥家。孔末率人追杀，当时孔仁玉的姥爷姥姥深明大义，为了保护孔子圣脉，使了一个调包计，把和仁玉同龄的孙子交出来，被杀死了，孔仁玉因此得救。此后孔仁玉隐姓埋名。一直到了后唐的时候，孔仁玉已经19岁了。后唐明宗长兴元年（930年），鲁人将孔末假冒孔子嫡裔、窃取官爵之事告于官府。后唐明宗李嗣源得知此事后，派人前往曲阜详加调查，确认属实，于是下令处死孔末，命孔仁玉任曲阜县主簿，主孔子祀。长兴三年，又迁龚邱县（治所在今山东宁阳）县令，袭封文宣公。后晋高祖天福五年（940年），改任曲阜县令。后周广顺二年（952年）六月，后周太祖郭威征讨兖州节度使慕容彦超，过曲阜，拜孔庙及孔子墓，赐孔仁玉五品官服，又授其曲阜县令兼监察御史。孔仁玉最终活到了北宋初期，有四个儿子，孔氏家族开始开枝散叶，向下繁衍。孔子家族经历大难后，因为孔仁玉，从而在宋代以后才繁衍不息，人丁日渐兴旺，所以孔仁玉被视为孔氏的"中兴祖"。

明人张敏《孔氏报本酬恩记》记载：

> 五十九代袭封衍圣公彦缙、五十五代曲阜尹克中、五十四代族长思楷，一日同谓敏曰："吾先世祖宗昭穆族属甚众，传至四十二代，有祖讳光嗣者，其室张氏，世为曲阜张阳里人。时值五代，四方弗靖，有伪孔氏孔末者，因世乱，心生奸计，意欲以伪继真，将吾孔氏子孙戕灭几尽。时光嗣祖任泗水令，生四十三代祖仁玉，在襁褓中。难兴之日，光嗣被害。祖母张氏，抱子仁玉逃依母氏，得免其难。孔氏之不绝者，如一发千钧，红炉片雪，几何而不为伪孔有也。吾祖仁玉母子虽脱巨害，向非外祖张温保养安全，其何以有今日乎！兹传五十九代，子孙族属之盛，绳绳蛰蛰，皆吾外祖张氏之所赐也，何敢一日而忘邪！张氏子孙，家在张阳者，至今犹称为张温焉。今虽优待其家，恐后世子孙或有遗忘，不能以礼相待，甚非报本酬恩之意。兹欲立石于张氏之茔，俾吾子子孙孙世加存抚，子盍为我文之？"

孔仁玉生子四人，其后称"内院"，后来的二十派六十户皆为孔仁玉之后。此即阙里孔氏"五位""二十派""六十户"之由来。而孔末之后，亦仿内孔而立"五院"，后世称之为"外孔"。《孔子世家谱》特载《伪孔辨》，格外强调内孔与外孔之别。

　　据孔德懋先生的《孔府内宅轶事》记载，孔仁玉外祖母季氏，因大义护圣裔，经孔仁玉上奏，朝廷封张家为孔府世代恩亲，赏赐张温夫人季氏官称"张姥姥"，赐楷木龙头拐杖一柄，金棒槌一个。她可以自由出入孔府，逢年节大典均至府内居上座。凡是孔府上下人等，包括衍圣公及夫人，只要做错了事，张姥姥就有权管教。"张姥姥"这个称号与衍圣公的爵位一样是世袭的，由张家长媳承袭。长子为世代恩亲。张姥姥死后，文宣公孔仁玉专门在城外张阳里封了一片树林作为坟地，叫作"张家林"。另外在孔林里面，历代衍圣公到孔林祭祀中兴祖孔仁玉时，均要有张家嫡孙二人前往陪祭。

　　这个故事和赵氏孤儿故事特别类似。历史上是否真有其事？前些年，文物部门发现了孔仁玉的墓志。墓志就是人死后，刻在石头上的小传，其中并没提到孔末乱孔这个事。时代久远，真相早已湮灭在历史长河之中。孔末乱孔、仁玉中兴的故事，起于元代，五十四代衍圣公思晦时始见流传。有学者推测，之所以孔氏家族编制出这一传奇故事，背后另有原因，是和确立大宗地位、维护正统等有关。赵文坦先生说，元天历年间衍圣公孔思晦镌刻《孔氏宗支图》、明宣德年间衍圣公孔彦缙等树立"报本酬恩碑"的目的，除辨明孔氏族裔或俾其子子孙孙世加存抚其外祖张氏外，更在于严内孔外孔之别，不使外孔享有豁免赋税徭役的权利。传奇的故事，并不会随着墓志的发现而丧失其流传的魅力，我相信这个传奇会继续被人们所传述。

三二、崇圣祠：父因子贵

穿过家庙院的三座小门，再往前行，前方是一座高大的建筑，建筑在高达一米的台基之上。这座建筑面阔 5 间，进深 3 间，单檐庑殿顶，覆绿瓦，这就是崇圣祠。

此处在宋代是斋堂，金代建有金丝堂，明代倾圮，宣德九年（1434 年）重建于东路今诗礼堂处，弘治十三年（1500 年）迁往西路，此处重建后为家庙，清雍正元年（1723 年）追封孔子上五代祖先为王爵后，改为崇圣祠。

殿内中间供奉着孔子上五代祖先：最中间是天祖即五世祖肇圣王木金父；左供高祖裕圣王祁父，右供奉曾祖诒圣王防叔；再左供奉祖父昌圣王伯夏，再右供奉孔子父亲启圣王叔梁纥。东西两侧以孔子之兄孟皮（东侧面西）、颜子之父颜无繇（东侧面西）、曾子之父曾点

崇圣祠木架为九檩四柱前后廊式，檐下斗栱为五踩重昂。前有廊，檐柱至前金柱间深约 1.95 米，后檐柱至后金柱深约 3.26 米。前檐下为石柱，中间二根高浮雕蟠龙，线条流畅，构图和谐，龙嘴猪形，龙髯前伸，颈细身粗，呈现出明代中期的特征，当为明弘治年间修庙时所刻。旁四根减地平钑花卉，刻牡丹、菊花、荷花、西番莲等。施旋子大点金彩画。

崇圣祠

崇圣祠内景

（西侧面东）、子思子之父伯鱼（东侧面西）、孟子之父孟孙激（西侧面东）配享，再两侧以先贤周敦颐之父周辅成（东侧面西）、张载之父张迪（西侧面东）、二程之父程珦（东侧面西）、朱子之父朱松（西侧面东）、蔡沈之父蔡元定（东侧面西）从祀。

中国人喜欢追根溯源。孔子这么伟大，不仅要祭祀孔子，还要感谢他的祖先。孔子父母在西路设有专殿启圣王殿和寝殿单独祭祀。这边是祭祀孔子的上五代祖先，追溯得更为久远。为什么祭祀五代？古代的丧服制度讲究五服制度。出了五服，血缘疏远，不再祭祀。我们知道，孔子的远祖是商汤，直接祖先是西周宋国的始封之君微子启，微子弟弟微仲"嗣微子之后"，到了孔子的十世祖弗父何时，将君位让给弟弟，为宋厉公，从此这一支世为宋卿。孔子的七世祖为正考父，为人谦卑之极，曾在家鼎上铸铭文："一命而偻，再命而伛，三命而俯。循墙而走，亦莫余敢侮。饘于是，粥于是，以餬其口。"（《孔子家语·观周》）其子为孔父嘉，是为孔子的六世祖。孔父嘉辅佐三代国君，为大司马，后被太宰华督所害。孔子这一族的氏为"孔"，就是因为孔父嘉与宋君五世亲尽，别为一族，取氏为孔。孔父嘉之子木金父为避祸而迁居鲁国。另有一说是防叔奔鲁。今天曲阜、泗水交界处，有防山，据说是防叔下葬处，故名。后来孔子的父母、兄长也葬于防山，即今梁公林。

在两庑之中，没有发现作为孔子弟子的颜子之父颜无繇、曾子之父曾点。为什么呢？原来这两位也在两庑从祀。到了明代，有官员就提出，颜子、曾子作为儿子高居大成殿配享，而作为父亲的颜无繇、曾点却在两庑从祀，这有悖于五伦，有悖于孝道。为了化解这一矛盾，明嘉靖九年（1530年），下诏在文庙单独建启圣祠，专祀孔子的父亲叔梁纥（曲阜孔庙自宋代即有梁纥堂专祀），而以大成殿四配的父亲，即颜子之父颜无繇、曾子之父曾点、子思子之父伯鱼、孟子之父孟孙激配享，而以二程、朱子、蔡沈的父亲从祀。万历二十三年（1595年）另诏周敦颐的父亲从祀。这反映出对宋代程朱理学几位先贤的重视。雍正元年（1723年），雍正帝觉得仅仅祭祀叔梁纥还不足以体现崇德报功的诚意，决定将启圣祠改为崇圣祠，并追封孔子上五代祖先为王爵，供奉于此，并将原启圣王殿从祀先贤先儒木主迁入。雍正二年（1724年），诏加张载之父从祀。咸丰七年（1857年），增孔子之兄孟皮配享，位居四配之父之上。

"崇圣祠"匾额

三三、启圣王殿与寝殿：孔子父母的专祠

我们顺便讲一下启圣王殿及启圣王寝殿。因为两殿在孔庙西路，目前不开放，我们无法进入参观。我曾有幸进西路各殿瞻仰，在这里顺便向各位介绍一下，让大家有个起码的了解。

金丝堂后，有一道院墙隔开，墙上并列三门，过门便是启圣王殿院。启圣王殿，始建于宋，今殿面阔五间，单檐绿瓦庑殿顶，前檐石柱镌花，中间二柱浮雕二龙戏珠，为雍正二年火灾后重建。殿前为露台。殿内正中为启圣王神龛，原有孔子父亲叔梁纥塑像，毁于"文革"，后重塑。

启圣王殿

启圣王殿后面为启圣王寝殿，即孔子母亲颜徵在的专祠。大殿3间，单檐歇山顶，绿瓦覆顶，与启圣王殿以露台相连接。在寝殿后，原有五贤堂。宋景祐二年（1035年）孔道辅监修孔庙时添建，祭祀孟子、荀子、扬雄、王通、韩愈等五人，毁于明弘治十二年（1499年）大火。现在金丝堂前西侧有孔道辅所立五贤堂记碑一通，他认为此五贤"辅圣"有功，而不能在两庑接受祭祀，所以特建五贤堂以表彰与纪念。

启圣王寝殿

　　孔子的父亲、母亲，作为圣人的父母，也得到后世的尊崇。宋太平兴国八年（983年），在孔庙建梁纥堂，专祀孔子父亲，并塑像于内。宋大中祥符元年（1008年）封叔梁纥为齐国公，封颜徵在为鲁国太夫人。元至顺三年（1332年），加封孔子父亲为启圣王，母亲为启圣王夫人，孔庙的专祠改称启圣王殿和启圣王寝殿。雍正建崇圣祠后，叔梁纥便享有双份祭祀。

　　孔子的父亲叔梁纥，姓孔氏，名纥，字叔梁。据文献记载，他身长十尺，武力绝伦。公元前563年，鲁国与晋、齐、曹、卫、薛等十三国诸候组成联军，攻打偪阳（今山东台儿庄），大军将偪阳城团团围住，合力攻打。偪阳城"城小而固"，虽然不大，却很坚固，接连攻打了几天，一直攻不下来。《左传·襄公十年》记载，"孟氏之臣秦堇父辇重如役。偪阳人启门，诸侯之士门焉。县门发，郰人纥抉之以出门者"。这时候，秦堇父（后来他的儿子秦丕兹，做了孔子的学生）押送一批辎重来到偪阳城下，增援鲁军。偪阳人看到有机可乘，把原本紧闭着的悬门悄悄提升起来，大队人马冲出城门，企图来个突然袭击，夺取鲁军的辎重。联军决定趁机攻入偪阳。待有部分军队攻进去，城上的悬门突然落下，企图瓮中捉鳖。此时恰巧"郰人纥"也就是叔梁纥来至城门之下，见悬门落下，以其勇力将悬门托住，使得被困士兵得以撤出。孟献子赞誉他"有力如虎者"。经此一役，叔梁纥名闻诸侯，被鲁君封为陬邑大夫。叔梁纥这一基因传给了孔子。孔子身高九尺六寸，《吕氏春秋·慎大览》中记载，"孔子之劲，举国门之关，而不肯以力闻"。

偪阳之战后七年，鲁襄公十七年（前 556 年）秋季，叔梁纥又展现了他的勇猛。据《左传·襄公十七年》记载："秋，齐侯伐我北鄙，围桃。高厚围臧纥于防。师自阳关逆臧孙，至于旅松。耶叔纥、臧畴、臧贾帅甲三百，宵犯齐师，送之而复。齐师去之。"齐灵公攻打鲁国边境，齐国的高厚把臧武仲围困在防地，叔梁纥与臧畴、臧贾率领三百名甲士夜袭齐军，把臧武仲送到旅松后，他们又返回防地。齐国不久即退兵。你看，这是多牛的猛将！

当然，叔梁纥也有很大遗憾。据《孔子家语·本姓解》："纥虽有九女而无子。其妾生孟皮，孟皮一字伯尼，有足病。于是乃求婚于颜氏。"叔梁纥最大的遗憾，就是他的妻子生了九个孩子，都是女孩，没有一个能够作为继承人的儿子。后来，纳妾，倒是生了一个儿子，取名孟皮，但是"有足病"，我大胆猜测，大概是小儿麻痹症。这种情况，不能供奉祖先的香火，不能作为家族继承人。此时，应该是原配夫人已经去世了。于是，年迈的叔梁纥"求婚于颜氏"。颜氏在鲁国也是大家族，孔子的七十二弟子中，至少有八位出自鲁国的颜氏。颜家有三位女儿，都未出嫁。结果，老大、老二都不乐意，毕竟叔梁纥年龄太大了。颜氏的三女儿叫颜徵在，知道父亲非常乐意这门婚事，也就顺从父意，答应了。《史记·孔子世家》记载说，"纥与颜氏女野合而生孔子，祷于尼丘得孔子"，近现代以来，很多人为了诋毁孔子，说什么叔梁纥强奸了颜徵在云云。大家要知道，司马迁非常尊孔，他将孔子写进"世家"，怎么会用后世人们理解的贬词来写孔子呢。也就是说，"野合"二字根本不是现代人所理解的意思。这只是说叔梁纥与颜徵在二人年龄悬殊，于礼有所不合。据估算，叔梁纥此时年龄在六十六七岁左

启圣王殿内景

右，而颜徵在的两个姐姐尚未出嫁，她也就是刚过及笄之年，在十六七岁左右。尽管如此，根据《孔子家语·本姓解》"遂以妻之。徵在既往，庙见"的记载可知，这段婚姻也是正式的。这段婚姻的目的较为明确，就是要生一个健康的儿子。但是，叔梁纥年龄太大，能不能生育都属未知，更何况要生一个男孩。于是，他们夫妇经常去陬邑附近的尼丘祈祷。后来，果然生了一个健康的男孩。这个男孩的出生，对人类文明史堪称一件大事。因为出生在尼丘，所以取名为丘，后来命字为仲尼。这就是伟大的孔子。

孔子3岁的时候，叔梁纥就去世了。孔子和母亲相依为命。在颜徵在的教导下，孔子自幼聪慧好学，学无常师，博学多能，渐渐有了名声。但是，在孔子17岁时，颜徵在撒手人寰，仅仅30多岁就故去了。孔子在母亲的影响下，已经有了健全的人格，尽管人生之路多有坎坷，充满艰辛，孔子依然积极进取，坚定地循道而行，走出了一条"即凡而圣"的路。所以，孔子的伟大，离不开孔子父母的生育养育。纪念孔子，当然也要纪念孔子的父母。

三四、家谱碑：血胤绵延数千年

崇圣祠大殿前东侧有几幢石碑。

最北侧是一座明代宣德五年（1430 年）的石碑。此碑高 1.8 米，宽 0.85 米；行书，20 行，行 42 字。碑阴亦有文字，为弘治五年（1492 年）刻制。此碑由三部分内容组成：正面就是前面提到的张敏所撰《孔氏报本酬恩记》，张敏时任三氏学教授，孔子五十九代孙袭封衍圣公孔彦缙等立石；碑阴，上部为弘治壬子年（1492 年）孔氏族长孔公璜书《报本酬恩记后》；下部刻有免除张温家族徭役执照。周边被石条镶嵌，碑中有断痕。

崇圣祠院群碑

第二块是顺治十二年重立的孔氏酬恩碑，已漫漶不清。第三块是元世祖至元三十一年（1294 年）所立阙里庙祭器记碑。

再往南有类似马槽的石质建筑，曾经上过央视《正大综艺》节目，是一座家谱碑，是明代所立，为孔子五十世孙孔拂之后十二世系谱碑。孔拂是孔子五十代孙，其子孔元用袭封衍圣公。孔拂的父亲是孔琥，祖父孔端立，曾祖父是孔若愚，孔若愚乃孔宗愿第三子，而孔宗愿则是第一代衍圣公。因为到了元代时孔氏后裔袭封衍圣公的情况比较复杂，其间还停滞过几十年。后来元仁宗确认孔思晦为大宗嫡长孙袭封，此后阙里孔氏大宗没有变更。而孔思晦就是孔拂的玄孙。

再往南，在甬道的两侧，各有一块家谱碑，东侧为元代天历二年（1329 年）所立宗派族谱图碑，是第五十四代孔思晦所立的孔子至其四十二世孙的孔氏族谱。背阴则是《孔氏宗支图记》，记载了孔末乱孔与孔仁玉中兴的始末。西侧为第四十三世至五十四世的《宗族世系名次图》，立于明永乐七年（1409 年），一说亦为孔思晦所立。

家谱碑

宗派族谱图碑

为了让大家了解孔氏家族的世系，在院里专门制作了一个系谱表牌。大家知道，孔氏家族是世界上最大的家族，而且世系完整。中国人一向重视家族谱系传承，历代都修家谱。1996开始的第五次大修，2009年正式出版的新《孔子世家谱》由孔德镛先生主持。记载了孔子至今八十多代，共计200多万孔子后裔。尤其值得注意的是，此次修谱，突破旧制，女性、少数民族后裔、外籍孔子后裔均被首次录入家谱。它以其延续之长、族系之明、纂辑之广、核查之实、体例之备、保存之全，被吉尼斯世界纪录列为"世界最长家谱"，堪称存世谱牒之冠。

目前，在曲阜的64万人口中，孔姓占据17万之多，有"无孔不成村"之说。因为孔姓的辈分严格，有条不紊，所以在曲阜经常听到问孔姓人，直接问你是七十几？对方说，我是七十五，或我是七十六，就知道他是什么辈儿。这是全国统一的。在明代以前，孔氏后裔没有固定的行辈，自四十五代起，已注意订定行辈，同辈人多采用同一偏旁或同一字作行辈字。据吴佩林先生考证，大概在元代孔思晦时第一次立行辈，即八个辈字：公、彦、承、弘、闻、贞、尚、胤。因洪武元年五十六代孔希学及洪武十七年五十七代孔讷先后袭封衍圣公，就把"希"和"言"旁加上去为十个字，即：希、言、公、彦、承，弘、闻、贞、尚、胤。清代为避帝讳，将"弘"改为"宏"，"胤"改为"衍"。崇祯年间，衍圣公孔胤植后续十个辈字，并上报朝廷，即：兴、毓、传、继、广，昭、宪、庆、繁、祥。清同治二年（1863年），衍圣公孔祥珂又立十个辈字，即：令、德、维、垂、佑、钦、绍、念、显、扬。当然到了今天，很多孔家年轻人给孩子起名就不按辈儿起了，但是他的谱名还是要区分辈分的。

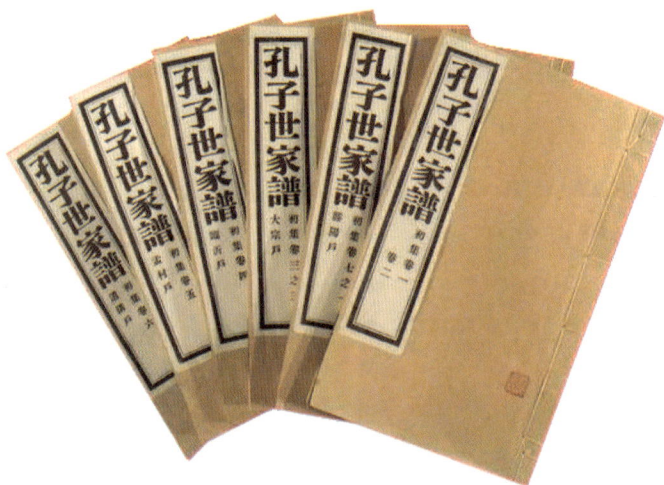

《孔子世家谱》

我们观察孔子后裔世系表，会发现一个有趣的现象，就是从第二代一直到第八代，都是单传，特别奇特，特别罕见。我以为，这不一定是历史的真实，因为在汉代之前中国人世系观念和家谱制度不严格。从汉代开始，就有了谱牒。一辈儿一辈儿往前追溯着记录。追溯有什么特点？就是呈现为单线。比如我追溯我爸爸是谁，我爸爸的爸爸是谁，我爸爸的爸爸的爸爸是谁，一辈儿追上去，一定是一条单线。孔子后裔也是如此，从第九代开始追溯到孔子，呈现出的是从上往下的一个单线，所以八辈单传极可能是一个误会。我目前觉得这是最合理的解释。根据文献记载，第三代子思可能就不是独生子。孔鲤比孔子小 20 岁，50 岁去世。两年后，孔子去世。根据各种文献记载，我的考证是，孔子去世时，子思在 8 岁至 16 岁之间。孔鲤的第一个儿子出生，按理说不会如此之晚。加上在《礼记·檀弓上》当中有记载，子思有嫂子，有嫂子证明就有哥哥。但是哥哥是谁没有被记载。因为在后代追溯的过程中，不是所有的先祖都有名有姓，没有什么大的贡献的，就没有被记录下来。

到了汉代，孔子后裔开始受封。据说，汉高祖刘邦到曲阜来祀孔的时候，就封第九世孙孔腾为奉祀君，专门来奉祀孔子。汉元帝封孔子十三世孙孔霸为关内侯。到汉平帝元始元年（1年），才开始对孔子后裔进行爵位的专封，赐封孔霸的曾孙孔均为褒成侯，以奉孔子的祭祀。魏文帝黄初二年（221年）时，将孔子二十一代孙孔羡改封为宗圣侯，不再使用褒成侯爵号。同时给孔羡封邑百户，专门奉侍孔子祠堂。令鲁郡对旧庙进行修葺，设置百户的吏卒来守卫孔庙。西晋武帝泰始三年（267年），又改封孔子二十三代孙孔震为奉圣侯。北魏孝文帝太和十九年（495年），封孔子的二十八世孙孔珍为崇圣侯。北齐时改封孔子的三十一世孙为恭圣侯。北周武帝改封孔子后裔为邹国公。隋炀帝又改为绍圣侯。唐玄宗时，封孔子的后代为文宣公。到了宋代，宋仁宗至和二年（1055年）改封孔子第四十六代孙孔宗愿为衍圣公，此后除短暂更名外，一直沿用了八百八十年之久。到第四十八代孔端友，随宋高宗南渡，后来定居浙江衢州，就是所谓"南孔"。孔端友无嗣，将其弟孔端操的幼子孔玠（一云长子）过继为嗣，开启了南宗孔氏的繁衍。其后南宗袭封衍圣公的有孔玠、孔搢、孔文远、孔万春、孔洙等人。

孔端友的弟弟孔端操留在曲阜，守护林庙。此时刘豫建立了伪齐政权，于阜昌三年（1132年）封孔端操之次子孔璠为衍圣公，主持曲阜孔庙祀事。金熙宗于天眷三年

（1140 年）仍封孔璠为衍圣公，其后有孔拯、孔摠、孔元措等袭封衍圣公。

随着蒙古人起兵南下，孔元措随金国朝廷迁往汴京，曲阜孔庙则由其族兄孔元用主持祀事。蒙古人占领曲阜后，先后以孔元用、孔之全父子为衍圣公。这样，宋、金、蒙古各有一个衍圣公，三宗并立。

元太宗五年（1233 年），蒙古骑兵攻陷汴都，孔元措被蒙古政权所得，仍封衍圣公，而改封孔之全止充曲阜令。而孔元措无子，由其弟孔元**纮**的孙子孔浈为嗣。孔浈于元宪宗元年（1251 年）袭封衍圣公。后来，蒙古政权先前所封衍圣公曲阜令孔之全之子孔治率孔氏族人上书皇帝，言孔浈不修祖祀，且非孔氏之宗，而系孔元**纮**的儿子孔之固侧室所生，且生母早已改嫁驱口李氏，孔浈曾随李氏改姓，不可为孔氏宗。宪宗二年（1252 年），皇帝下诏免去孔浈衍圣公封号。此后有几十年没有再封衍圣公。

1279 年，南宋灭亡后，宋所封衍圣公五十三世孙孔洙归元。元世祖忽必烈在至元十九年（1282 年）访查孔子后裔宗子，曾召孔洙至京师。据《元史·世祖本纪》记载，至元十九年十一月："江南袭封衍圣公孔洙入觐，以为国子祭酒，兼提举浙东道学校事，就给俸禄与护持林庙玺书。"从"江南袭封衍圣公"的说法来看，宋亡，孔洙已经失爵。

孔子五十三代孙孔淑所撰《阙里世系图题辞》记载，孔洙朝觐后南还，路过曲阜，拜谒孔子林庙："当圣朝混一之初，宋故五十三代袭封洙首膺召命。还，谒林庙，与今袭封公治暨诸族会。百年之分，一旦复合，吾族之盛事。"又说："淑欲取南北谱牒，校同异以为定本，久未之遂。近叨职著庭，而房从侄遂昌县尹楷适以赴调寓京师，因相与参订，合为一图，将锓木以传不朽，复序本末大概以识其端。噫，阙里正传皆于是乎在！后之人，宁可不知其所自邪？"（见沈杰《三衢孔氏家庙志》）这里说的"房从侄遂昌县尹楷"就是孔洙的儿子孔思楷。

元成宗元贞元年（1295 年），孔治袭封衍圣公。不久，孔淑和孔思楷参订南、北宗谱，共订孔氏总图。这说明，元朝以阙里孔治一支为大宗子、袭封爵，已得到孔洙之子孔思楷的认可。

但是，后来却流传着一个"孔洙让爵"的故事。

元代苏天爵在《题孔氏家藏宋敕牒后》中说："建炎南渡，衍圣公亦徙三衢……尝闻故老云：宋社既墟，廷议以袭封之爵当归三衢，彼固辞曰：'吾既不能守林庙坟墓，其敢受是封乎！'呜呼，孔氏居江南者，皆当以斯言为念也。因观学文所藏七世祖毅甫郎中元祐五年赴阙敕，感而为之书。"（苏天爵《滋溪文稿》卷二九）

这里苏天爵用的是"尝闻故老云"，而孔洙的辞爵，并不是主动的让爵，而是被动的辞爵。到了明代宣宗宣德初年著名文人杨士奇撰写的《鲁林怀思图诗后序》中，孔洙让爵的故事变得更加生动："吾闻元有天下，诏求曲阜之后，将命为衍圣公，主孔林之祀，议久未决。有言衢孔故世嫡也，征至，力辞曰：'先人葬衢数世矣，不可以去，请授曲阜之长者。'元君叹曰：'宁违荣而不违道，真圣人之后也。'从其志而命为国子祭酒。"（杨士奇《东里文集》卷三）杨士奇也用了一个"吾闻"，这意味着这些说法并不见于正式的史料。

据山东大学赵文坦老师考证认为，孔治在元成宗元贞元年（1295年）袭封衍圣公，与孔洙并无关系。按照元世祖前期朝廷中北方儒臣与曲阜孔氏的关系以及四等人制和蒙古体例，"廷议"孔洙复爵的可能性微乎其微。孔洙让爵故事之演变跟南宗争取特殊待遇有关。南宗与北宗之争，至今还存在。其实，这就涉及到很多切身利益的问题。很多学者包括大众，当然也包括南宗都认为南宗才是孔子的嫡长孙一脉。但是，大家要注意，嫡长孙强调的是继承制度，而不是血缘的关系。什么叫嫡长孙？正妻的长子叫嫡长子，嫡长子的嫡长子就是嫡长孙。古代中国实行一夫一妻纳妾制。妾和妻生的儿子有什么区别？其实从血缘来讲没区别。嫡长是确认，其实是在名分上、在宗法制度上要设立继承的优先次序，这是一种制度设计，而无关乎血缘。任何一个家族，包括皇族，往往会出现嫡长绝嗣的情况，怎么办？中国人采取过继的方法来化解。这就是一种制度的认定。另外，像孔子后裔衍圣公的袭封，有时候还取决于家族与朝廷的议定。当朝廷认定曲阜一脉为嫡长正脉后，那么曲阜孔府就代表了孔子的嫡长孙一系，就成为大宗。而南宗的地位则一落千丈。在明代正德年间，南宗才又获得翰林院五经博士的世袭职位。

孔家的延续，并不仅仅是一个家族史的问题。作为孔子的后代，国家重视孔子，就重视这个血脉的延续。既然有爵位，有权力，当然也会有各种现实利益的纠葛。2019年，我和曲阜的孔新峰教授、著名文化学者鲍鹏山老师等参加浙江衢州的文化活动，鲍老师说了一句话，南孔北孔同是一孔，不应该再争正统。我非常赞同。2020 年，衢州和曲阜就建立了良好的交流合作关系，这是令人欣慰的事。

我们刚刚说到，元成宗元贞元年（1295 年）因孔之全长子孔治权奉祀事三十余年后而袭封衍圣公。1307 年孔治去世，此后衍圣公又空缺多年。元仁宗延祐二年（1315年）才确定大宗子继承人应该是孔思晦。孔思晦为四十六代孔宗愿三子孔若愚的七世孙，是五十代孔拂长子孔元孝的嫡长孙，于 1316 年袭封衍圣公，并授阶为中议大夫，列正四品。从此，衍圣公之位在此一脉中延续。孔思晦之子孔克坚的袭封之路也并不顺利，在孔思晦去世后，其嫡长子孔克坚于七年后的 1340 年才袭封。至正八年（1348 年）晋中泰大夫，赐二品银印。至正十五年（1355 年），孔克坚被征为同知太常礼仪院事，以其子希学袭封。至正十九年（1359 年）迁礼部尚书，累官国子监祭酒。至正二十二年（1362 年），孔克坚谢病还阙里，后起集贤学士、山东廉访使，都未赴任。

此后，进入明代，孔希学继续任衍圣公。而此后二十派、六十户开始出现，繁衍速度加快。

三五、鲁壁：中国学术史的重要见证

出崇圣祠院，抬头即可见一堵类似影壁的红色砖墙。大家转到墙壁的前面，可见立有石碑一块，上写两个隶书大字："鲁壁"，据说此二字出于清代著名书法家、扬州八怪之一的金农之手。这是后世为了纪念中国文化史、学术史上一个非常重要的事件而建造的具有象征性的墙壁。哪个事件？秦始皇焚书。前面我们讲了秦始皇的功绩，车同轨，书同文。他也有巨大的罪行，那就是接受李斯的建议，在全国范围内把儒家和其他诸子的书都烧掉了，除了一些技术性的书不烧之外，思想性的书全部都烧掉了。儒家经典当然在所难免。全国各地执行得特别严格，造成了中国古书的第一次大灾厄。到了汉代，只有口耳相传，靠那些年长的学者，把之前背过的经典，通过口述，然后再书于竹帛。

当然，也有不怕死的，比如孔子的第九世孙孔鲋。他觉得我祖先这些经书烧了太可惜了。怎么办呢？他就把这些竹简藏在墙的夹壁之中。随后，他就离开曲阜，去参加陈胜吴广的起义，做了陈胜的博士。后来陈胜死了，他也死了，再没回到曲阜，藏书的事也就无人知晓了。

一直到了汉代，汉代的第四个皇帝汉景帝有个儿子叫刘余，徙封鲁国，这就是鲁恭王，也可以写成鲁共王。这个刘余，作为皇室子弟，特别喜欢享乐，扩建宫室。他当年建造的宫殿特别豪华。其中有一座非常有名的大殿，叫灵光殿，和长安的未央殿、建章殿齐名。王莽的时候，三大殿就剩鲁国的灵光殿，所以有一个成语叫"鲁殿灵光"。刘余要扩建宫室，孔子故宅这片区域显得碍事，这家伙对孔子也没什么恭敬之心，就下令拆除。这一拆不要紧，当年孔鲋藏的那批竹简就被拆出来了。《书》《礼》《论语》《孝

鲁壁

经》等书重见天日。这些书，都是用先秦古文字书写的，大部分人都不认识，称之为"蝌蚪文"。这些书被上奏朝廷。

当时有位大学者，孔子的第十一世孙孔安国，对这些古文的书籍进行了释读、整理，为了与当时的今文经书相区别，称之为古文经。孔壁挖出来的古文经，成为一个专门学问，比如《古文尚书》的真伪就在中国学术史上争论了上千年。当然，古文经书的发现，对于中国典籍而言，意义非凡。这就是秦始皇的焚书和鲁壁的一段渊源。

为了纪念孔鲋藏书，到了金代，在孔庙的孔子故宅内修建"金丝堂"。为何取名金丝堂呢？据传说，刘余拆孔子故宅时，突然天上传来金石丝竹的声音。这当然是后世的附会，但是又别有寓意。此后历代重修，明弘治十三年（1500年）重修孔庙时又将金丝堂迁往孔庙西路，后在原址上建诗礼堂，后又在诗礼堂之后增建鲁壁，作为纪念孔壁藏书的象征性遗址。

乾隆题"金丝堂"匾额

金丝堂现在孔庙西路，我给大家简单介绍一下，进入大成门西侧的启圣门，便可以看到，在高台之上，矗立着一座大殿，单檐悬山顶，绿瓦覆顶，面阔5间，中3间设门，次间安槛窗，进深3间。堂内悬乾隆题写的

金丝堂

匾额"金丝堂"。下面陈放乾隆帝的"与天地参"匾额的刻石。金丝堂前西厢房是存放
祭孔乐器的库房，存放康熙赐给孔庙祭祀所用的"中和韶乐"乐器，现乐器已移入孔子
博物馆。

三六、孔子故宅井：我取一勺，以饮以思

　　鲁壁右前方有一口水井，被汉白玉石栏杆围护着。井旁立有石碑，上书"孔宅故井"。这口井，并不甚深，大概 3 米多深的样子。所谓孔宅故井，据说就是当年孔子及其后代生活所用的汲水井。

　　在井的西侧，建有一座方形凉亭，亭中立有两通石碑，西侧有一块是宣德十年（1435 年）所立重建金丝堂记碑。正中一块是乾隆皇帝的故宅井赞碑：

> 疏食饮水，曲肱乐之，既清且渫，汲绳到兹。
> 我取一勺，以饮以思。呜呼宣圣，实我之师。

孔宅故井

乾隆·故宅井赞碑

意思就是，孔子当年"饭疏食饮水，曲肱而乐之"，那个"水"哪里来的？就是这口井。这个井水特别清澈。用绳把水从井里提上来，我拿水瓢喝了一勺，一边喝水一边思念：孔子啊，是我的老师。看来，喝故宅井水不光解渴，更让人觉得和孔子建立了一种亲密的关系。在传统社会，孔子被誉为历代帝王师，这不是孔家自己封的，这是帝王自己承认的。像金代、元代、清代，作为少数民族政权，实际上都认为儒学对治国理政能够起到一种非常重要的作用。

近代以来，有一种流行的说法，认为儒学是封建统治者的帮凶。这种理解显然是偏颇的。一方面，我们当然要承认儒学对统治者稳固统治有积极作用，统治者推崇儒学当然不排除会有利用的成分。但是另一方面，儒学的价值是在于维护整个社会秩序的稳定与和谐，它对限制暴政、施行仁政、保护小民的利益，都有积极的意义。儒家的王道、仁政、德治、礼治，虽然在传统社会无法完全落实，但它强调的、致力的是整个社会秩序的和谐，不能说它仅对统治者有利。儒家在国家与人民之间，发挥着一种平衡作用。儒家当然是积极入世的，在朝则美政，在野则美俗。但是，儒家一直有一种以道抗势的传统，真正的儒家绝非苟且偷生、依附皇权的，而是秉持道义来批评现实、改进现状的。我们了解的，历史上很多所谓的"中国的脊梁"，恰恰是饱读诗书的儒者。他们的理想就是"为天地立心，为生民立命，为往圣继绝学，为万世开太平"（北宋张载语，被称为"横渠四句教"）。所以，大家对儒学要有正确的理解。当然，学儒学的人一定是真儒吗？不一定。历史上，也有很多人，才情很高，人品极差，有一种极端功利主义的价值取向，读书就为了做官，最后却沦为贪官污吏，是败坏孔子之道。

三七、诗礼堂：孔子家教与孔氏家风

我们从故宅井再往前行，转到正面，有豁然开朗的感觉。这座建筑有点特别，面阔5间，绿瓦悬山顶，正面没有安门，是敞开式的。此处原为孔子故宅，在宋代曾为宋真宗祭祀孔庙的驻跸之所，后改为斋厅，供孔氏族人祭祀时斋居，并做讲学之用，其后有穿心连廊与后面的斋堂（今崇圣祠处）相连，形成工字型结构。金代重建，省去穿廊。元代初年，孔家"作堂私第，名以诗礼，亦不忘过庭之教也"（陈镐《阙里志》卷二十四）。明弘治十七年（1504年）再建为诗礼堂。

上面有一个匾额："诗礼堂"。孔府菜有一道名肴——诗礼银杏，就是用诗礼堂前面宋代银杏树的果子做的甜菜。清康熙皇帝曾题写"则古称先"的匾额，乾隆皇帝撰"绍绪仰斯文识大识小，趋庭传玉教学礼学诗"的对联，刻制后悬挂在堂内。今已不存。

这个诗礼堂的名字是怎么来的？它有一个典故，来自于《论语》当中。

诗礼堂

这涉及到孔子的家教与孔氏的家风。今天，上至国家领导人，下至社会大众，都特别强调家风和家教。中国人以家为基础单位，强调家国一体，对一个人的培养都是从家教开始的。所以，家不光是一个生活的地方，还是一个教育的场所。在中国历史上，有关家风家教的故事很多，典型案例很多。比如，曾国藩的《曾国藩家书》，大家都很熟。颜之推的《颜氏家训》，很多人也听说过。但是，传承两千多年的孔子及孔氏家族，他们的家风，可能很多人并不熟悉。其实，孔子家教、孔氏家风可以简单概括为四个字：诗礼传家。在曲阜过年时门口贴的最常见的对联，就是："忠厚传家久，诗书继世长。"上联强调品德，下联突出学问。其实，家风家教无外乎这两样：一个是要讲学习，讲学问；一个是要讲道德，讲品行。

孔子是怎么进行家庭教育的呢？《论语·季氏》篇当中就有这么一段记载：

> 陈亢问于伯鱼曰："子亦有异闻乎？"对曰："未也。尝独立，鲤趋而过庭，曰：'学《诗》乎？'对曰：'未也。''不学《诗》，无以言。'鲤退而学《诗》。他日，又独立，鲤趋而过庭，曰：'学《礼》乎？'对曰：'未也。''不学《礼》，无以立。'鲤退而学《礼》。闻斯二者。"陈亢退而喜曰："问一得三，闻《诗》，闻《礼》，又闻君子之远其子也。"

孔子有个学生叫陈亢。这个陈亢有点八卦，老是觉得老师有可能偏心眼。他就问孔子的儿子伯鱼："子亦有异闻乎"，这话翻译成白话就是，我老师、你爸爸给你开过小灶吗？单独给你上过课吗？伯鱼说没有，不过有两个事我可以给你讲讲。有一天，我爸爸一个人在院子里站着，大概在想问题吧。这个时候，"鲤趋而过庭"，庭就是庭院，趋就是快步走，他要从这个庭院中过去。说"趋而过庭"，这不是要过来拜见爸爸，而是见了爸爸就跑就躲。中国的家庭结构，一般都是严父慈母，孩子们见了妈妈："妈妈""妈妈"，亲得不得了，见了爸爸就跟老鼠见了猫一样，躲得远远的。孔鲤看爸爸站那儿，赶紧先躲。结果没躲了，孔子看见了。孔子说，过来，过来，检查一下，"学《诗》乎？"《诗经》你学了吗？我们知道，孔鲤作为孔子的孩子，他有得天独厚的条件能够成为卓越的人。但是孔鲤没有什么作为。为什么？我想原因就在于，虽然爸爸很厉害，但是他自己没有学习主动性。你从这个故事就看出来了。孔子问学《诗》乎？孔鲤往那一站，就冒出两字："未也。""没有。"孔子告诉他："不学《诗》，无以言。"你不学《诗经》，你就不会说话。古代贵族交往一定要引诗赋诗，《诗经》学不好，在社交场合就会出现尴尬，显得很没水平，于是"退而学《诗》"，赶紧回去补作业去。"他日"，又过了几天，同样的情景，见爸爸一个人站那儿，又想溜，又被叫住了，检查作业。孔子问："学《礼》乎？"礼，你学了没有？诗书礼乐，这是孔子教的四门功课。伯鱼还是俩字："未也。""没有。"孔子就说："不学《礼》，无以立。"你不学礼的话，你在社会上没法立足。为什么？礼是社会交往的规范，很多文明秩序、文明守则，你不懂不行。陈亢一听特别开心，他说"问一得三"。问了一个问题，我知道了三件事。第一，学诗很重要。第二，学礼很重要。其实，孔子肯定跟他们讲过，就是没往心里去。第三，君子远其子也。我老师是个君子，他对他儿子没有开小灶，不偏心眼，一视同仁，叫"君子远其子"。这是在孔子背后发生的一个小故事，让我们从侧面了解了孔子家教。

我曾经给我的学生讲，在这个世界上有两类人不会嫉妒你，而会希望你青出于蓝而胜于蓝。一是你的父母，一是你的老师。孔子作为一个父亲，作为一个老师，他都给我们树立了一个榜样。这就是诗礼堂这个地方的典故出处。后来为了纪念孔子的家庭教育，取名叫诗礼堂。清代康熙皇帝来孔庙，在这个地方曾经听过课。谁讲的课呢？孔尚任，清朝的大戏剧家，也是孔子的后裔，是《桃花扇》的作者。孔尚任在这里给康熙皇帝讲经。

关于康熙二十三年，康熙皇帝释奠阙里，并在诗礼堂经筵讲经，作为当事人之一的孔尚任，在其《出山异数记》记述道："上乘舆入城，诣先师庙，至奎文阁前，降辇入斋幄，少憩，即步行升殿，跪读祝文，行三献礼，三跪九叩，为旷代所无。牲用太牢，祭品十笾豆，乐舞六佾，其执事礼乐弟子，皆任所教者也。任在诗礼堂伺经筵，不获陪位。礼即毕，上还斋幄稍憩，更便服鹰白色袍，石青色褂。辰刻，内阁学士席尔达、太常寺卿葛思泰导引，上由奎文阁东入承圣门，步升诗礼堂御座。百官听讲。左翼列者：大学士明珠、王熙，吏部尚书伊桑阿，礼部尚书介山，工部尚书萨穆哈，内阁学士麻尔图、席尔达，翰林院掌院学士常书、孙在丰，内阁侍读学士徐廷玺，翰林院掌院学士朱玛泰、高士奇，都察院左副都御史孙果，国子监祭酒阿礼瑚，太常寺卿葛思泰，太仆寺少卿杨舒，鸿胪寺少卿西安，光禄寺少卿胡什图，吏科掌印给事中费扬古，陕西道御史喇占，山东巡抚都御史张鹏。右翼列者：袭封衍圣公孔毓圻、翰林院世袭五经博士孔毓埏、颜懋衡、曾贞豫、孟贞仁、仲秉贞，原任五经博士孔毓瑛，口北道佥事孔兴洪，曲阜县世职知县孔兴认，四氏学录孔尚侃，尼山书院学录孔毓玺，洙泗书院学录孔贞燨，及四姓候补选者三十五人。其司、道、府、县官，俱候门外。班既定，上谕：'兖州府知府张鹏翮，作官清正，亦许听讲。'遂传入，列于巡抚之下。"

诗礼堂前，院落开阔，是祭孔乐舞排演排练的地方，这是一个连接着孔氏家族和孔庙文脉传承的地方。诗礼堂前南侧有两株宋代的银杏树，西侧为雌银杏，东侧为雄银杏。另有唐槐一株，它们都见证着时常举行的祭祀乐舞的排练场景。

在诗礼堂的东侧有 9 间厢房，是孔庙的礼器库，储放祭孔用具。前面还立着乾隆皇帝所御书的《礼器赞》《诗礼堂赞》等石碑。

诗礼堂前的唐槐和宋代银杏树

诗礼堂正前方为承圣门，为明代建筑。金代名为燕申门，取义《论语·述而》："子之燕居，申申如也。"因为此处为孔子故宅，所以以此来命名。雍正七年改为今名。

转过厢房，向东走，就是孔子故宅门，为明代建筑。门对面建有一亭，护卫一幢石碑，是乾隆的《孔子故宅赞》。门外悬挂一块不大的匾额："孔子故宅"。出此门，直对的便是孔庙东侧的阙里街。阙里，即孔子生活的区域。此地地处周代鲁国都城的西南角。因为有两石阙，其里巷称阙里。在孔庙快睹门外南侧，立有一道坊，木质牌楼，明代始建，清代多次重建，四柱三楹，上施斗栱，顶覆绿色琉璃瓦，中间有红色坊额，上书"阙里"两个金字。这是一座地标式建筑，此街也因此得名叫"阙里街"。阙里街东邻便是曲阜师范学校，这是一座有着百年历史的名校。原全国人大常委会委员长万里就毕业于此校，另外我们所熟知的贺敬之、吴伯箫都是该校的学生。

孔子故宅门

　　我在曲阜今古谭书店得到一张老照片，是阙里街的一座精美的石牌坊。此石坊原位于阙里街中段，在阙里坊和钟楼之间，是南北向的过街坊，三间九梁三层楼。坊高 18 米，东西长 10.3 米，南北宽 3.5 米，明间阔 3.7 米。上、中二额枋是深浮雕刻云龙戏珠，下额枋刻双凤戏牡丹，底梁为透雕双狮滚绣球，四柱四面均为浮雕二龙戏珠，四柱下设抱柱，前后各圆雕公狮戏绣球、母狮抱幼狮，须弥座三面均雕云龙戏珠，坊上飞檐挑角，横脊两端圆雕大吻，兽吞含坊脊。中间是卧狮背驮聚宝盆、火焰宝珠，中额是站匾，刻"恩荣"，横匾刻"节并松筠"，边刻"赐太子少师袭封衍圣公孔毓圻祖母诰封一品太夫

阙里坊

节井松筠坊老照片

人陶氏"，全坊玲珑剔透，美观大方。康熙二十三年（1684 年）秋，康熙东巡，登泰山，下江南，回京时路过曲阜，拜谒孔子。十一月十八日驻跸兖州，在行幄中亲题"节并松筠"，赐给孔毓圻祖母陶氏，以表示对陶氏培育儿孙的褒奖。可惜，这座石坊毁于"文革"，只有通过老照片可以一窥当年的壮观。

晨钟暮鼓，这是古人的生活节奏。曲阜明故城既然以孔庙孔府为中心建造，钟楼和鼓楼也便建在了孔庙孔府附近。

在阙里街中段，西接孔庙东南角楼，是曲阜的钟楼。钟楼最早修建记载见于明弘治年间李东阳所撰写的《重修阙里庙图序》，到了清初已经废弃。据考证，现在悬钟的地方原本是金代孔庙庙宅外门，当时名为端门。现存的建筑为灰瓦绿边单檐悬山顶，面阔3 间，明间敞开，内置铜、铁钟各一。铜钟为明嘉靖元年山东巡抚陈凤梧所造。楼下为砖砌高台，高 5.6 米，有南北向券门一洞，但是没有马道，如果想上去需要借助孔庙东南角的角楼马道。

出内宅门左行即是孔府。从孔府前街往东看，就是曲阜的鼓楼，始建于明弘治年间，清代中期因大火被毁，同治十一年（1872 年）重建。整个楼高约 16 米，面阔 3 间，深 3 间，周围回廊，绿瓦重檐歇山顶，前后廊式木架。楼下为砖砌方台，高 7.2 米，南北长 25.4 米，东西深 12.1 米。中间辟东西方向券形拱门一洞，台南面设立马道供上下。楼内设置大鼓，供孔庙祭祀和平时报时使用。

曲阜钟楼

曲阜鼓楼

红萼轩春景

孔府

文章道德圣人家

北

孔庙

图例

开放区
未开放区
入口
出口
文物商店
卫生间
您两在位置

孔府角楼

铁山
后花园
五柏抱槐
后花厅
假山
后五间
后堂楼
福寿堂
前堂楼
学屋
花厅
堂上房
内宅门
忠恕堂
三堂
红萼轩
二堂
隶书厅
司乐厅
百户厅
如印厅
奏籍厅
管勾厅
大堂
重光门
戒衣房
仪门
大门

三八、衍圣公：传衍孔圣人血胤

孔庙一墙之隔就是三孔的第二孔——孔府。孔府也是俗称，就像至圣庙称为孔庙，至圣林称孔林一样。这个地方全称叫衍圣公府，简称圣府。

衍圣公是孔子嫡长孙、孔氏大宗子的封号。

中国文化特别重视血脉的延续。帝王要表示对孔子的尊重，一方面要给孔子以名号，另一方面要祭祀孔子，再者就是褒封孔子的后裔，并以其作为孔子在后世的奉祀之人，表示其血脉的延绵不绝。

汉高祖曾经封孔子的九世孙孔腾为奉祀君，这是孔子后裔受封的开始。汉昭帝时，孔子十三世孙孔霸被封为褒成君。第十六代孙孔均，在汉平帝时晋封褒成侯。第十七代孙孔志在光武帝时任大司马，袭封褒成侯。后第十八代孙孔损袭封褒成侯，又改封褒亭侯。第十九代孔曜、第二十代孔完袭封。第二十一代孔羡在三国魏文帝时改封宗圣侯。二十二代孔震袭封。二十三代孔嶷袭封，改奉圣侯。二十四代孔抚、二十五代孔懿袭封。二十六代孙孔鲜改封崇圣侯。第二十七代孔乘改封崇圣大夫。第二十八代孔灵珍于北魏孝文帝时复封崇圣侯。二十九代孔文泰、三十代孔渠袭封。三十一代孔长孙改封恭圣侯，北周大象二年（580年）进封邹国公。这是封公爵的开始。第三十二代孔英哲被南朝陈废帝封为崇圣侯。同为第三十二代的孔嗣哲被隋文帝封为邹国公，隋炀帝改封为绍圣侯。三十三代孔德伦改封褒圣侯，三十四代孔崇基袭封。第三十五代孔璲之袭封褒圣侯，于开元二十七年（739年）改封文宣公。三十六代孔萱、三十七代孔齐卿、三十八代孔惟晊、三十九代孔策、四十代孔振、四十一代孔昭俭袭封。四十二代孔光嗣失爵。四十三代孔仁玉复爵。此后，四十四代孔宜、四十五代孔延世、四十六代孔圣佑、孔宗愿袭封。宋仁宗至和二年（1055 年），改封孔宗愿为衍圣公。这是衍圣公封号的开始。其后，第四十七代孔若蒙于熙宁元年（1068 年）袭封，哲宗元祐元年（1086 年）改封奉圣公，哲宗元符元年（1098 年），废掉孔若蒙的爵位，由其弟孔若虚袭封奉圣公。第四十八代孔若蒙之子孔端友于崇宁三年（1104 年）袭封，并重新改封衍圣公，此后封号再未变动。一直到 1935 年末代衍圣公孔德成改封"大成至圣先师奉祀官"，衍圣公一名共存在了 862 年。

从孔端友之后到明初的衍圣公袭封、并立的情况，我们前面已经做了交代，在此不赘。从明初以降，第五十六代孔希学袭封开始，第五十七代为孔讷袭封，班列文臣之首。五十八代孔公鉴、五十九代孔彦缙袭封。六十代孔承庆未及袭封而薨，追赠衍圣公，六十一代孔弘绪袭封。孔弘绪 8 岁袭封，10 岁时入朝觐见明英宗，得皇帝赏识。由于少年得志，又恃其岳父李贤是大学士，所为多"过举"，滥杀无辜。宪宗成化五年（1469 年）因宫室逾制，被南京科道所弹劾，夺爵废为庶人，令其弟弘泰袭封。孝宗弘治十一年（1498 年），地方官员上报弘绪已"迁善改行"，命复冠带。孔弘泰在弘治十六年（1503 年）去世，由孔弘绪的儿子孔闻韶承袭衍圣公。

六十二代孔闻韶、六十三代孔贞干、六十四代孔尚贤皆袭封。入清之后，第六十五代孔胤植（其父为孔尚坦，孔尚坦之父为孔贞宁，孔贞宁为孔闻韶次子。孔尚贤无子，过继堂弟孔尚坦之子孔胤植为嫡子，后入继大统为衍圣公。他也是清代第一位衍圣公。去世后因避讳改称衍植）继续袭封衍圣公，六十六代孔兴燮、六十七代孔毓圻、六十八代孔传铎皆袭封，且封太子少保、太子太保、太子太傅、太子太师等。六十九代孔继濩未及袭封而卒，追赠衍圣公。第七十代孔广棨、七十一代孔昭焕、七十二代孔宪培、七十三代孔庆镕、七十四代孔繁灏、七十五代孔祥珂、七十六代孔令贻袭封。孔令贻1919年去世，其遗腹子孔德成先生1920年出生，即袭爵。至1935年孔德成主动辞去爵位，改封"大成至圣先师奉祀官"。这就是孔氏大宗衍圣公的传袭脉络。

三九、孔府大门：天下第一家

孔府三间黑漆的门楼，很有那种贵族庄园的气派。大家可能去过山西的乔家大院，山东的牟氏庄园，那种大院往往都是富商巨贾所建私第，属于民间性的。孔府与之不同，它是一座"衙宅合一"的贵族府第。

孔子嫡系子孙的住宅，一直附于孔庙东侧，负责看管孔庙、祭祀孔子。宋仁宗景祐五年（1038 年）在阙里开始建造府第，称袭封宅。位置在今孔庙东路和孔府西学及后堂楼以北这片区域，也已形成三路布局，房间数十间。孔府规模的扩大，是在明清时代。如今这座显赫的贵族府邸，修建于明初洪武十年（1377 年），扩建于明弘治十六年（1503 年）。最盛时期的孔府，比今天要大很多。今天孔府前的阙里宾舍原为孔府的喜房，颜庙前到棋盘街是孔府的养马场。

现在的孔府，占地面积 240 亩，整座府邸呈三路布局，九进院落，中路为主体，前为官衙，有大堂、二堂、三堂和六厅，后为内宅，有前上房、前堂楼、后堂楼、配楼、后五间。东路为东学，建有一贯堂、慕恩堂、孔氏家庙及作坊等。西路为西学，建有红萼轩、忠恕堂、安怀堂及花厅等。最后为孔府后花园——铁山园。共有厅、堂、楼、房 463 间。

除了曲阜的衍圣公府之外，在北京还有一座衍圣公府。明永乐二十二年（1424年）皇帝赐衍圣公孔彦缙宅第于京师，作为衍圣公在京的官邸。初赐在东安门外，后又改在正阳门里棋盘街上。后来明英宗复位后，衍圣公孔弘绪入朝祝贺。《明史·儒林传三》载："英宗复辟，入贺。朝见便殿，握其手，置膝上，语良久。弘绪才十岁，进止有仪，帝甚悦。每岁入贺圣寿。帝闻其赐第湫隘，以大第易之。"

当时，孔弘绪年方10岁，但是举止得宜，深得皇帝嘉赏。当听说衍圣公在北京的府邸十分狭小时，皇帝便新赐一座大宅。这座新赐的宅第位于太仆寺街。这座宅第坐北朝南，有四进院落。

前院有正房3间，硬山顶，前后带廊，宽13.45米，深11.1米。二进院有正房3间，硬山顶，前后带廊，宽13.5米，深9.4米，东西配房各3间。三进院有正房5间，硬山顶，前后带廊，宽19.4米，深8.4米，东西有配房各3间。四进院有后罩房12间。当然，当年西单太仆寺街69号的衍圣公府邸，今天已经是北京市外事学校了。

明代在宅第等级制度方面有较严格的规定，据《明史·舆服志》记载："一品、二品，厅、堂五间、九架，屋脊用瓦兽，梁、栋、斗栱、檐桷青碧绘饰。门三间、五架、绿油、兽面锡环。"衍圣公府的建造，完全按照这一规定。

孔府鸟瞰图

　　孔府大门对面，建有一道影壁墙。门口有一对石狮子，一雌一雄，雕刻精美，形态鲜活，颇具艺术价值。石狮子之前各有一座高约半米的方形石墩，这是供孔府主人及官员上下马的垫脚石。

孔府大门

孔府大门"圣府"匾额与对联

"圣府"匾额

孔府大门两侧为八字粉墙，衬托着中间的灰黑色调的大门。大门面阔三间，进深两间，门高 7.95 米，宽 14.36 米，深 9.67 米，五檩三柱分心式木架，悬山顶，灰瓦，上饰有脊兽，前檐下四根黑漆圆木柱，每间皆辟有大门，黑漆红牙，狻猊铺首，门上为十二道菊花门簪，尽显高贵。

檐下悬挂一块匾额，上纵书"圣府"两个贴金大字。这两个字出于名家之手，是明代内阁首辅严嵩手书。严嵩虽然名声不好，但他的书法极佳。之所以由他来书写孔府门匾，是因为他和孔家有姻亲关系。严嵩的孙女嫁给孔子第六十四代孙袭封衍圣公孔尚贤，做了一品夫人。

中间大门门柱上有一副对联。这副对联，以行楷写就，字体端正秀美，雍容华贵，而且对联的内容特别好。据说，此联出自清代乾隆年间大才子纪晓岚之手。纪晓岚，由于电视剧《铁齿铜牙纪晓岚》热播而家喻户晓，其实电视剧中的形象具有极大戏说成分。纪晓岚，名昀，担任过四库全书的总纂官，他还有一本记录鬼怪故事的《阅微草堂笔记》，也比较流行。纪昀的这副对联，是专为孔府定制的，也只有衍圣公府才能配得上。上联是："与国咸休安富尊荣公府第。"这一联是说孔府的政治地位。这是一座公爵的府第。古代爵分五等：公、侯、伯、子、男。衍圣公，属于公爵。到了元代，衍圣公是三品，到了明代朱元璋的时候就改成一品，所以衍圣公是一等公爵，地位尊崇。"与国咸休"，是说孔氏家族和国家命运休戚与共。"安富尊荣"，安，安宁；富，富有；尊，尊贵；荣，荣耀。这就是中国人对生活的一种最高追求，只有在这个公府第才能享有。

下联："同天并老文章道德圣人家。"这一联是说孔府的文化地位。"圣人家"，是说这里是孔子后代居住的地方。圣人家的特点什么？"同天并老"，和天地一样永久。他靠什么同天并老？"文章道德"。

大家知道，政治地位、权势，是有期限的，即使贵为宰相，也可能由皇帝生杀予夺。即使是皇帝，一个王朝四百年，三百年，二百年，也会有改朝换代的时候。但是"衍圣公"作为孔子后裔，他不随着改朝换代而失去他的地位。所以孔府被誉为"天下第一家"。

大家再来端详一下，纪晓岚在写对联的时候，还耍了一个小把戏。上联的"富"字，宝盖是秃宝盖，这寓意"富贵无头"；下联的"章"字，下面的"十"直插到"日"字里，这寓意"文章通天"。

说起孔府"天下第一家"，孔家确实有这个自信。明代末年有位大才子叫张岱，字宗子，是非常有名的文学家和史学家，小品文写得特别好，代表作有《陶庵梦忆》《西湖梦寻》和《夜航船》。他曾经来过曲阜。在《陶庵梦忆》卷二里有两篇——《孔庙桧》和《孔林》记述此事。在《孔庙桧》文最后，他记述曰：

> 孔家人曰："天下只三家人家：我家与江西张、凤阳朱而已。江西张，道士气；凤阳朱，暴发人家，小家气。"

这里说的"江西张"是指道教张天师一脉，"凤阳朱"则是明代皇帝朱氏一脉。从这句所谓"孔家人曰"里，可以发现孔府的那种文化自信来。

进了孔府大门以后，马上发现有些局促。中间石条铺路，路西有一株明代的古槐，已有六百多年的树龄了。

古槐

　　院内的东、西各有 5 间厢房，西厢房叫赍奏厅，俗称外西房，专司京差事务。衍圣公府的接待事务，是有严格等级的，平时相当于七品的官员来孔府时就在此等候。厅有内院，原有官厅、马神庙等建筑，其后又有专门制作衣服的成衣房。东厢房，俗称东房，内设"四路常催"，专司孔府屯厂丁户的诉讼案件及催征差役。当年屋内摆放着黑红棍、笞板、甘蔗棍、牛尾鞭、铁锁链等大量的刑具，并有大量的家丁。据孔府档案记载，清道光七年（1827 年），东房在册差役达 244 人之多。房东东厢边有前后两座房子，各三间，后面三间有两间耳室，是临时拘押犯人的地方。

　　再往前行是孔府二门。大门是明代建筑，二门则是清代建筑。面阔三间，进深两间，门高 8.33 米，宽 13.27 米，深 9.37 米。五檩三柱分心式木架，灰瓦悬山顶，与大门不同的是，只有中间一间辟门，左右两间用实墙。大门上有四个门簪，下面两旁有两个抱鼓石，当然它们所代表的是一个家族的实力和地位。历史上，孔府的姻亲都非同一般。衍圣公夫人大多来自名门望族，自幼受到得母教、庭训之益，有较高的诗、书、画等艺术修养。

　　举例来说：

　　　　六十一代袭封衍圣公孔弘绪原配夫人李氏，是明代英宗朝名臣李贤的次女；
　　　　六十二代孙、袭封衍圣公孔闻韶的夫人就是李东阳的女儿；
　　　　六十三代袭封衍圣公孔贞干的夫人张氏，是建昌侯张延龄之女；

六十四代袭封衍圣公孔尚贤的夫人是严嵩的孙女、工部侍郎严世蕃的长女；

六十六代衍圣公孔兴燮原配夫人冯氏，是少保兼太子太师、中和殿大学士兼礼部尚书冯铨的孙女、荆州镇总兵官冯源淮的第三女；

六十七代衍圣公孔毓圻原配夫人张氏，是总督直隶、山东、河南军务、兵部尚书、都察院右副都御史张铉锡长女；

六十八代衍圣公孔传铎原配夫人王氏，是礼部尚书王崇简的孙女、保和殿大学士兼礼部尚书王熙第四女；

七十一代衍圣公孔昭焕原配夫人陈氏，是文渊阁大学士、工部尚书陈世倌的孙女；

七十二代袭封衍圣公孔宪培的夫人，是文华殿大学士兼户部尚书于敏中的女儿；

七十三代袭封衍圣公孔庆镕夫人毕氏，是太子太保、两湖总督、兵部尚书毕沅第三女；

七十四代袭封衍圣公孔繁灏原配夫人方氏，是总督直隶军务、兵部尚书、都察院右都御史方受畴的孙女、候补知府方传秩的长女；继配毕氏，名景桓，是毕沅的孙女、湖南岳州府同知毕鄂珠长女，是孔庆镕的夫人毕氏的亲侄女。

七十五代袭封衍圣公孔祥珂的夫人彭氏，是武英殿大学士彭蕴章的孙女；

七十六代袭封衍圣公孔令贻原配夫人孙氏，是军机大臣、兵部尚书孙毓汶第五女；

七十七代袭封衍圣公孔德成夫人孙琪方，是光绪帝师、礼部尚书孙家鼐的曾孙女。

这样试想一下，在中国历史上，还有哪一家有这样长久的门当户对的富贵姻亲？孔府当然无愧于"天下第一家"的称呼。

二门上悬挂一方匾额，上书"圣人之门"四个字，落款是"长沙李东阳"。据说，此匾额应该是孔府大门之匾，后来移至此处。李东阳是明代中期著名的文学家，官至吏部尚书、华盖殿大学士、国史总裁。此人小时候就号称"神童"，17岁就中了进士。李东阳和孔府也是颇有渊源。李东阳的女儿嫁给了孔子第六十二代孙、袭封衍圣公孔闻韶为一品夫人。而且，目前这座孔府，就是当年李东阳亲自设计、督造的。

在此门左右各有一个掖门，是孔府役员平时出入的通道。

孔府二门

四〇、对话碑：朱元璋对孔子后裔的期许

二门内侧，左右各有三通石碑。东侧最内侧一通是朱元璋与孔克坚、孔希学对话碑，碑立于洪武六年（1373 年）。这通碑分上下两部分，上半部分是第五十五代孙、元代袭封衍圣公孔克坚和洪武皇帝的对话，下半部分是第五十六代孙、袭封衍圣公孔希学与朱元璋的对话。这通碑俗称"对话碑"。

二门内东侧三通碑

二门内西侧三通碑

对话碑

朱元璋建立明王朝之后，马上就意识到孔子儒学对治国理政的重要性，他也要仿效前朝，对孔子后裔尤其是嫡系后裔予以优渥，加以褒封。于是，他在洪武元年（1368年），就委托北伐至济宁的徐达转达请前任衍圣公孔克坚前往应天府去见他的意思。孔克坚在元代袭封衍圣公，后来"以乱世不乐居位，竟谢病归阙里，营别墅城南"（《孔克坚神道碑》），他的别墅叫"终吉村"，种植花草松柏及枣、梨、桃、杏等果树自乐自娱，今天孔子大道北侧就有这个村子，属息陬镇。可是，这时候，元明易代之际，虽然蒙元江山已经危如累卵，但是毕竟朱元璋尚未完成统一，加之对朱元璋的出身也许还有看法，孔克坚未敢贸然前往，于是以生病为托词，派自己的儿子、衍圣公孔希学前往拜见朱元璋。其实，孔克坚早就借口生病，辞职回家，他的儿子孔希学也早已袭封了衍圣公。可是，朱元璋听说孔克坚没来，派他儿子小衍圣公来了，很是不悦。他又下诏给徐达，说："闻有风疾在身，未知实否？然彼孔氏非常人也。彼祖宗垂教于世，历经数十代，每每宾职王家，非胡君运去，独为今日之异也。……而若无疾称疾，以慢吾国，不可也。谕至思之。"（陈镐《阙里志》卷十五）这封诏书，通过徐达转给了孔克坚。孔克坚见此，赶紧前往南京拜谒。

大家看，碑文上写着："洪武元年十一月十四日晨，臣孔克坚谨身殿内对百官面奉圣旨。"所谓圣旨，不是我们在电视剧看到的那种圣旨，这里是说皇帝的旨意，皇帝说的话就是圣旨。你看皇上说的完全是白话。"老秀才，近前来，你多少年纪也？"一上来，嘘寒问暖，唠家常，缓解紧张气氛。"对曰：臣五十三岁也。""上曰：我看你是有福快活的人。"为什么？有官不当，有爵位不干了，你不有福快活嘛！"不委付你勾当。"

我不具体给你一个差事干。"你常常写书与你的孩儿"，就是你要经常教导你的儿子，那个小衍圣公孔希学。"我看资质也温厚，是成家的人。"他此前已经见过孔希学了，觉得他为人靠谱。"你祖宗留下三纲五常，垂宪万世的好法度，你家里不读书，是不守你祖宗法度，如何中？"说孔子的"三纲五常"是垂宪万世的法度，其实孔子那时候还没有三纲五常的观念。五常，仁义礼智信的观念，孔子倒是有，但尚未归结为五常。当然，说孔子有五常的观念也不算错。但是，孔子确实没有三纲的观念。父为子纲，夫为妻纲，君为臣纲，这不是孔子的思想。孔子讲伦理，一定是双向的伦理要求，父慈子孝，兄友弟恭，君惠臣忠，夫义妇听，朋友有信，是对伦理角色的双方都有要求，不是单向地要求为人子、为人妻、为人臣的绝对服从。但是，从汉代开始，就形成了三纲五常的观念，尤其是制度儒学中就特别强调这些。朱元璋尤其如此。"如何中"，这三个字在山东、河南、安徽一带方言里比较普遍。问你这个事"中不中"，就是"好不好""行不行"的意思。这种口语化，记录下来就非常鲜活。

"你老也常写书教训着，休怠惰了。"你要经常叮嘱、督促着点，不能懈怠。"于我朝代里你家里再出一个好人呵不好"，就是你们老孔家在我大明朝，再出一个像孔子那样的人，那我大明朝多光荣。"二十日于谨身殿西头廊坊下奏上。曲阜进表的回去。臣将主上十四日戒谕的圣旨，备细写将去了。"给皇上说了，我要回曲阜了，我把你在那一天交代的事，都一字不落记下来了。"上喜曰：道与他，少吃酒，多读书者。"朱元璋很高兴，说告诉小衍圣公孔希学不要贪杯，要多读书。"前衍圣公国子监祭酒孔克坚记。"这是白话的，与朱元璋对话的活生生的实录。

　　下边就是洪武六年（1373 年）衍圣公孔希学再次进京，与朱元璋的对话。与上面的白话文风格不同，这是文言的，是把真实的口语变成书面的文言。中国古代是文白分途的。到了元代，白话文变得较为流行，大概是蒙古人学汉语有点困难，所以包括很多圣旨、朱批啊都是白话的。朱元璋文化水平不高，上面那个白话碑非常真实地记录了当时的情形。但是，孔希学的对话碑，就将白话转为了文言，格调上去了，但是有些失真，不好玩了。从元到明，从明到清，这种白话就越来越深，明代就出现了白话小说，白话文学是大众文化发展的标志。

　　洪武三年（1370 年）孔克坚去世，孔希学守丧三年。洪武六年（1373 年），守丧期满，孔希学进京谢恩。朱元璋召见了孔希学。朱元璋亲切地问孔希学："尔年几何？"孔希学回答："臣三十又九。"朱元璋又问："今去尔祖孔子历年几何？"孔希学答道："近两千年。"朱元璋说道："尔年近四十，志虑渐凝定，见识渐老成，正好读圣人之书，亲近明师良友，蚤夜讲明道义，必期有成学。学成之后，四方之人知尔之能，俱来执经问难，且曰此无愧孔氏子孙者，岂不美欤！然四体之动乃德之符，步履进退亦必用安详，不可欹斜飞舞，久久心孰，遂为端人正士。朕今婉曲教尔，尔其自择，还家亦以此教子孙可也。勉之哉！勉之哉！"孔希学归来后，将其父子二人与洪武皇帝的对话内容，郑重刻碑，以显荣光。

四一、重光门：王公贵族地位的象征

  二门之内为一座四合院。二门的耳房与大堂的两厢房接连。在院中有一座门形建筑，非常漂亮。四柱三间三楼，四面临空，没有墙垣，明间略高，中设一门，前后有垂莲柱花蕾各四个，四柱立于四对夹抱鼓石之中，此为垂花门形制，为明代弘治年间遗构。建筑学家刘敦桢先生称其"为海内现存孤例"（《曲阜孔庙之调查及其他》）。门额上悬挂一块立匾，上书"恩赐重光"四个楷体金字。此门即重光门。取义弘治皇帝重修衍圣公府，以此来表示感谢皇恩。原来在重光门的抱柱上有一副对联，彰显着孔府的高贵：

重光门

重光门匾额

爵列三公荣衮黻，身通六艺绍箕裘。

从性质上来讲，这是孔府的仪门，又叫塞门。大家读《论语》的话，知道当中有"塞门"的记载。

子曰："管仲之器小哉！"或曰："管仲俭乎？"曰："管氏有三归，官事不摄，焉得俭？""然则管仲知礼乎？"曰："邦君树塞门，管氏亦树塞门；邦君为两君之好，有反坫，管氏亦有反坫。管氏而知礼，孰不知礼？"（《论语·八佾》）

管仲是春秋时期齐桓公的国相，非常了不起的人物。孔子也多次赞美管仲的"仁"，但是孔子却批评管仲的奢靡与不知礼。塞门是诸侯国君才能树立的，但是作为诸侯的国相，管仲也建造了塞门，这就是僭越，是非礼的。这里的塞门就是仪门，是王公贵族身份的象征。

这个门平时是不开的，只有在衍圣公接圣旨或迎圣驾，或者重大祭祀典礼的时候才打开。据孔德懋女士的《孔府内宅轶事》记载，1920年孔德成先生出生时，其母王宝翠难产。孔氏族人十分着急。于是，为了生产顺利，孔府上下门户齐开，就连这座只有喜庆大典、迎接圣旨和举行重大祭祀活动才开的重光门也不例外，在门上还挂上弓箭，示"飞快""速到"之意。又有人建议再开只有皇帝驾临或是祭孔时才能打开的曲阜正南门；还有人说孔府内宅的后花园地势较高，压着前面，必须将前边的地势抬高，"小圣人"才会进来。孔府女主人陶氏依言派人打开正南门，还把一块写着"鲁班高八丈"的木牌挂在后堂楼的角门上，以抬高地势。之后，孔德成终于顺利诞生。孔府令人四处敲锣十三下，通报小公爷诞生，曲阜全城燃放鞭炮相贺，北洋政府亦于曲阜鸣礼炮十三响，以志圣裔不辍之庆。

四二、孔府大堂："统摄宗姓"的官衙

　　孔府是衙宅合一的布局，前面为官衙，后面为内宅。进了二门，首先是官衙区。过重光门，抬眼北望，便见前方是一座面阔 5 间的灰瓦建筑，这就是孔府的大堂。在大堂前面，有一个月台。月台前端，左置嘉量，右放日晷。嘉量是一种量具，日晷是用来计时的器具。这也是孔府地位的象征。在月台前左右两侧，各有一排厢房，各 11 间，设有孔府的六个办事机构，俗称"六厅"，有仿效中央六部的意思。东厢房从南至北依次是："管勾厅""典籍厅""知印厅"，西厢房从南至北依次是："百户厅""司乐厅""掌书厅"。这里的管、典、知、司、掌，意思都有主管的意思。六厅所掌职能不同，各司其职。

　　管勾厅负责管理孔府的祭田，征收租税，筹办祭品等，元代始设，清代为正五品，在山东巨野设有管勾衙门。最盛时期，孔府拥有祭田、学田等共计 3600 大顷，合 108 万

孔府六厅

亩，分布在今山东、河南、河北、江苏、安徽、北京、天津等地。因为衍圣公没有俸禄，这些祭田的租税收入就是衍圣公府的全部收入，其中就包括每年所有的祭祀用度开销。

百户厅负责管理林庙护卫、保管礼器、管理林庙户、催缴税银等，其长官为守卫林庙百户，为四品官，在孔庙南门外以西设有百户衙门。孔府有庙户、佃户和杂户三类户人。庙户最盛时有100多户，近5000人。佃户有三五百户，人丁10 000多；杂户有船户、羊户、笤帚户、扫祭户、鸭蛋户、菱角户、香米户、桃户、年花户、运冰户等，五花八门，都是为孔府提供物品服务的专业户。

典籍厅是负责保管奎文阁书籍、管理训练礼生、管理典章制度的办事机构，设典籍官一员，为正七品。

司乐厅是负责管理祭祀乐舞、培训乐舞生、保护乐器及碑刻的办事机构，设司乐官一员，为正六品。

知印厅是负责一切来往信札印务的办事机构，设知印官一员，为正七品。

掌书厅是负责孔府档案管理、起草文书及告示的办事机构，设掌书官一员，为正七品。

孔府里的小松鼠

　　孔府所属官员，最盛时期，仅七品以上的就有 75 人之多，足见其机构之杂、权势之大。这就意味着，衍圣公府与地方政府之间存在着权力落差，好在在相当长的历史时期里，曲阜的地方官一直由孔氏担任，只是到了清代乾隆年间才改为流官。自唐懿宗咸通七年（866 年）始以孔子四十代孙孔续为曲阜县令以来，历经唐、五代、宋、金、元、明、清，曲阜的县令非孔氏族人不得担任，其中虽偶有中断，但又立即复任，直到清乾隆二十一年（1756 年），这种现象才结束。早在汉代，孔氏族人便有众多担任曲阜的地方官。由孔氏世袭曲阜知县的做法确立始于金代，到了元代形成大宗为衍圣公，小宗为世袭知县。明初洪武七年，改世袭知县为世职知县。虽然还是由孔氏担任，但多了一道程序，由衍圣公保举孔氏贤良者送吏部选授，领敕赴任。乾隆二十一年（1756 年），乾隆皇帝诏令改孔氏曲阜世职知县为流官制，五年任满后照例考选升转，曲阜县始"调用别姓，世职遂废罢"，县官改为外调流官担任。为了表示对孔氏的恩宠，乾隆特将原曲阜世职知县改为世袭六品官，专主孔庙崇圣祠祀事，仍由衍圣公从孔氏族人中拣选报部充任。

　　尽管知县很长时间为世袭或世职，但是衍圣公府与曲阜地方官之间还是会有矛盾。有时候矛盾激化，会闹到皇帝那里去。后来，改为非孔氏的流官担任曲阜知县，情况更麻烦。在曲阜做知县，这里有一位一品的公爵，处理问题不太好办。尤其是，衍圣公"统摄宗姓"，凡是和姓孔的有关的事务，他都要管。你想想，曲阜那是无孔不成村啊，可以说曲阜所有的事，几乎都不可能离开衍圣公府。所以，做曲阜知县确实很头疼。近代著名学者、燕京大学著名教授洪业，曾回忆他的父亲洪曦在清末任曲阜知县，只做了半年就主动辞职了。据他的说法是因为他的父亲受不了衍圣公的霸道行为。当时的衍圣

孔府大堂

公应该是孔子的七十六代孙孔令赑。这是一面之词，我们姑且听之。

　　大家看这座大堂，是按照明代的规制，五间九架，面阔五间，进深三间，高 10.5 米，宽 28.65 米，深 16.12 米。灰瓦悬山顶，屋脊饰有瓦兽。原来明次三间洞开，如今的玻璃门窗大约是上世纪七十年代安装的。我们走进大堂，五间通畅。原来稍间与中间的明次间以栅栏隔开，"文革"时期拆除。明间为一座明黄色暖阁，上绘祥云、八宝、蝙蝠，寓意紫气东来、五福吉祥。阁中设有高大的红漆公案，上摆放文房四宝、印盒及令牌令箭等。后为虎皮座椅，格外威严。

　　在暖阁之上，高悬"统摄宗姓"匾额，上刻顺治六年谕旨。

　　皇帝敕谕衍圣公孔兴燮：国家功成治定，必先重道崇儒，特于先师孔子丰隆象

大堂内景

贤之典，其大宗之裔锡爵嗣封，承奉祀事，即支庶亦加优遇。但族属繁衍，贤愚不同，该府官员，恐有倚恃公爵，肆行无忌，慢上凌下，侵占骚扰，大累地方，今朝纲整肃，法纪严明，尔其统摄宗姓，督率训励，申饬教规，使各凛守礼度，无玷圣门。如有轻犯国典，不守家规，恃强越分，朋比非为，轻则径自查处，重则据实指名参奏，依律正罪。尔尤宜率祖奉公，谨德修行，身立模范，禁约该官员役，俾之一遵法纪，毋致骄横生事，庶不负朝廷优加盛典，尔其钦承之。故谕。

这显示出孔府有管理全国孔氏宗姓的权力。其实，衍圣公不仅负责管理全国的孔氏家族，而且周公、四配、先贤先儒后裔等也统归衍圣公管理。

在孔府衍圣公之下，除了前述的六厅之外，还有一个不得不提的族长衙门。据考，孔氏族长之制在宋徽宗时就已存在。孔氏族长一般由衍圣公从孔氏族人中选择"年长、行尊、

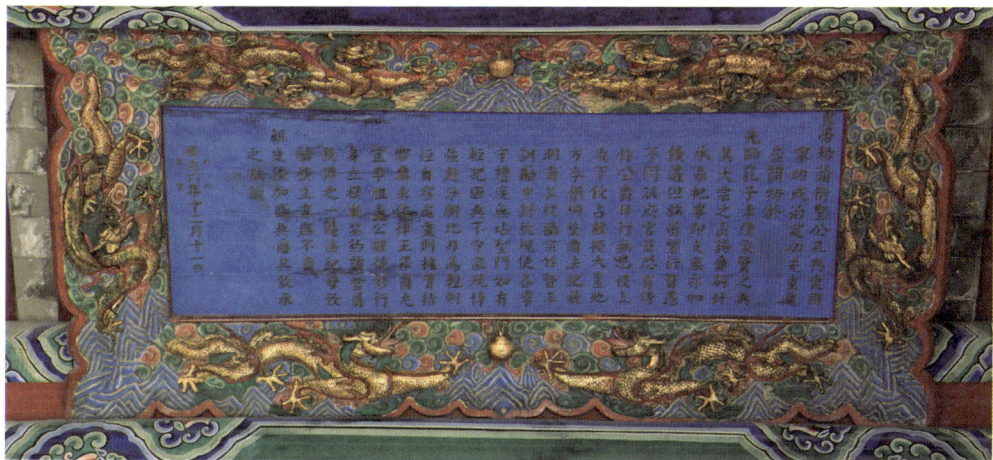

"统摄宗姓"匾额

有德行者为之"。在清代多为三品、四品，称呼为"三品执事官兼族长（或兼举事）"。其职权是："申明家范，表率宗族，凡子弟有不率不若者，教治之。"（孔继汾《阙里文献考》卷一八）另外，在孔氏族人六十户中，又以户为单位，每户设户头（或户长）一人，总理户事，负责本户的祭祀、族务纠纷、词讼等具体事务；设户举一人，辅助户头佐理户事。但有时亦允许设二至三人为户头。户头、户举均由本族人保举，经由衍圣公批准后给札任命，并发给执照。

大堂是衍圣公迎接皇帝、钦差、圣旨，举行袭封大典等重大庆典的地方。祭祀孔子前，举行祝版、香盒、献帛恭送仪式等也在此举行。因为明清时期，衍圣公官为一品，位列文官之首，地位尊崇，因此也享有显赫的仪仗。大家环顾大堂左右和暖阁后面北墙东西林立的各种器物，这只是恢复的部分衍圣公仪仗用具。这些仪仗，据说在衍圣公外出时，专人执掌，在衍圣公的坐轿前后、两侧，以显威严，可以长达五百多米。

四三、阁老凳：不一样的冷板凳

暖阁后是一道连廊，称穿廊或穿堂。穿廊连接着大堂和二堂，形成一个工字形格局，据说这是宋元衙署的流行样式。不过，据考察，穿堂的建造并不与大堂、二堂同时，应该是明末清初时补建的。穿堂为三间，六架卷棚顶，在明间东西两侧开门，各有外廊。

在穿廊下，左右各有一条长凳，是专供进孔府拜见衍圣公的官员坐的。但是，由于一个人，这个长凳就有了不一样的内涵，而且成了首批全国廉政教育基地。

阁老凳

哪个人呢？就是明代权臣严嵩，与孔府是姻亲，他的孙女嫁到孔府，做衍圣公夫人。后来严嵩受到弹劾。皇帝要治罪时，他想请衍圣公到皇帝面前替他求情。但启事厅的官员不愿替他传话，而衍圣公也不愿卷到这件事中，严嵩没办法，只好坐在长凳上等，足足等了两个时辰，也没有见到衍圣公。所以，后人把这两条凳子就叫作"阁老凳"，因为受到冷遇，故而也叫"冷板凳"。有人可能会说，这不是说衍圣公不通人情吗？再怎么说，严阁老那也是太岳啊！但是，反过来，也可以说衍圣公还是有正邪之分、是非善恶之别的。

这个冷板凳要不要坐？我们小时候，老师、家长都会告诫我们，要甘坐冷板凳。据说，元史专家韩儒林曾送著名历史学家范文澜一副对联："板凳要坐十年冷，文章不写半句空。"我们当然要学习和继承这种精神。这样的冷板凳是要坐的。但是，从为官做事的角度来说，必须行得正、做得端，不要沦落到坐冷板凳的地步，那样的话，谁也救不了你。

四四、二堂：节并松筠

穿过穿廊便是二堂。二堂也叫后厅，也是五间，是当年衍圣公接见四品以上官员的地方。

这个二堂略显局促。北面门上方有个匾额"节并松筠"，这就是我前面提到的阙里街的"节并松筠"坊的那个匾额。《礼记·礼器》："其在人也，如竹箭之有筠也，如松柏之有心也。二者居天下之大端矣，故贯四时而不改柯易叶。"后世遂以"松筠"喻节操坚贞。这是表彰孔毓圻祖母有松筠一般的节操。这种表彰其实也是一种期许和鞭策。在中国的传统家庭里，传统建筑里，往往有很多类似的匾额，其来源和目的，或者是官

二堂全景

府表彰，或者是友朋鼓励，或者书以自勉。内容大都是来自儒家经典，体现出厚重的人文气息。据孔德懋回忆，原来这里悬挂的是雍正皇帝所赐的"钦承圣绪"匾额。

下面还有一块匾额："诗书礼乐"，也是康熙皇帝幸鲁时所赐。孔子以诗书礼乐教学生，诗书礼乐成为儒家学问的主体。在过去，衍圣公代替朝廷在这里选拔礼生、乐生。

北门的两侧，竖立着七通石碑。其中最重要的就是道光皇帝御书"福寿"碑、慈禧太后手书的"寿"字碑，松鹤图和九桃图。1894年，甲午海战前夕，慈禧太后六十万寿，孔令贻陪同母亲一品太夫人彭氏，带领一品夫人孙氏，到北京为慈禧老佛爷庆寿，慈禧非常高兴，赏赐了自己的御书和绘画，并一些金银玉器。衍圣公为了彰显这一荣耀，特意刻碑，立在二堂。

二堂碑刻

　　二堂的稍间，东边是启事厅，西边是伴官厅。这个启事厅就相当于传达室，负责孔府的上传下达、内禀外报，内设启事官，为正四品，其余人员为七品。这好像又不是一般传达室所能媲美的了。伴官厅相当于警卫室，负责衍圣公外出公务、进京朝觐时的保卫工作，伴官厅设有伴官为正七品，共设六员。

　　启事厅和伴官厅装饰典雅，前者悬挂着明代著名画家沈周的山水，书法家姜克礼的篆书对联：“以利己之心交朋必善，以好色之念求学必真。”“经济以诗书为鹄，文章得

启事厅外景

启事厅内景

山水之腴。""蔼若泰山，澄如秋水；仁为人德，吉是鸿义。"后者则挂着对联："先秦古书，三代法物；中朝冠冕，东国人伦。"另外有第七十二代袭封衍圣公孔宪培的对联："鸟语花香生静悟，松风水月得佳朋。"

在大堂、二堂的东西两侧，各有五间厢房，明间都是通往东学西学的入口。

在二堂北墙外及厢房廊下，镶嵌着几十块石刻，内容涉及各种法帖、谒林庙的诗文等，字体有真草各体。

四五、三堂：六代含饴圣人家

　　走出二堂，迎面一座高大的太湖石，具有遮蔽的作用。传统院落的布局讲究"遮掩"，不能直来直去，但是又不能太实，那么这种具有漏、透效果的太湖石变成了不二之选。同时，如此设计又有"开门见山"的寓意。

三堂及院内景观

三堂内景

　　三堂的院子比较小，布局严谨，庄重典雅，古色古香，院中有两棵桧柏，散布着六个石雕盆，各有一块太湖石。太湖石是我国南方园林非常重要的装饰构件，别具东方审美趣味，即"皱、漏、瘦、透"。太湖石放在这个庭院之中，会营造一种特别的审美效果。

　　三堂为明代建筑，面阔五间，高 9.95 米，宽 27.42 米，深 11.8 米。前出廊，灰瓦悬山顶。三堂又叫退厅，是孔府的会客厅，是衍圣公接见四品以下官员和孔府近支族人的地方，也是衍圣公撰写奏折、处理孔氏家族事务的地方。

　　三堂正中上方悬挂一方匾额，上书"六代含饴"四个大字，这是乾隆皇帝御书。乾隆皇帝八次到曲阜来，有时候住在行宫，有时候住在孔府。乾隆二十二年

乾隆题"六代含饴"匾额

（1757 年），乾隆第四次来的时候，正好是孔家六世同堂，第六十七代衍圣公孔毓圻的夫人黄氏当时已八十多岁，而第七十二代衍圣公孔宪培已经出生，所以欣然提笔写了一个匾额。饴，即高粱饴，这是山东的特产。六代含饴就是说整个孔家六世同堂，而且甜甜美美。四世同堂是家族兴盛的标志，而六世同堂更加令人羡慕。

三堂明次间为中堂，与稍间有墙分隔。明间后金柱间设屏门。屏门正面为孔毓圻手书的《后赤壁赋》条屏，前设公案、太师椅。

孔毓圻（1657—1723），是孔子的第六十七代嫡长孙，字钟在，又字翙宸，号兰堂。康熙六年（1667 年），十岁的孔毓圻袭封衍圣公。康熙九年（1670 年），授光禄大夫。康熙十五年（1676 年），晋阶太子少师。他雅好诗文，工书擘窠大字。爱兰，自号兰堂，善画墨兰，得元人赵孟頫之旨。著有《兰堂集》《幸鲁盛典》等。

《幸鲁盛典》共四十卷，是一部由衍圣公主持编撰的独特文献，记载了皇帝驾临曲阜时的迎驾、驻跸、释奠、墓祭、经筵、优渥、送驾等详细的仪程和经过。康熙二十三年（1684 年）九月，康熙率内阁宰臣、亲王和文武百官东巡泰山之后，又巡幸江南，直到冬季方启銮北还。十一月十七日，銮驾到达曲阜。康熙帝释奠孔子庙，孔毓圻率孔、颜、曾、孟、仲五氏翰林院五经博士及各氏族人，曲阜官绅耆老至县界接驾。为了表达对孔子的尊重，康熙将御用的曲柄黄盖赐给衍圣公，置于大成殿中。康熙书"万世师表"匾额，下旨悬额殿中。在孔毓圻任衍圣公期间，不仅重修了孔庙，而且使得孔林得到扩大，并建筑了围墙，基本达到了今天的规模。雍正元年（1723 年）卒，谥恭悫。其子孔传铎袭封。

在次间分别悬挂着两块匾额，东为"眉寿保鲁"，出自《诗经·鲁颂·閟宫》。西为"乔木春长"，皆是清光绪二十七年（1901 年），孔氏族里多人联名为衍圣公孔令贻 30 岁寿辰而题赠的。

在次间还陈列着当年衍圣公及夫人乘坐的绿呢金顶轿、绣花轿等。三堂东西两个稍间，东边为会客室，西边是书写奏章的地方，设六品书写官一员。

三堂前的东西有厢房，各五间，灰瓦悬山顶。东为册房，掌管孔府的地亩册契，这是孔府档案的重要部分，后内院为司房，掌管孔府总务和财务。西为书房，但不是今天通常意义上的书房，这里是孔府掌管文书、档案、典籍的地方。各设六品官一名。

在东西厢房门口各有一个状似搓衣板的方石，过去很多人说这是孔府执行家法、惩罚家仆之用，其实这是误会。因为东西厢房都有大量的书写文书需要晾干存放，所以备置了带条状突起的方石，作为晾晒文书之用。

可以说，从孔府大门开始，无论大堂、二堂、三堂，中间的正堂，还是两侧的厢房，都体现着孔府作为官衙的一面。

四六、内宅门：谨内外、男女之别

内宅是衍圣公和女眷生活的地方。用今天的话来说，前面的大堂到三堂是办公区，后面内宅就是家属生活区。

三堂后就是内宅门。内宅门与三堂距离非常近。为了使得内宅门前略显宽敞，三堂北墙没有设门，而是在金柱间设屏风门，屏风后形成一个内凹的开敞式空间。即便如此，我们站在门前，空间还是感觉非常局促，很难正面观看该门全貌。此门为明代建筑，高 6.54 米，宽 11.8 米，深 6.1 米。五檩三柱分心式木架，灰瓦悬山顶。

孔府内宅门

中国传统社会强调男女之别、内外之别，而孔府因为特殊的身份，需要做出表率，所以对于区分内外，更是非常严谨。内宅门，除了衍圣公及其家眷，其他男性不得擅自入内。所以，这道内宅门的管理非常严格。专设管事一员，看门四人。为了内外传达，在此设置了差弁和内传事，差弁向外传话，传事向内传话，分工明确。内宅门东侧上方挂有七十六代孙、衍圣公孔令贻的手谕：

　　袭封衍圣公孔　谕告

　　谕内宅门管事李振桐知悉：圣府内门，事关重要，无论何人，不得擅自入内。如有违犯，轻则径自察处，重则定于严惩不贷。切切！此谕！

光绪三十二年十一月

过去这里有乾隆皇帝所赐的虎尾棍、燕翅镗、金头玉棍等三对仪仗，排列于门前的两边，有不遵令擅入者严惩不贷。此外，这里还有三班人役轮番在耳房内值班守门。大家看，现在东耳房门的上方还复原了差弁、传事看门的值班"水牌"，相当于今天的值班表。

大家从内宅门往左右看，各有一个腰门。

在内宅门西侧的墙上有个石槽。石槽是干什么的？水夫挑了水之后向里送，不能进内宅，于是设计了这样一个巧妙的石槽，取名"石流"，水只能从这儿倒进去，中间有个孔洞，隔墙流入内宅的水缸，内宅的丫鬟、婆子从里头接水。挑夫是府内的一种专项

321

腰门

职业，只负责孔府内宅的用水，平时居住于大堂后东侧的小屋内。

石流

如果大家再好奇一点，可以端详，这个石流的孔洞，是转弯的，不能从外直窥到院内。现代人可能不能理解古代那种"男女授受不亲"的传统，我们总是讥讽那是一种封建保守的传统，而这正是时代差异的体现。

大家站在内宅门前往东看，有一座比较高的四层建筑，平面呈正方形，硬山式砖建筑，俗称"避难楼"，其实是孔府的金库。楼下西屋为内库房，是管账人员的工作室。此楼始建于明代，清代道光年间重修，楼内贮存金银珠宝，故此防卫措施很强大。楼的内部门和楼梯、楼板全部用厚铁皮包裹起来，而且铆钉密布，以防备火攻。而在楼底层则装有活动吊梯，下设陷阱，袭击、盗窃者一旦踏入便会落入井内。而且楼上还储存粮食，在乱时可以防万一，避难使用。当然，这座楼的避难功能基本上没用过。除此之外，这座楼还有一种风水学上的意义，该楼位于孔府的东部，有紫气东来的寓意，建此高楼有纳阳之意，正式名字叫奎楼，又叫吉星楼，是孔府的制高点。

避难楼

四七、内影壁：戒贪图还是麒麟呈祥图？

内宅门为三间，明间设门，左右为耳房。北面的檐柱间设屏门。转过屏门，在院内看，这座屏门则如一道影壁墙，游人会被上面的一幅画所吸引。画的内容与一般的山水、花鸟不同，上面画了一个动物。在西侧竖着一块牌子，上面写着全国廉政教育基地。这个画，为何和廉政教育扯上关系呢？

原来，这幅画被确认是一幅《戒贪图》。孔子第七十六代孙、袭封衍圣公孔令贻生有两女一男。大女儿孔德齐，二女儿孔德懋，儿子孔德成。孔德懋出生于 1917 年，2021 年 11 月 105 岁时去世。她在 1982 年出版的《孔府内宅轶事——孔子后裔的回忆》一书中，首次明确了这一说法："在前堂楼院里大影壁上，画着一幅很大的'贪吃太阳'图画（'獬'是象征贪得无厌的一种动物），脚踩遍地金银，还张开大嘴向着太阳。给我们留下这幅画的祖先，想以此丑恶形象告诫子孙什么吧。"这本书是孔德懋的女儿柯兰根据孔德懋的回忆撰写的。也似乎意味着，在孔德懋幼时，已经有人将此称为"贪吃太阳"。

在 1988 年的修订本中，对此的看法又更加丰富了："抱柱对面院里大影壁上，画着一幅很大的'贪吃太阳'的彩色图画（'獬'是象征贪得无厌的一种动物，样子很像麒麟）。脚踩遍地金银，还张开大嘴向着太阳。给我们留下这幅画的祖先，想以此丑恶形象告诫子孙时时警惕吧。过去，每当我父亲外出，从前堂楼出来，路过影壁时，跟班当差都要高喊：'公爷过贪了。'从字面讲是出于礼仪，向外通报，含义是提醒公爷到外面不可贪得纵欲，要保持俭朴家风。祖宗给立下的这个规矩，也是给留下一句警句吧。"现在，我们的政德教育现场教学和导游词都是在此基础上确定的。我在《廉德诠解》那

内宅门影壁

本书中也秉持了这一说法。

　　不过，最近我的老师、曲阜师范大学的陈东教授专门撰文进行了辨正。他认为这个图应该是"麒麟呈祥"或"八宝麒麟"图。

　　陈东老师的理由如下：首先，"犺"这个字，在古代字典词典中就没有。《现代汉语词典》的 1996 年版曾经录入过这个字，但是后来又取消了。另外，在中国古代的神话故事中，从来没有"贪吃太阳"的记载。其次，通过梳理文献，大概在清末的笔记当中才出现了"獀"的影子，但却出于一知半解的牵合，误将"麒麟呈祥"当作"天狗吞日"，后来逐渐有了这样的演变。第三，内宅不应采用这样的"戒贪图"，与中国人对家庭环境营造的价值取向不合。中国人一向在家庭装饰中采取吉祥如意的寓意。而根据《孔府老照片》保存的两张孔令贻在内宅影壁前的照片可知，当时衍圣公和家眷的合影就以内宅影壁为背景的，这幅图的两边悬挂着一副对联："纶綍贲恩光春深绮阁，芝兰生秀色香满瑶墀。"上联典出《礼记·缁衣》："王言如丝，其出如纶；王言如纶，其出如綍。"后因称皇帝的诏令为"纶綍"。这幅图根本不是戒贪图，而是一种象征吉祥美好的图画，理应就是"麒麟呈祥"。孔德懋的有一些回忆是值得商榷的。

我个人认为，陈东老师的考辨是有力的，是可信的。他有一个观点："孔府麒麟纹饰被错误地解释为'贪吃太阳'，被人为地借用于现实社会的廉政教育中，主观愿望不可谓不美，但终究是一种误解，且其于麒麟，其于孔子，其于儒学，情何以堪？"戒贪图的说法已经流传很广了，有句话叫"积非成是"，目前基本上就是这样的局面。不过，我们还是要尊重历史，做到正本清源，而不能以讹传讹。

四八、前上房：孔府女主人

我们看完这幅"麒麟呈祥"，转身北望，在正前方是一座灰瓦悬山顶的建筑，面阔七间，这也是孔府根据明代的规制建造的。这是孔府的前上房。前上房是孔府主人接待至亲、近支族人的内客厅，也是孔府举行家宴、婚丧仪式的主要场所。

在院中有一个月台，由方砖砌成。月台南，两侧四角共有四个石墩，是孔府的戏班子唱戏搭戏台用的。在古代的贵族之家，尤其是内眷，是不能轻易抛头露面到外面的戏园子去看戏的。要听戏怎么办？家里养着戏班子，在结婚、过寿等重要庆典或者过节要唱堂会，孔府的主人和客人们可以坐在前上房内一边赏戏，一边品茗。当时，孔府养着几十人的戏班子。不过，所演的剧目是有限制的，比如《打严嵩》就不能演，因为严嵩毕竟与孔府有姻亲关系。在月台南端有两个莲花大水缸，这两个水缸的主要功能就是消防。这种大缸，在故宫和其他寺院等古建筑里都会看到。在水缸旁边，各有一棵植物，叫"十里香"。每年的春夏之交，十里香花开，香气四溢。

作为内宅的会客厅，前上房的布置十分典雅。原来在前檐廊下抱柱上有第七十三代袭封衍圣公孔庆镕所书对联：

> 居家当思清内外、别尊卑、重勤俭、择朋友，有益于己；
> 处世尤宜慎言语、守礼法、远小人、亲君子，无愧于心。

这副对联体现了衍圣公府的家风家训，保持着儒家的基本道德要求与修身齐家观念。

前上房

前上房为明代建筑，高 8.6 米，宽 30.88 米，深 8.6 米。七檩四柱前后廊式木架，面阔七间，明次间设槅扇门。明次间彻上明造，即对室内顶部空间不作任何掩盖处理，梁、檩、椽等木构架尽露，不做天花装饰，更不用藻井。从建筑学上来讲，是否采用 "彻上明造" 是 "殿堂" 与 "厅堂"的区别要素之一。稍、尽间施平棋天花。

中堂挂的是一副大"寿"字，这幅字就是在二堂看到的，慈禧太后御赐给孔令贻母亲彭太夫人的。

在中堂两旁原来悬挂的对联是：

福禄繁祉，与天相保；颂声作兴，使君延年。

还有肖方骏所题：

道德为师，仁义为友；礼乐是悦，读书是敦。

孔令贻的对联：

万卷藏书宜读，十年种木长春。

西墙悬挂对联：

东溟量深，西华测峻；秋月俪洁，春风酿和。

东溟就是东海，西华就是华山。上联主要说学问，是说孔府的主人学识高深，能够

前上房内景

测量东海的深度和华山的高度；下联主要谈意境，秋月皎洁，惠风和畅。

下方的摆设是八仙桌、太师椅和条案。条案上，东边放着花瓶，西边放着镜子，中间放着钟表，这种"东瓶西镜"的摆设是有讲究有说法的，它寓意着家庭始终平静。在八仙桌前左右两侧，摆放着六把太师椅，供客人落座。

在寿字中堂上面有块匾额，上有四个大字："宏开慈宇"。看到这个"慈"字，就知道是和女性有关的。宏的意思是大，开就是开拓，慈就是慈爱，慈宇是爱的疆域。宏开慈宇，就是广施慈爱。

这块匾额是1926年曲阜周边的滋阳（今兖州）、泗水、邹县、宁阳等县的士绅民众共同献给孔府女主人陶氏夫人的。

据《七十六代公夫人陶氏起居日记》记载："民国十四年（1925年）九月，因南北战争发生，时有兵队抓车拉夫，民不聊生，市面秩序将乱，老太太设法维持，并出示令禁止。又电请张督办令兖州镇守使派兵来曲接防，保护先圣林庙。二十日，有溃军过境，老太太召集同城阖族公议，设立团防局，保护城厢。……十二月，老太太因吴村、姚村战事吃紧，连日炮声隆隆，震动林庙，电请汉口吴玉帅、济南张效帅电令前敌将领，严饬各军队务将战线划出曲境。"

还有一说是由于陶氏在处理林庙府务及统辖孔氏家族方面所表现出的才干和努力，孔氏族人以孔德成名义上呈文给国务院，要求北洋政府给予嘉奖。政府批准了孔府的呈文，颁发了一方匾额表彰陶氏。但是，那方匾额不知所踪。

七十六代衍圣公孔令贻先后有四位妻子。原配孙氏终身未育，于光绪二十五年（1899年）去世。孔令贻娶曲阜丰姓商户家的女儿丰氏作姨太太，也是始终没有生育。后又经媒人介绍，与大名知府陶士鋆家订了亲事，于光绪三十一年（1905年）四月成亲。但是孔令贻与陶氏感情不和，生活很不愉快。陶氏曾育有一子，但不幸夭亡。此后数年未孕。后来陶氏的丫鬟王宝翠被孔令贻纳为姨太太，先后生有两女，即孔德齐和孔德懋。1919年孔令贻在北京去世，当时王宝翠身怀六甲。1920年2月23日孔德成出生，十七天后王宝翠病故。从此，陶氏夫人便将孔德成收为嫡子，抚育小公爷的成长。

这位陶氏夫人，在孔德成年幼时期，便独掌孔府大权。虽是女性，但她治家有方，孔府内务外事处理得井井有条。她每天上午都要坐在前上房书案前，听各色仆从回事，批阅大小呈文，处理林庙府务。孔府的官员、执事、小甲的呈文中，开头都要写上"老太太、公爷恩准"字样。老太太就是陶氏，公爷就是孔德成。陶氏不仅在前上房办公，有时还要亲自外出视察。她掌管孔府十余年，恰逢衰乱之世，孔府财政拮据，但由于她的才干和努力，使孔氏林庙府务发展竟然超过孔令贻在世时，可见陶氏是位了不起的女性。

在中堂的东西壁上悬挂着 12 幅金地寿屏，是孔令贻的母亲彭氏太夫人五十大寿时，山东地方官员联合赠送的祝寿词。

前上房的西间是衍圣公平时的办公室，名为签押房，孔令贻就在这里处理日常事务。前上房配有两名长期的职员，负责勤杂事务。西墙悬挂着慈禧画的条幅和大书法家翁方纲所书对联：

彝鼎宝书罗几席，珊瑚碧树交枝柯。

东间陈列乾隆皇帝御赐给孔府的荆根床、椅，工艺堪称精美。墙上悬挂对联："承道统于两千载，祝冈陵者亿万人。""冈陵"典出《诗经·小雅·天保》"三寿作朋，如冈如陵"句，是说孔家传承着两千年的道统，受到亿万人的祝福。在最东一间，原来放有一套满汉全席餐具，据说有象形银锡合金餐具 404 件之多，现在已经移存孔子博物馆。

前上房东西两侧各有五间厢房，东厢房是账房，孔府主管在此办公。西厢房是收藏日用礼器的内库房。

四九、前堂楼：衍圣公的起居之地

前上房后面就是孔府的前堂楼。这座楼高二层，建于清光绪十二年（1886年），面阔七间。

前檐廊下抱柱上有一副木刻对联：

散步雕栏锦簇携来参往训，清吟绣阁鬘花香里证前因。

这座前堂楼院是衍圣公孔令贻和他的夫人、子女居住过的院落。前堂楼二层原为收藏珍贵物品的储藏室，目前这些物品已经存放至孔子博物馆。一楼室内的陈列布置，依然保持着当年的原貌。明间为会客厅，西次间与明间相通，为上楼楼梯，所以这个布局略显不对称。室内中间是取暖用的铜制暖炉，在暖炉靠里，就是八仙桌、太师椅和条案，左右两

前堂楼高13.1米，宽30.96米，深11.3米，为七檩四柱前后廊式木架，前出廊，灰瓦悬山顶。前檐八根黑漆圆柱直通二楼。上层较矮，廊步围以荷叶栏杆，挂云板。下层较高，明间与东次间设槅扇门，稍尽间设槛窗，外廊与内室皆施平棋天花，上绘团鹤彩画。

前堂楼

侧各有三把太师椅，椅子上都铺着红色的垫子。在中堂上方悬挂着孔令贻手书的匾额："松筠永春"。牌匾下面悬挂松鹤图，两侧悬挂着清末大书法家冯恕所撰的对联：

天下文章莫大乎是，一时贤者皆从之游。

孔令贻与陶夫人合影

冯恕与孔令贻是儿女亲家，孔府大小姐孔德齐就嫁给了冯恕的儿子。在客厅的东壁悬挂着很多名人的字画，如谢振定所题："守道不多金鼎重，居身常抱玉壶清。"

东间是孔令贻和陶氏夫人的起居室，内设多宝阁，摆设着一品夫人的凤冠、人参、珊瑚、灵芝、竹雕、玉雕、牙雕、玛瑙杯、珐琅器、瓷器、如意等古玩及各种古代书画、名人墨迹等。同时，原来这里还存放着孔府极为珍贵的元、明衣冠。东套间是孔令贻夫人陶氏的卧室，最东的尽间是孔令贻两个女儿的卧室。室内还挂着衍圣公孔德成十四岁时写的对联和条幅，对联为：

从正好为天下雨，尚交喜有古人风。

前堂楼内景

条幅是：

圣人之心如珠在渊，常人之心如瓢在水。

其文是用甲骨文、篆文写的，足见幼年孔德成的书法功底。

西尽间是孔令贻的侧室王氏宝翠的卧室，墙上悬挂着她的一帧照片。西套间是姨太太丰氏的卧室，此人一生无声无息，去世的时候只有 27 岁，在孔府几乎没有留下什么印记。

前堂楼南的前上房后面，有垂珠门三间，五檩砖木结构，明间设门，两次间封闭，是清代建筑。衍圣公和夫人可以通过此门进入前上房。在前堂楼东西两侧还有两座配楼。

东西配楼都是三间两层砖楼，宽 10.16 米，深 6.5 米。东配楼是内宅管家的住宅及办公的地方，主要放一些礼品、点心、糖果、蔬菜等；西楼是内勤老家人也就是衍圣公夫人带来的娘家人的住室。院中苍松挺拔，鱼池东西对列，恬然雅致，颇具生活气息。

五〇、后堂楼：孔德成先生的大婚

　　转过前堂楼，是后堂楼院，此院较之前院略显宽绰。后堂楼原来是衍圣公母亲的生活区域。现存建筑为清光绪十二年（1886 年）重建。两层七间，高 13.6 米，宽 31.23 米，深 11.88 米，形制与前堂楼同。堂前有东西配楼，三间两层，七檩四柱前后廊式木架，灰瓦歇山顶，前出廊，宽 17.45 米，深 10.89 米。在后堂楼院还可以看到前堂楼楼后出轩 1 间，宽 7.15 米、深 8.15 米、高 5.6 米，六檩卷棚木架，灰瓦歇山顶，三面出廊，设槅扇门，廊下设花格坐槛。院内两棵十里香树，显得十分清雅。

前堂楼垂珠门

后堂楼

后堂楼的现有布局是复原的 1936 年最后一位衍圣公孔德成结婚时的婚房。孔德成先生 1920 年出生，2008 年在台湾去世，享年 88 岁。1936 年 12 月 16 日孔德成先生大婚，时年 16 岁。大家看当时结婚的照片，可以发现孔德成先生年轻时特别清雅秀气，有一股书卷气扑面而来。夫人孙琪方，长孔德成 1 岁，安徽寿州人，是清末状元孙家鼐的曾孙女。孙家鼐曾任工、吏、礼部尚书，担任过毓庆宫行走。孙家也是世代书香门第，孙琪方文学修养很好，忠诚老实，颇有大家闺秀的风度。

孔德成与孙琪方婚礼照

这个结婚仪式中西合璧，新娘穿新式礼服，白纱拖地长裙，高跟鞋，都是在北平定做的，新郎则穿长袍团花马褂。仪式是行跪拜礼。新娘穿着西式白纱长裙礼服，和孔德成行一跪四叩大礼拜天地，行完礼，挽扶新娘到后堂楼换装，新娘穿着丝线花的大红旗袍，大红缎鞋，梳髻，在新房坐帐，喝交杯酒。

当时蒋介石原也打算来曲阜，可是因为西安事变，被张学良、杨虎城扣留。因为只有四天时间，曲阜对西安事变根本不知情，而且没有接到蒋不参加婚礼的通知，所以在结婚那天，因等待蒋介石而迟迟不举行仪式。到了下午两点左右，驻防兖州的国民党十二军军长兼二十师师长孙桐萱来到孔府，通知不要等蒋了，才开始举行婚礼。当然蒋还是送来了贺礼。

现在后堂楼明间正中挂着红地金字的双喜，上面挂有国民政府主席林森题写的"瑞应睢麟"横幅。

"睢"就是《诗经·关睢》，"麟"是指《诗经·麟之趾》。《诗经·周南》共有11首诗，第一首为《关睢》，最后一首就是《麟之趾》。所以《毛诗序》认为，"《麟之趾》，《关睢》之应也"。瑞应睢麟是新婚的祝福语，《关睢》祝福的是美满的爱情与婚姻，而《麟之趾》则是祝愿早生贵子。

此外还有许永昌、沈鸿烈等民国要员题写的对联。正中条几上放着国民党政府执行委员会、监察委员会联合赠送的双凤银鼎。另外陈列孔祥熙、徐世昌、班禅、黄金荣等名流及友人赠送的银鼎、银杯、银盾、银瓶等，还有墙上挂着的梅兰芳亲笔画的梅花，真是琳琅满目，体现出孔德成结婚时仪式的隆重。

东间为当时的会客室，中西结合式布置，体现出时代的风格。里套间是孔德成及夫

后堂楼内景

人的卧室，东墙壁的镜框内镶有孔德成夫妇及儿女的合影照。

西边的两间是当年孔德成的奶妈及结婚时北京来的伴娘居住的地方，里面陈列着当年使用过的高档玻璃器皿及部分孔德成结婚时收到的礼品。东墙壁上挂有两幅照片，是当年孔德成婚礼的部分场面。

东配楼，又称"绣楼"，是当年府内女工做刺绣活的地方，现仍保存当年的部分用具和丝绣材料。西配楼是孔府招待来府内的至亲女眷的住处。

后堂楼西的佛堂楼是当年衍圣公及其夫人烧香拜佛之处，建于清代，两层三间，高 12.1 米，宽 13.95 米，深 10.7 米。里面供奉着各路神像，如关公、玉皇大帝、太上老君、王母娘娘、送子娘娘等等，其中也包括观音菩萨等，并以佛像居中为主。每年的节日、寿辰、夫人孕育、临产等时，要正式在此烧香拜佛，祈求各路神仙保佑孔府老幼平安，吉祥如意，健康长寿。

后堂楼的后面还有五间出廊的房子叫"枣槐轩"。因原来此院中各有槐树、枣树一棵而得名。原轩已毁，现房为后建。因在孔府后部，也叫"后五间"，民国年间作为粮食仓库使用。孔德成先生结婚时，这里改由奶妈居住。

五一、孔府西路：衍圣公读书之地

西路均是清代建筑，从前到后，依次有红萼轩、忠恕堂、安怀堂三进庭院，名为"西学"，是衍圣公学诗学礼、作画习字、诗文会友的地方。后面是子女学习和衍圣公闲居的场所，有学屋、花厅等。

西路也可以说是官邸招待所，在明、清两代一些达官贵人、诗文墨客到曲阜来，一般都下榻此处。解放战争期间，曾作为解放军的医院。新中国成立后，改建为中国旅行社曲阜分社的办公场所，及接待外宾和各级领导人的宾馆，后改为"孔府饭店"，曾接待过党和国家领导人及外国政要。1993年孔府饭店搬出后，文管会恢复了原貌，现已对国内外开放。

红萼轩，是西路的第二进院落，是衍圣公读书、写字、作画之处。外檐悬"红萼轩"匾，明间檐柱悬挂七十三代衍圣公孔庆镕书写的对联：

晓露浥金茎练墨试磨新赐砚，春风留玉座焚香还读旧传书。

原联已不存，现所悬挂者是著名书法家欧阳中石先生的手笔，其中下联的"传"改为了"时"。在孔府西学，孔庆镕的痕迹最多。

孔庆镕（1787—1841），字陶甫，又字冶山，号铁山园主人、仙源第三酒人。自幼聪敏，善于词令。衍圣公孔宪培无子，孔庆镕过继为嗣，8岁袭爵，嘉庆元年（1796年）

红葶轩

红葶轩面阔五间，高 11.5 米，宽 21.07 米，深 10.23 米，七檩四柱前后廊式木架，灰瓦硬山顶，前出廊，是清乾隆年间的建筑。

时方 10 岁，仁宗亲临太学行礼，他奉旨入京陪祀。他娴熟礼仪，端庄大方，举止如同成人；所问之事，皆能对答如流，令人称奇。性格纯朴，虽贵为上公，饭菜不用重荤。宗族亲朋遇有急难，总是竭力相助。庆镕工诗词，擅书画，其书笔致秀逸。热情好客，常在孔府西花厅以文会友，饮酒赋诗。他留下的诗文书画有《春华集》《鸣鹤集》《忠恕堂集》各 1 卷，《铁山园诗集》4 卷及《铁山园画集》等。

外廊下设花格坐槛。整个庭院略呈方形，轩前有露台，对面为照壁，照壁前有太湖石盆景，院子西南角有一株百年杉树。东厢房借用大堂西厢的一部分，为五间，名曰"西书房"，东耳房一间，名"东书房"。西有厢房五间，名曰"西值房"。

轩内以灯笼框花心槅扇分隔各间，裙板雕刻夔龙回纹及品形回纹。明间室内悬有"正学昌明"匾，正中上刻"圣训"，下署"衍圣公臣孔庆镕恭录"，录自嘉庆八年（1803 年）皇帝在孔庆镕恭贺平定川楚奏折上的批语。

红萼轩后为一处方正四合院，正房名曰"忠恕堂"，是衍圣公学诗学礼之处。忠恕堂高 11.5 米，宽 21.07 米，深 10.23 米，七檩四柱前后廊式木架，灰瓦悬山顶，前不出廊，檐下用单昂三踩斗栱，是孔府内唯一使用正规斗栱的建筑。明次间设槅扇门，稍间设支摘窗。现存为清代建筑，面阔五间。忠恕堂是西学的主房，前面的抱柱上原悬挂孔庆镕手书的木刻对联：

天眷龙光匪懈精勤惟就学，祖谟燕翼大成似续在横经。

原联已不存，现所挂者为著名书法家欧阳中石所书。

明间内悬"忠恕堂"匾，六十七代衍圣公孔毓圻取《论语·里仁》"夫子之道，忠恕而已矣"之意命名，并亲自题写匾额。曾子总结孔子"一以贯之"的道为"忠恕"二字。忠是尽己，恕是推己。忠是"己欲立而立人，己欲达而达人"，恕是"己所不欲，

忠恕堂

忠恕堂内景

勿施于人"。孔子强调"忠信"。子张问行，他告诉子张："言忠信，行笃敬，虽蛮貊之邦行矣。"（《论语·卫灵公》）孔子主张恕道。子贡请教"有一言而可以终身行之者乎"？他对子贡说："其恕乎！己所不欲，勿施于人。"（《论语·卫灵公》）忠恕就是为仁之方，是实行仁道的两条路径。忠恕之道尤其是恕道，被视为人类伦理交往的黄金法则，意义不容小觑。

中堂为山水图，两侧对联："外物不移方是学，俗人犹爱未为诗。"出自南宋陆游的《朝饥示子聿》诗。今悬孔子像。再两侧悬挂衍圣公孔庆镕手书"交友择人处事循礼，居家思俭守职宜勤"的木刻对联，后金柱悬孔庆镕所书"守口不谭新旧事，知心难得两三人"的墨书对联。两稍间以槅扇隔开，槅扇向正间一面，东侧镶孔庆镕所撰《忠恕堂记》，西侧镶孔令贻所书《濂溪赋》等。

348

　　庭院很是宽敞，堂前为露台。在露台东西各有二百年以上石榴、丁香等数株。在东南角有一株 400 年树龄的蜡梅，花期长达近三个月，为明代衍圣公所植。

　　两侧有东西厢房各五间，均是清代建筑。西厢房前出廊，东厢房前后出廊。东厢房明间檐柱悬挂"礼门义路家规矩，智水仁山古画图"对联，现在这幅对联的上下联被挂反了。西厢房明间檐柱悬挂"宝月卿云瞻厥度，奇文妙墨炳其华"对联。东西厢房在清代称为东西厅房，保存帝王赏赐的书籍物品。堂后有轩，阔三间，深一间，五檩木架，灰瓦卷棚顶，下有露台，与后面的安怀堂相接，内悬孔庆镕所书"吟赏烟霞"横匾。

"吟赏烟霞"匾额

安怀堂是衍圣公"燕居吟咏"处，为清代建筑，堂前高月台与忠恕堂后轩相连。安怀堂撷取《论语》"老者安之，朋友信之，少者怀之"之意命名。孔子的社会理想就是让全社会老有所安，幼有所长，社会诚信度高。安怀堂明间前后设槅扇门，次稍间置低矮槛墙，上设灯笼框支摘窗。室内以槅扇、落地罩、飞罩分隔成九个空间，分割巧妙，习称"九套间"，分别为弹琴、作画、书法、静坐、焚香、品砚、观画、赏古、弈棋之用，只可惜在1962年改建招待所时被拆除了，到了1994年才又重新修复。

西厢房五间，与忠恕堂西山厢房连接，分别称西书房、茶房。堂后有竹林，林中叠石，被修竹遮挡，时隐时现。石壁上有孔庆镕于1803年所刻其父孔宪培写于1791年的诗："植移庭院胜江干，露叶烟梢次第看。他日孙枝应解箨，晴窗先为报平安。"诗后有孔庆镕跋："先公重修安怀堂成，叠山种竹，诗以记之。"

安怀堂后为南北两个花厅，是衍圣公及其眷属活动的地方。原来只与前上房院相通，目前已经与前后相通。花厅共四座，分别称为东花厅、西花厅、南花厅和小南厅。

安怀堂

面阔五间，高 8.85 米，宽 20.3 米，深 9.1 米，七檩四柱前后廊式木架，灰瓦硬山顶，不出廊。

东花厅与西花厅为一排，坐北朝南，东花厅原为三间，后改建为四间，前出廊，明间悬挂"诗酒陶情"匾额，檐柱悬挂"酒渴诗狂笑傲且随今日境，花晨月夕风光仍是昔年春"对联，均出自孔庆镕之手。对联落款是"仙源第三酒人醉题"。孔庆镕酒量甚大，有"第三酒人"之号。后匾额与对联均移至西花厅。目前东花厅东二间檐下悬挂"蘤厅"匾额，蘤其实是"花"的异体字。西间檐下悬挂"溢香轩"匾额。

西花厅是衍圣公的书房，面阔三间，前出廊。现在悬挂的是"诗酒陶情"匾额，厅内悬挂郑亲王弟弟乐泰的木刻对联，和孔德成之师庄陔兰的对联。东间悬挂孔庆镕"漫研竹露裁唐句，细嚼梅花读汉书"对联。此厅在新中国成立后至20世纪80年代前期是党和国家领导人及国外元首来曲阜的下榻之处。

南花厅与小花厅为一排，坐南朝北。南花厅位于安怀堂后，与西花厅相对，阔三间，前为

溢香轩匾额

廊，室内于 1936 年重新装修为新式布局，供会客之用。

小花厅又名小南屋，与东花厅相对，北面出廊，悬"风花雪月"匾额，也是孔庆镕手书。小花厅于 1959 年被拆除，北移与南花厅联排重建。

花厅后面原为一处独立院落，院门有门楼，南与西花厅后相对，门内设有照壁，置有太湖石盆景。正房三间，高 7.4 米，宽 11.3 米，深 7.49 米，七檩四柱前后廊式木架，灰瓦硬山顶，前出廊。檐柱下悬挂对联："东趋家庭学诗学礼承旧业，西瞻祖庙肯堂肯构继前人。""学诗学礼"典出《论语》，我们在诗礼堂曾经讲过这个典故。这是孔氏的家训。"肯堂肯构"典出《尚书·大诰》，原文是"若考作室，既厎法，厥子乃弗肯堂，矧肯构？"孔传解释说："以作室喻治政也。父已致法，子乃不肯为堂基，况肯构立屋乎？"后世反其意而用之，以"肯堂肯构"来比喻子能继承父业。此联非常巧妙地将孔氏家风烘托出来。

房内正中供奉孔子神位，前面是教书老师用的大书桌，靠窗放着孔德成姐弟三人的书桌。当时孔府的教书老师有前清的翰林庄陔兰先生，还有吕今山先生，他们教儒家经典。另有新式学堂毕业的王毓华老师任教，另外一位作家吴伯箫教孔德成英语。厢房五间，西厢房三间带耳房一间，北有小房三间。这座建筑被称为"学屋"，是孔府家学的内书房，是孔德齐、孔德懋与孔德成小时候读书学习的地方。现在格局已经完全变形，不复当年旧观了。

五二、孔府东路：念恩报本之所

孔府东路称东学。东路原来大体划分为前中后三部分。前部分原有念典堂、九如堂、宸翰阁、兰堂等建筑。中部是衍圣公奉祀先人的场域，有报本堂、桃庙、慕恩堂等建筑。后部是衍圣公次子、奉祀子思的世袭翰林院五经博士的住所，有迎恩门、一贯堂及内宅两进院落。

九如堂在孔府东路的东南角，原为明代建筑，是衍圣公接待达官贵人的地方。清代晚期倒塌，1999 年在原址复建。

"九如"典出《诗经·小雅·天保》："天保定尔，以莫不兴。如山如阜，如冈如陵，如川之方至，以莫不增。……如月之恒，如日之升。如南山之寿，不骞不崩。如松柏之茂，无不尔或承。"

在九如堂北，原有兰堂，与九如堂、花山坊、石坊以及两个配房、小书房，构成一套专门接待皇帝、皇族、皇亲和钦差大臣的院落。

报本堂实际是孔府的家庙，面阔五间，宽 18.55 米，深 8.34 米，七檩四柱前后廊式木架，前出廊，灰瓦歇山顶，是明代建筑。"报本"取自《礼记·郊特牲》"报本反始"，是儒家所强调的祭祀的重要内涵。堂内原供奉孔子第五十四代孙、袭封衍圣公孔思晦神位，两侧根据昭穆制度，是供奉衍圣公的高祖、曾祖、祖父、父亲等上四代祖先的地方。出于祭祀礼仪的需要，堂前有露台，垂帘踏步台阶，前有门一间，悬山顶，两

报本堂

掖各有一间棋盘门，再前为照壁。

在报本堂之后，为祧庙，面阔五间，前出廊。报本堂祭孔思晦及上四世祖先，其他的先人木主则要迁存祧庙祭祀。祧庙的右间存放历代衍圣公考妣的画像、谱牒、祭器等。在 20 世纪 90 年代被改建为图书库房。

在孔府东路中部靠前有一处院落，北面为五间悬山式建筑，名曰慕恩堂。堂高 10.1

米，宽 12.2 米，深 10.28 米，七檩四柱前后廊式木架，灰瓦歇山顶，明间设槅扇门，次稍间设方格槛窗。明次间彻上明造，稍间施平棋天花，绘团花彩画。此堂为孔子第七十三代孙、袭封衍圣公孔庆镕所建。堂前有露台，再前为大门一间，门东西相连的房屋各三间，是外客厅、账房与门房。东厢房三间，东耳房两间，均是清代建筑。

原来在明间的后柱之间设有屏门，后、东、西三面以雕刻木件围成暖阁，南面为松、蝙蝠纹纱地罩。暖阁内悬挂孔宪培及夫人于氏画像，前设供案及祭器。东稍间暖阁内设

慕恩堂

床褥，床前对坐孔宪培夫妇塑像。据说，平日有四个男仆负责焚香叩头，两个女仆叠铺被褥，每日照理三顿饭，如同侍奉活人一样。屋内原有孔宪培夫妇行乐图，是体现生前活动的模型。可惜，这些均在"文革"期间被毁。过去，每逢年节和于氏生辰忌日，衍圣公均会前往慕恩堂叩头祭拜。

孔庆镕之所以要建慕恩堂，是因为要表示他时刻感恩孔宪培夫妇，尤其是于氏夫人。

孔宪培本名宪允，早年曾患有足疾，乾隆三十六年，清高宗在曲阜时，认为宪允此名"不妥"，于是赐名宪培，又特将随驾出巡的御医留下为其治疗，直至痊愈。乾隆三十七年，孔宪培入京迎娶于氏夫人时，又蒙乾隆的召见和嘉勉。

孔宪培的夫人为于氏。民间盛传于氏为乾隆的女儿，因为脸上生有黑痣，算命的术士说必须要嫁给极端富贵的人家才能破解，乾隆想来想去，只有衍圣公府才能算得上富贵无头，所以要与衍圣公结亲，但是满汉不通婚，于是想到了变通之策，由这位公主认大学士于敏中为义父，改姓于，

孔子第七十二代孙、袭封衍圣公孔宪培，字养元，号笃斋，生于清乾隆二十一年（1756年），乾隆三十五年受赐二品冠服，乾隆四十七年（1782年）26岁时袭封衍圣公，乾隆五十年，诰授光禄大夫。乾隆五十八年病卒，享年三十八岁，著有《凝绪堂诗稿》八卷。

下嫁孔府。于氏因为是公主，所以在孔府地位极高，不仅在孔林里孔宪培夫妇墓前有一道"于氏坊"，上有道光致奠的圣旨与"鸾音褒德"坊额，而且在孔府东路建有"慕恩堂"，孔庆镕在于氏去世后像侍奉于氏生前一样。这些特殊的现象，足以令人信服这个说法。这个故事在孔德懋女士的《孔府内宅轶事》中有绘声绘色的描写。导游们也几乎都这样讲。但是根据清代宫廷档案及孔府档案的记载，学者已经做了正本清源的工作。于氏为乾隆公主的故事，子虚乌有，不过是后世好事者的以讹传讹、踵事增华而已。

于氏，浙江金坛人，文华殿大学士兼户部尚书于敏中第三女。乾隆二十年（1755年）生，道光三年卒，年六十九。

于敏中，乾隆二年（1737年）状元，乾隆三十三年（1768年）加太子太保。三十六年（1771年），擢协办大学士。三十八年（1773年）八月，晋文华殿大学士。史书说"儒臣际遇，百余年来无公比肩"，是乾隆一朝得宠时间最长的汉人大学士。由于敏中深受乾隆皇帝宠信，其女儿也得到乾隆的格外疼爱。在嫁到孔府后，孔宪培去世早，于氏想独揽大权。孔宪培和于氏婚后未育子女，遂以宪培弟宪增长子庆镕为嗣。孔宪培去世后的第二年，孔庆镕袭爵。由于年方八岁，大权便被于氏掌控。这样便与孔宪培之母程氏发生矛盾，以致闹到山东巡抚处。甚至最后惊动了嘉庆皇帝。

嘉庆帝对此案作出最后谕示："于氏系原任大学士于敏中之女，此朕所素知。今因孔庆镕年幼，辄偏听家奴唆使，信用母家族属，以于氏之人干预孔氏之事，实属不合。着传谕陈大文，即将衍圣公家务暂交孔宪增代办。俟孔庆镕年长，再令自行掌管。于氏交伊姑程氏约束，毋任纷争滋事。"（《孔府档案史料选·东抚咨为转知有关七十一代程氏控媳于氏争管府印一案上谕事》）

后来随着程氏太夫人和孔宪增的去世，于氏在孔府地位不可动摇。她对孔庆镕这位过继的儿子悉心培养。孔勇先生在考证了这一重要的事件后，指出孔庆镕之所以建慕恩堂，一方面是因为孔庆镕在幼龄承爵，诸事多倚赖嗣母于夫人照料办理，自当感念其养育之恩。但更重要的原因是，孔庆镕以嗣子身份而获承祧大宗，他后来所有的尊荣、显贵，可以说均由此开启，其中于夫人的主导作用不可忽视。因此，所谓"慕恩"者，一是慕养育之恩，二则是慕承祧之恩。

孔庆镕像

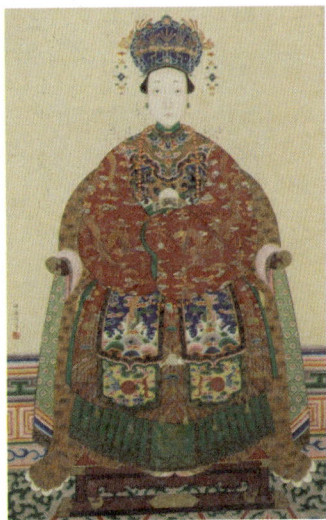

孔庆镕夫人像

一贯堂

在孔府的后部，有迎恩门，单间，五檩抬梁木架，灰瓦悬山顶，门内就是衍圣公次子、奉祀述圣子思子、袭封翰林院五经博士的宅邸。

该院落为三进。第一进为一贯堂。典出《论语·里仁》孔子所谓"吾道一以贯之"。面阔五间，前后出廊，堂前有仪门一座，东西厢房各三间，民国时期被毁，于1977年重建，其后还有两进院落。

五三、后花园：徜徉仁山智水

后花园占地 50 多亩，假山真水，亭台楼榭，花鸟虫鱼，更加具有一种自然情调、山水园林的意味。后花园始建于明弘治十六年（1503 年），由李东阳设计建造，后来严嵩又加以扩建。清代孔庆镕将花园扩修，将数块铁矿石移植到园中，取名"铁山园"，成为清代十大名园之一，他也自号铁山园主人。这里成为衍圣公和夫人、公子、小姐们休憩、冶游的地方。

著名建筑史家萧默先生提出了一个"环境艺术"的观念，主要是指"创造出一种环境氛围，渲染出某种思想意境，能动地陶冶人们的性情，激起感情上的波涛，并由情感进至情理，使人得到教益"（《建筑的意境》）。中国建筑的环境艺术，不仅体现在宫殿、寺庙与民居之中，更凸显于园林之中。江南园林，真是令中国读书人神往的所在，集中体现了中国园林"虽由人作，宛自天开"（《园冶》）的独特魅力。这座铁山园，虽然是北方园林，但在环境艺术塑造上下了很大功夫。

铁山园

　　园子东侧为假山，东西走向，山北为水池，跨池建五曲桥，池中又有三块巨石，取义海上仙山，池中养锦鲤。池北建有扇面凉亭，可供赏鱼听雨。孔子说："知者乐水，仁者乐山。"（《论语·雍也》）此处山水相映，意境不俗。假山北面有荷花池、桂花圃、紫藤架等，紫藤架下为两株百年老藤。紫藤北为老花厅。再向西为后花厅，建于民国年间，又称新花厅，共三间，高 8.5 米，

孔府后花厅

宽 11.97 米，深 8.15 米，东接耳房两间，前有露台，穿廊四间，五檩卷棚木架，灰瓦顶。回廊设置坐凳栏杆，外周以瓶型的水泥栏杆装饰。现在此处开了一间"孔子书房"，售卖与孔子、曲阜有关的图书等。

　　新花厅向南，有一株近四百年历史的"五君子柏"，又称"五柏抱槐"，十分奇特。在五棵柏树的树干中间有一棵槐树。五柏抱槐是怎么生成的呢？我觉得就是一个偶然的机缘，柏树树干中空劈裂，然后可能有鸟儿吃了槐树的种子，把鸟粪排泄在这里，发芽成长，槐树越长越大，柏树就越撑越裂，最后形成一道奇观。这种奇观有一个寓意，即和谐共处。两个不同的树，居然和谐共处，合乎"和而不同"的儒家价值观。

五柏抱槐

何首乌

在南台上，有一株数百年、高达 10 余米的藤状植物，就是何首乌。我们读过鲁迅先生的《从百草园到三味书屋》，都记住了何首乌。

在何首乌的西南侧有一座戏台。孔府曾有两个技艺高超的戏班，一个京剧班，一个山东梆子班，除接待来孔府的各级官员外，还专门供府内的家眷平时娱乐助兴。演出的剧种既有昆曲与徽调，也有京剧、梆子腔、柳子戏等。据说，当时孔府戏班曾名扬大江南北。孔府的主人们有时候可以在这里听听戏，有时候闲逛赏景。目前，孔府后花园的戏台演出也已经恢复了。

西侧是花圃。竹林、皂角、兰花、牡丹，争奇斗艳。再西是果圃，种着盆栽的柚子、佛手、梅柑等，都有一二百年的历史。大家知道，这些都是南方树种，所以到了冬天就要移到暖房里去。

戏台

　　在果圃北面，有几块黑乎乎的东西，就是战国时鲁国冶铁作坊遗留的铁矿渣，被衍圣公孔庆镕（旧传为孔庆镕，但孔尚仁《阙里志》载之，盖孔毓圻时移入孔府）认作天降神石，移到园中。"铁山园"的命名就是这么一个误会的结果。

　　在果圃的西侧，有一道影壁墙，上面以近代西洋绘画中的透视法画了一幅《金光大道》。奇特之处在于，你无论站在哪个方位端详，都会觉得大路正对着你。在懂画的人那里，这毫不神秘，就是西洋的透视原理。但对于普通游客来讲，却颇有魅力，非常神奇好玩，也成为后花园一景。

铁矿渣

《金光大道》壁画

五四、汉魏碑刻陈列馆：天下汉碑此最丰

　　出孔府后花园西门，往南行几十步，有一座院落，这就是汉魏碑刻陈列馆。这里位于孔庙后，原来是孔府西仓，现在以保护和陈列展示汉魏碑刻为主，共存放碑刻 131 块，石雕 6 尊。其中有西汉碑刻 6 块，东汉碑 18 块，魏碑 4 块，汉碑数量居全国之首。北陛石是我国迄今发现非常稀有的西汉早期刻石，五凤刻石也是著名的西汉石刻之一，《乙瑛碑》《礼器碑》《孔宙碑》《史晨碑》更是汉代隶书的代表，《张猛龙碑》则代表了魏体书法艺术的最高水平。

汉魏碑刻陈列馆

曲阜汉魏碑刻原属孔庙碑林的主要组成部分。孔庙位列中国第二大碑林。孔庙碑林始建于清道光十八年（1838年），位于孔庙大中门至大成门之间，主要包括同文门院、西斋宿院和十三碑亭院的碑刻。当时有石碑约220通，刻石约310块。汉魏碑刻可以说是孔庙碑林的精髓，原来主要集中保存在同文门下，1978年移入孔庙东庑保护，1996年重建孔府西仓，将汉魏碑刻和部分重点碑刻移入，设立汉魏碑刻陈列馆专馆保护。

碑刻是重要的历史文化载体，孔庙碑刻以其延续时间长、内容丰富为世人所重视。金代大文豪党怀英曾写下"老桧曾沾周雨露，断碑犹是汉文章"（《谒圣林》，刻石现存曲阜汉魏碑刻陈列馆内）的诗句。目前的汉魏碑刻陈列馆，凡是书法爱好者，都应该多来瞻仰观摩。

汉魏碑刻陈列馆内景

孔林

老桧曾沾周雨露

五五、曲阜北城门：延恩门还是仰圣门？

从孔府后花园出来，走出小后宰门，便是后作街。此街原来在东、西两头均设有过街门阁。街中段南侧有孔府的后宰门和小后宰门，此二门为孔府重大祭典宰杀牲畜之专行门，故名后宰门。街以门名之，称后宰街。新中国成立后，废祭而门闭。明清时期，此地为孔府酿造作坊，群众习称后作，于是新中国成立后易名"后作街"。现在大街的北侧，店铺林立，多为售卖孔子故里特产的特色商店，以供游客选购。

孔林游览示意图

优入圣域坊

从后作街东行百余米，便来到后作街与鼓楼大街交会处。抬眼可以看到街口对面立着一座石质牌坊，上面匾额上有四个隶书大字："优入圣域"。这是复圣庙也就是颜庙前两座石坊之一，东侧与之相对的是"卓冠贤科"坊。优入圣域坊北侧就是红墙苍柏掩映下的颜庙。顺着颜庙的西墙北行百余米，就可以看到鼓楼大街的路西有一座大门，现为曲阜市第二人民医院的大门，门前立着一块文保碑。上面写着："北十

卓冠贤科坊

北十府故址

府故址"。北十府始建于乾隆末年，是孔氏家族五府近支孔宪均的府第，又称"小五府"，原为三进院落，现仅存前厅及耳室，灰瓦卷棚顶，占地约138.64平方米。1986年被公布为曲阜市文物保护单位。其实，在孔府东边的东门大街、五马祠大街等还分布着孔府近支的多座府邸。曲阜的孔家十二府，并不是十二座府邸，而是根据当初修建时按照大排行命名的，行几便称几府，一共有九个府，大府是衍圣公庶长子的府邸，二府、三府、五府、七府、八府、十府和十二府。其中十二府规模最大，位于东门大街西首，始建于清乾隆初年，有七进院落，420余间房屋，占地约3万平方米。新中国成立后改建为部队营房，至20世纪70年代原有建筑已全拆除。

延恩门城楼

　　我们再前行百余米，就看到了曲阜明故城的北门。城门上有一座灰瓦重檐歇山顶的城楼，上面悬挂着一块匾额，上面写着："延恩门"，这是北门的名字。

　　北门也是一座瓮城，两道门洞。我们穿过北门城门洞，到了城外，回首城门，可以看到北门门额上镶嵌着一块石质匾额，上面镌刻着"仰圣门"三个红漆楷体大字。我们前面讲过，此门名为延恩门，"仰圣门"本来是曲阜正南门的名字，怎么匾额悬在北门外呢？大家看，旁边的落款是"中华民国三十六年三月九日复员纪念"，这是 1947 年国民党军队开拔进城时，将"仰圣门"门额复原在北门，只能算是一个历史的误会了。

镶嵌"仰圣门"匾额的曲阜北门

五六、万古长春坊：孔子生命与思想永存

出了延恩门北望，在两行苍翠的古柏掩映下有一道长长的青石甬道，这就是孔林的神道。此条神道长达 1266 米，建于明代嘉靖年间，夹道古柏，深茂葱郁，其直如矢。庙、陵最常见的一种植物就是松柏。松柏长青，是中国人不朽观念的一种体现。今孔林神道的古柏中，有很多是五六百年乃至千年的古木！孔林神道中段有桥名曰"文津桥"，平地突起，过桥北行，有一座高大宏伟的石质牌楼，上面写着"万古长春"四个大字，此即有名的"万古长春"坊，以此表示孔子生命及其思想的永存。该坊气势恢宏，造型精美，是曲阜现存最大、最精致的石牌坊，在全国的牌坊中也是榜上有名。

孔林神道古木

孔子后裔祭礼队伍穿行万古长春坊

该坊于明万历二十二年（1594年）初建，清雍正年间重修加固，坊高22.71米，宽7.96米，六柱五间五楼，三层横梁，飞檐起脊，庑殿顶，坊顶雕瓦垅及脊兽，柱、坊深浮雕，花板浅浮雕，明间两石柱前后各浮雕两条盘龙，再外两石柱只有上部各雕一条龙，最两边的柱上部各雕一只立凤凰，石柱前后用石抱鼓，其上有石狮子，形态各异，两侧面上分别浮雕龙、鹿、牡丹等图案。

万古长春坊

万古长春坊的精美石雕

在万古长春坊的东、西两侧各有一座碑亭。东侧亭内立有一幢高大的《大成至圣先师孔子神道碑》，为明万历二十二年（1594 年）冬十一月，山东巡抚郑汝璧、巡按连标所立。西亭内立有一幢《阙里重修孔子林庙碑》，碑文为明万历年间礼部尚书、东阁大学士于慎行所书。此碑立于明万历二十三年（1595 年）。两座碑亭均为方形，明间南面洞开，东、西、北三面设立石栏，重檐绿瓦歇山顶，虽经几次重修，仍保持明代的建筑风格。

孔林神道碑

西侧碑亭

东侧碑亭

五七、孔林门：慎终追远的见证

过万古长春坊，再步行数百米，就来到了"三孔"的第三孔——孔林，这里是孔子及其后裔的家族墓地。

在神道尽头，是一座精美的木质牌楼，这就是至圣林坊，四柱三间三楼式，绿琉璃瓦庑殿顶，前后檐下施斗拱，立柱下有夹柱石固定，两侧又有斜柱支撑。坊额蓝地金字，三个楷体贴金大字"至圣林"。此坊建于明代永乐二十二年（1424年），比北京紫禁城的建成只晚四年。后经明清两代多次重修，但仍保存了明代风格。此坊原为"宣圣林"坊，雍正七年（1729年）与孔庙一起由"宣圣"改为"至圣"。坊前有明崇祯七年（1634年）雕刻的石狮一对，神态鲜活。左前方立有文保碑。

至圣林坊

坊后即至圣林门，俗称"大林门"。现存门屋三间一洞，两侧出八字墙。门屋为五檩绿瓦悬山顶，飞檐挑角，五脊六兽，无斗栱，边柱均用鼓磙为柱础。明洞间门扇两开，留有平地通道；两次间筑于高约 1.1 米的高台之上，围设木栏，并作断砌造法，这一样式主要是为了方便丧葬、祭祀、谒拜时棺椁、车马、仪仗的出入，同时也增加了大门的威严肃穆之感。原来多以为是元代所建，今据专家考证，当是清康熙以后所建。

进入大林门，是一条由两道围墙封闭起来的狭长甬道，为元代辟建的孔林神道，长 460 余米，两侧古柏苍翠，龙干虬枝，颇增一种肃穆之感。看到这些历史久远的古木，就有一种厚重的历史感。同时，这样漫长的甬道拉长了进入孔林祭祀的过程，让人能够逐渐凝神聚气，从浮躁的红尘滚滚的现实世界，走进一个神圣空间，养成一种心境，烘托一种氛围。

圣林甬道

　　甬道的北端，一座城楼式建筑横在眼前。这就是孔林的"二林门"。二林门分上下两层，下层砖质，面阔五间，中辟一门，为拱券门，两扇朱漆大门各有九纵九横共八十一颗团花铁门钉。拱门上有一横匾，上篆刻"至圣林"三个大字。此门建于元代至顺二年（1331年），此为鲁国都城北门也就是龙门的旧址所在。明弘治七年（1494年），孔子第六十一代孙、袭封衍圣公孔弘泰在拱门之上增建门楼，称为"观楼"。现存观楼五间，重檐绿瓦歇山顶，无斗栱，檐下16根红漆木柱构成回廊，廊柱下置鼓磴柱础。清雍正十年（1732年）和新中国成立后的1964年两次重修。门前左右各有两道

二林门

二林门前的石狮子（西）

二林门前的石狮子（东）

同治重修圣林围墙记碑

石花墙围起，其中在高台上各放置石狮一个，与大林门的石狮子同为明崇祯七年雕刻。西侧花墙内立有石碑两通，其中一通是永乐二十一年（1423 年）立的创建孔林围墙记碑。东侧花墙内有石碑一通，为同治重修圣林围墙记碑。进入二林门，才算正式进入孔林。

据说，在 1948 年 10 月 5—10 日，中国人民解放军的淮海战役曲阜会议在此召开。原在孔庙的奎文阁召开，最后两天移至观楼举行。当时的会议由粟裕主持，张鼎丞、许世友等参加，传达了毛泽东起草的《关于淮海战役的作战方针》等，所以这里也是一个革命文化旧址。

孔林的四周有围墙，墙高近 3.5 米，周长达 7 公里。孔林的南墙就是周代鲁国都城的北城墙遗址。孔林占地近 200 万平方米，2800 多亩，有坟冢 10 万余座，历代种植的树木近 10 万株，光古木就有 1 万多株。进入林中，古木森森，杂草丛生，真有古人所谓"墓古千年在，林深五月寒"（李东阳《谒孔林》）之感，但据说"无荆棘，无鸟巢"（杨奂语）。毫无疑问，孔林是世界上最大的私人家族墓地，尽管在规模和规格上与历代的皇陵没法比，但作为一个家族墓地，在全世界可以说是独一无二的。现代著名历史学家郭沫若曾说："这是一个很好的自然博物馆，也是孔氏家族的一部编年史。"（高克明、孔繁银《郭沫若同志来曲纪实》）

五八、孔林：中华文化命脉所寄

这里之所以称为孔林，就是因为它是孔子长眠之所，后来演变成孔氏家族的墓地。很多朋友会问，为什么墓地称为"林"呢？为什么有的称"林"，有的称"陵"？"林"和"陵"有什么关系呢？

我们知道，皇帝的墓地称"陵"。西安有秦始皇陵，后来出土了兵马俑，被誉为"世界第八大奇迹"。还有唐代的昭陵、乾陵等，昭陵有"昭陵八骏"，乾陵有武则天的无字碑。南京有明孝陵。北京有明十三陵，还有清西陵、清东陵。20世纪80年代，曾经有一部电影叫《东陵大盗》，说的就是民国时期的军阀孙殿英率部数万人在东陵盗宝的罪行。当然，到了近代，南京还建有中山陵。除了帝王，诸侯王的墓园也可以称为"陵"，如山东邹城九龙山有明荒王陵。之所以古代皇帝墓地、诸侯王墓地称陵，是因为它们一般都依山而建。

所谓"林"和"陵"，其实音近通假。一般而言，"陵"为皇帝墓地的专属用语，"林"也用来指称墓园，不论是贵族还是百姓，家族墓地都可称"林"。比如曲阜的孔林、梁公林、颜子林、孟母林，邹城的孟林。另外，洛阳的关林是关公的墓园，河南项城的袁林是袁世凯的墓园。其实，我们老百姓家的墓园也可以冠以姓氏。

有一位我非常尊敬的学界前辈、现代新儒家第二代的代表人物徐复观先生，曾经做过国民党的少将，后来弃武从文，做了学者，他从近五十岁开始做学问，到了八十岁去世，留下了数量惊人的著述，其中《汉代思想史》《中国人性论史·先秦篇》《中国艺

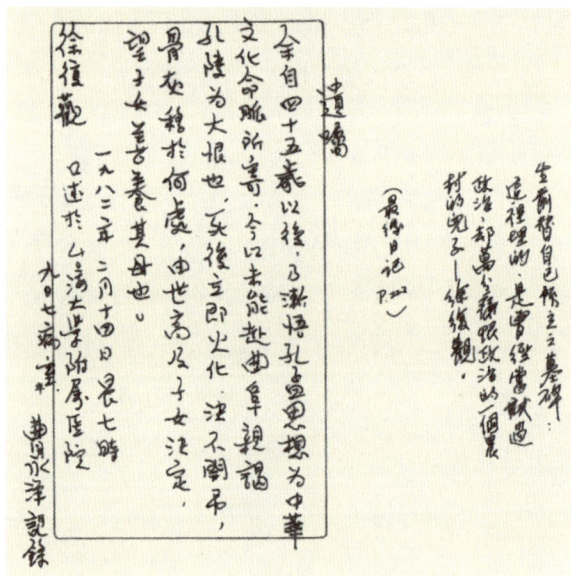

徐复观先生遗嘱

术精神》都是传世的经典之作。他在 1982 年去世之前，留下一则遗嘱，其中说：“余自四十五岁以后，乃渐悟孔孟思想为中华文化命脉所寄，今以未能赴曲阜亲谒孔陵为大恨也。”他就将孔林称为孔陵，其实历史上就有用陵来称呼孔林者，比如明代山东巡抚陈凤梧就在诗中云：“素王寝陵千年固，辇路藤萝一径深。”（诗刻石镶于孔林思堂东厢房南墙）

我回想起第一次读到徐复观先生这段话时的情形，那眼泪真是一下子就夺眶而出。徐先生的遗言真是触及灵魂。大家想一想，很多人临终的遗嘱都是什么财产如何处置、谁来继承等，而徐复观先生的遗言，说的却是这个，怎能不令人敬佩和感动！大家要知道，近代以来，孔子和传统文化便是被抨击的对象，“打孔家店”是时代的思潮，作为一位五四时代成长起来的知识分子，经过自己一生的读书、思考和研究，确认了孔孟之道对于中国文化的真价值、真意义，并作为自己的信仰。临终之时，最大的遗憾居然是没有亲自到曲阜孔林来拜谒。这令我很感佩，也很惭愧！对我们曲阜人来讲，虽不能天天来，但确实可以经常到这里，很多人也因此可能无法体会孔林的意义。但对有些人来讲，这一生最魂牵梦绕的文化圣地就是曲阜。我们看徐复观先生的晚年，确实计划着要回大陆看看，尤其是要到山东曲阜朝圣。但因为癌症的原因，最终未能成行，遂成遗恨。

其实，我们读司马迁的《史记·孔子世家》，司马迁也这样说过："余读孔氏书，想见其为人。适鲁，观仲尼庙堂、车服、礼器，诸生以时习礼其家，余祗回留之不能去云。天下君王至于贤人众矣，当时则荣，没则已焉。孔子布衣，传十余世，学者宗之。自天子王侯，中国言六艺者折中于夫子，可谓至圣矣！"司马迁与他的父亲司马谈不同。司马谈尊崇黄老，而司马迁则是儒者。他尊崇孔子，所以给孔子写了一篇《孔子世家》，表达了他对孔子的景仰之情。为了写好孔子传记，他专程来曲阜考察。他不仅去了孔庙，还到了孔林。《孔子世家》记载："孔子葬鲁城北泗上，弟子皆服三年。三年心丧毕，相诀而去，则哭，各复尽哀；或复留。唯子赣庐于冢上，凡六年，然后去。弟子及鲁人往从冢而家者百有余室，因命曰孔里。鲁世世相传以岁时奉祠孔子冢，而诸儒亦讲礼乡饮大射于孔子冢。孔子冢大一顷。"给我们留下了西汉时期孔子墓地的情形。

公元前 479 年，孔子去世。他的儿子先他而去，而孙子孔伋年纪尚幼，丧葬之礼便由众弟子操办。弟子们以"仿血缘亲"的认知，视孔子如父，将孔子安葬于鲁城之北，泗水与洙水之间。这便是孔林的开始。他的儿子、孙子陪伴在他的周围，此后孔氏子孙陆续安葬于周边，形成规模越来越大的家族墓地。

既卒，门人疑所服夫子者。子贡曰："昔夫子之丧颜回也，若丧其子而无服，丧子路亦然。今请丧夫子如丧父而无服。"（《孔子家语·终记解》）

东汉永寿三年（157 年），鲁相韩敕修孔墓，将旧祠坛改为石砌，并在墓前造神门一间，在东南造斋宿三间，以吴初等若干户供孔墓洒扫，当时的孔林"地不过一顷"，和司马迁时差不多。灵帝建宁二年（169 年），鲁相史晨设立守墓官员，按时进行洒扫。北魏孝文帝太和十九年（495 年）祭祀孔子墓，为之起园植树。北朝高齐时，孔林植树600 株。唐代继续增加林庙户，保护孔林。北宋真宗大中祥符元年（1008 年），祭拜孔子墓，增林庙户，同时建驻跸亭。徽宗宣和元年（1119 年），在孔子墓前修造翁仲、甪端、文豹与华表等四对石仪。元至顺二年（1331 年）修建孔林围墙及林门（今二林门），林广十余里。

明代李杰曾赋诗（诗刻碑，立于孔庙奎门阁东掖门下门北东向）云：

> 玄宫开向鲁城阴，秋色萧然万木森。
> 云气尚疑悲曳杖，风声犹似哭治任。
> 周秦古刻碑文断，洙泗清流世泽深。
> 辇道有亭名驻跸，翠华何日更来临。

明代是孔林发展最快的时期。洪武十年（1377 年），增扩林地 120 余亩。永乐二十一年（1423 年）修建林墙，为篱笆墙。正统八年（1443 年）树文宣王、泗水侯、沂国公墓墓碑。弘治七年（1494 年）孔弘泰重修驻跸亭和林墙，创建享殿，二林门增建门楼，植松柏数百株。嘉靖二年（1523 年），山东巡抚陈凤梧建立洙水桥坊及子贡庐墓堂。崇祯年间，改篱笆墙为砖墙。崇祯七年（1634 年），重修林门、门楼及享殿，添建林门前的两对石狮子。孔林面积达到 1800 亩。

清代孔林继续增加面积。康熙二十三年（1684 年），孔林增扩 1100 多亩，并建围墙 7000 多米，大体形成今天的规模。雍正八年（1730 年），耗帑银 25300 两大修孔林，重修了各种门坊，并派专官守卫。乾隆多次来孔林拜祭，增建康熙、乾隆两座驻跸亭。乾隆五十三年（1788 年）地方官员出资植树近万株。

民国时期，仅有一次修葺。新中国成立后，做了更好的修缮和保护。但是"文革"期间，孔林遭到空前的破坏。改革开放后，国家文物部门对孔林投入巨资修缮，但还是有大量的石仪等扑倒在杂草之中，很多墓碑没有得到修复。我们呼吁并期待着能尽早更好地进行相关的文物保护。

五九、宋墓群：孔氏中兴与公封衍圣

　　孔子第四十三代孙、袭封文宣公、孔氏中兴祖孔仁玉的墓，位于孔子墓东北，东红墙以外约 100 米处。封土东西 11.93 米，南北 15.9 米，高 3.05 米，为中大型坟冢。其夫人裴氏附葬。墓前石碑一通，篆书"兵部尚书袭封文宣公之墓"，碑阴楷书"奉正大夫修正庶尹礼部郎中赐食三品禄直文渊阁永嘉黄养正拜书"，明正统八年（1443 年）五十九代孙、袭封衍圣公孔彦缙立石。碑前设石供案，周刻卷云纹。

孔光嗣墓

孔仁玉墓

在孔子墓园红墙西 50 米处，有"陇西郡太君李氏墓"，此李氏即孔仁玉的继配夫人，生子孔宜等。在其墓北侧有孔子第四十四代长孙孔宜墓，有石碑一通，上刻"宋袭封大殿丞墓"，为明代五十六代衍圣公孔希学与五十五代世袭知县孔克钦等立。第四十五代长孙孔延世墓，前有墓碑两通，前为"宋故进士及第赠谏议大夫墓"，为明代所立，后碑刻篆书"四十五世孙谏议大夫墓"，为北宋中期所立。孔延世于宋真宗即位后授曲阜县令、袭封文宣公。

孔仁玉继配李夫人墓

孔宜墓

孔延世墓

孔延世墓碑

孔宗愿墓

孔宗愿墓碑

西北为孔子第四十六世孙，也是第一代衍圣公孔宗愿墓，宗愿字子庄。宋仁宗至和二年（1055 年）改封文宣公为衍圣公。自此衍圣公之封号相沿至民国，持续 862 年。封土东西 11 米，南北 2 米，高 2.6 米，为中型坟冢。墓前石碑两通，前碑圆首，楷书"宋故四十六代衍圣公尚书比部员外郎通判潍州事子庄先生墓"，清乾隆三十四年（1769 年）袭封衍圣公孔昭焕、二十四代孙继汾、继涑立石。后有一小碑，宋代刻制，圆首长条形，篆书"比部员外郎袭封衍圣公之墓"，杨元刻石。宗愿有子四人：若蒙、若虚、若愚、若拙。

第四十七代孙孔若蒙墓，在孔林观光道东侧，碑阳中刻"朝奉郎袭封衍圣公之墓"，左刻"至圣文宣王四十七世孙，讳若蒙，字……"，孔若愚为孔宗愿第三子，其墓在孔宗愿墓西200米处，有碑两通，前碑刻"宋故公直公墓"，为清代所立，后碑为圆首小碑，上刻"四十七世孙墓"。

在孔若蒙墓西南侧有第四十八代孔端操墓，碑刻"四十八代孙墓"，左右刻小字："公讳端操，字子坚。曾祖讳延泽，赠谏议大夫。祖讳宗愿，比部员外郎，袭封衍圣公，父讳若蒙，赠朝奉郎，袭封衍圣公，享年五十有一。娶东平孙氏。"端操是孔端友的弟弟，端友扈驾南行，端操守护林庙。在金代权袭衍圣公。有四子，其幼子（一说为长子）玠过继于端友，南行后袭封为南宗。其次子璠袭封为衍圣公。孔璠墓在西平桥北东侧路边。

在孔若蒙墓西北，观光路西侧陆续有第五十代袭封衍圣公夫人墓，第五十一代权封衍圣公孔元用墓、第五十二代袭封

孔璠墓碑

衍圣公孔之全墓、第五十三代袭封衍圣公孔治墓。孔治的墓碑目前移存在汉魏碑刻陈列馆。再往北，观光道路东有第五十四代袭封衍圣公孔思晦的墓，前有孔克坚、孔希学所立墓碑，上刻"宣圣五十四世孙通议大夫袭封衍圣公礼部尚书赠通奉大夫江北河南等处行中书省参知政事护军追封鲁郡公谥文肃孔公墓"，立于元至正十五年（1355 年）。

孔思晦墓

六〇、明墓群：衍圣公的身后荣耀

在孔林的西部是明代墓群。从西平桥沿着林路北行，就会看到墓碑林立、石仪成群的明墓群。

孔子第五十五代孙、袭封衍圣公孔克坚的墓，在孔子墓西北，孔思晦墓西，今天游览路的东侧，墓冢不大，墓前有石碑一通，上刻："五十五世孙前袭封衍圣公通奉大夫国子祭酒之墓"。孔克坚是元代所封的衍圣公。洪武三年（1370 年），孔克坚病逝。享年五十五岁。此碑立于洪武十年（1377 年）。

孔克坚墓

孔克坚墓碑

离着孔克坚墓西行不远，有孔希学墓。墓前有残碑一通，上刻篆书"五十六世孙资善大夫袭封衍圣公之墓"，碑立于洪武三十年（1397年）。洪武十三年（1380年）时，废除丞相，衍圣公位列文官之首。再西行为第五十七代袭封衍圣公孔讷的墓。孔讷墓前墓碑上刻篆书"五十七世孙袭封衍圣公之墓"。墓碑前有楷树一株，遮住半个墓碑。

孔讷是孔希学的长子，字言伯，能诗，工篆书，为人宽仁好学，乐善好施，颇有人缘。洪武十四年（1381年），孔希学去世，孔讷守丧三年。洪武十七年（1384年），孔讷袭爵。建文二年（1400年），孔讷病逝，享年四十三岁。

孔希学墓

孔讷墓

在孔讷墓的西边不远，有第五十八代袭封衍圣公孔公鉴墓。墓前有神道碑，神道碑与墓碑被观光道隔断。墓前有两通石碑，右侧为"五十八世孙袭封衍圣公之墓"墓碑，左侧为"奉天诰命"碑。

在孔公鉴墓西，是第五十九代袭封衍圣公孔彦缙墓。墓前有石仪群及神道门。

孔公鉴墓

孔彦缙墓

孔彦缙，字朝绅，是衍圣公孔公鉴之子。明永乐八年（1410年）十岁时袭封。洪熙元年（1425年）明仁宗即位，孔彦缙朝贺。仁宗赐宅东安门外，这是衍圣公在北京府邸的开始。景泰四年（1453年）皇帝赐三台银印、玉带、衣织金麒麟文，视一品。从此形成定制，衍圣公的朝服、公服与常服皆为一品制。景泰六年（1455年）卒，享年五十五岁。

孔承庆墓

孔弘绪墓

孔弘泰墓

　　在其西侧有第六十代追赠衍圣公孔承庆墓，墓碑刻楷书"六十代孙赠封衍圣公墓"，墓前有石仪及神道门。其墓西侧为第六十一代袭封衍圣公孔弘绪墓，墓前石仪成群。六十一代袭封衍圣公孔弘泰墓与孔弘绪墓并列。

　　再往北为第六十二代衍圣公孔闻韶的墓，他是孔弘绪的长子，墓碑刻篆书"六十二代袭封衍圣公成庵先生墓"。

孔闻韶字知德，号成庵。弘治十三年（1500年）与李东阳之女结婚。弘治十六年袭封衍圣公。正德七年（1512年），刘六刘七起义军破坏了孔庙。孔闻韶与山东巡抚一起上奏，移城卫庙，重建曲阜城。嘉靖二十五年（1546年）因病去世，享年六十五岁。

孔闻韶墓

西侧为六十三代袭封衍圣公孔贞干墓，石仪成群。墓碑上刻篆书："六十三代孙袭封衍圣公可亭先生之墓"。在孔贞干墓之东南为第六十四代袭封衍圣公孔尚贤墓。

六十四代诰赠衍圣公孔尚坦墓在孔林西北部，观光路西侧。墓碑上刻"六十四代诰赠衍圣公玄宇先生墓"，目前有石供案和石鼎香炉各一，石仪成群。孔尚坦之子孔胤植袭封衍圣公，故他也得以在身后追赠衍圣公。其东侧紧挨着的就是其子六十五代袭封衍圣公孔胤植墓。清代因避讳，改名孔衍植。

孔贞干墓

孔尚贤墓

石仪组合

孔尚坦墓与孔胤植墓

六一、清墓群：于氏坊的高贵与孔尚任墓的简陋

清代的墓群集中在孔林的东北部。

在孔林东北处，有一座御碑亭，格外醒目。这是第六十七代袭封衍圣公孔毓圻的墓。墓前有石碑一通，上刻："光禄大夫太子少师六十七世袭封衍圣公恭悫先生墓"，由光禄大夫兼工部尚书王顼书，孔传铎等立石。墓前有石供案、石香炉、石仪和石神门。原有享殿三间，毁于"文革"，今尚存柱础等遗迹。神道前有方形的御碑亭，里面有雍正二年（1724年）皇帝表彰孔毓圻的圣旨碑，碑文用满汉两种文字书写。

孔毓圻墓

御碑亭

孔兴爕墓

孔传铎墓

孔继濩墓

在孔毓圻墓的西侧为第六十六代衍圣公孔兴爕墓，再往西为第六十八袭封衍圣公孔传铎墓。在孔毓圻墓的东南部有第六十九代追封衍圣公孔继濩墓。

另外，在孔林中部偏北，距孔林北墙约 200 米处，有孔子第六十七代孙孔毓珣墓。

孔毓珣去世后，雍正帝御赐谥号"温僖"。墓前石碑正书"诰授光禄大夫兵部尚书兼都察院右副都御史总督江

孔毓珣字东美，号松庵，康熙五十五年（1716年）迁湖广上荆南道，兴修水利，筑堤"孔公堤"。擢广西按察使、四川布政使。雍正元年（1723年）加授广西总督，后调两广总督、江南河道总督。有惠政，尤以筑堤捍江，谨防水患取信于民。

南河道提督军务加八级谥温僖孔公 封一品夫人孔母徐氏之墓"。文渊阁大学士兼礼部尚书陈元龙题。墓前有石供案、石鼎、石瓶各一，石仪一组，石门坊一座。在神道南端立有雍正表彰孔毓珣的圣旨碑，碑额雕滚龙。原有碑亭已倒塌，石碑于1986年修复。

孔广棨，字京立，号石门，雍正九年（1731年）袭封衍圣公。幼承家学，好经学，娴熟礼仪，能诗文，著有《敏求斋文集》八卷，《诗集》四卷，《别集》一卷。

第七十代袭封衍圣公孔广棨墓位于孔令贻墓的北边，墓碑上篆文刻："诰授光禄大夫七十代袭封衍圣公京立先生之墓"，由文渊阁大学生兼工部尚书陈世倌书，七十一代袭封衍圣公孔昭焕立。碑前有雕云龙的石供案、石仪一组，石门坊三间，坊额刻"儒宗在念"四字。

孔广棨墓

儒宗在念坊

孔昭焕墓

第七十一代袭封衍圣公孔昭焕的墓在孔广棨墓东北。碑刻"诰授光禄大夫七十一代袭封衍圣公显文先生之墓"，为东阁大学士兼户部尚书梁国治所书。

第七十二代袭封衍圣公孔宪培与于氏夫人的墓在孔林东北部。墓碑篆刻"光禄大夫七十二世袭封衍圣公笃斋先生之墓"，由光禄大夫军机大臣董诰书，孔庆镕、孔繁灏立石。碑前有石供案、石香炉、石仪，享殿三间毁于"文革"，今基址尚存，甬道南端建有木质牌楼，南面刻道光圣旨，北面刻"鸾音褒德"四字，是表彰和纪念于氏夫人的，故又称"于氏坊"。

孔宪培，字养元，号笃斋，乾隆四十七年（1782 年）袭封衍圣公。工诗文，善书画。

410

孔宪培墓

于氏坊

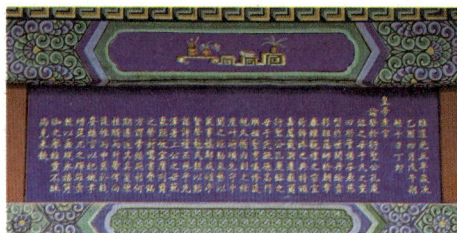

于氏坊所刻道光圣旨

鸾音褒德匾额

孔宪培墓石像生

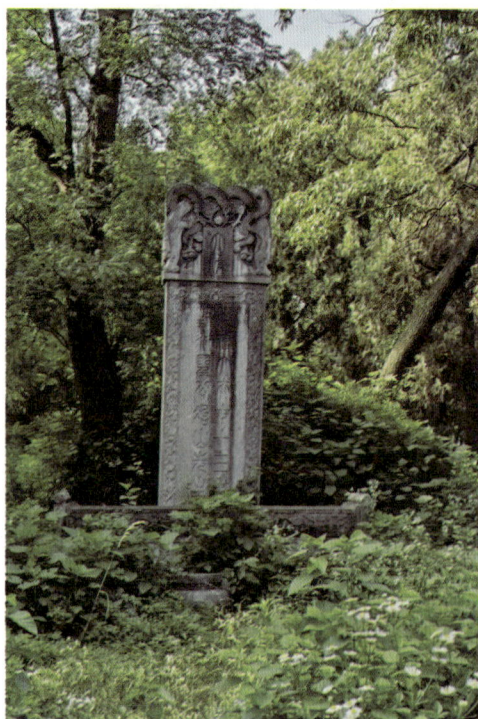

孔庆镕墓

第七十三代袭封衍圣公孔庆镕的墓在孔宪培墓之西。墓碑篆刻"光禄大夫七十三世袭封衍圣公冶山先生墓"，由山东巡抚觉罗崇恩书。在孔庆镕墓西侧是第七十四代袭封衍圣公孔繁灏的墓，碑刻"光禄大夫太子太保七十四世袭封衍圣公端恪先生墓"。

第七十五代袭封衍圣公孔祥珂的墓在孔林东北角，孔昭焕墓之北。墓碑刻篆书"光禄大夫七十五世袭封衍圣公庄悫先生之墓"。由太子太保、军机大臣孙毓汶书。

孔令贻墓在孔林东北角，墓碑刻"孔子七十六代孙袭封衍圣公燕庭先生之墓"，由北洋政府外交总长、姻弟孙宝琦书，孔德成立。墓前有石供案、石香炉、石仪，为近年重刻。孔令贻是入葬孔林的最后一位衍圣公。孔令贻字谷孙，号燕庭，光绪三年（1877 年）袭封。民国时

孔繁灏墓

孔祥珂墓

孔令贻墓

期，袁世凯赐加郡王衔。1919 年病逝于北京，享年四十八岁。

　　除了这些明清衍圣公墓之外，还有一座墓非常有名，那就是孔尚任墓。该墓位于孔林东北部，距北林墙约 150 米。墓前石碑圆首，雕二龙戏珠，碑文书"奉直大夫户部广东清吏司员外郎东塘先生之墓"，"赐进士出身诰受奉直大夫，原任巡抚山东等处地方督理营田、兼理军务都察院右副都御史年家眷侄陈世倌拜题"，下署"雍正十三年岁次乙卯四月穀旦"，雍正十三年是 1735 年。墓前有石供案。

　　孔尚任（1648—1718），字聘之，号东塘，别号云亭山人。孔子六十四代孙，著名文学家。顺治十二年（1655 年），入孔颜曾孟四氏学堂读书。康熙五年（1666 年），中秀才。康熙十七年（1678 年）八月，在济南，乡试未中。九月，游曲阜北部的石门山，选胜结庐，隐居其中。康熙二十年（1681 年），典田捐纳为国子监生。康熙二十一年（1682 年）秋，应衍圣公孔毓圻之请，出山治其夫人张氏丧。次年修《孔子世家谱》。康熙二十三年（1684 年），修《孔子世家谱》《阙里志》，于孔庙训练礼生、乐

孔尚任墓

封土东西 8.43 米，南北 7.7 米，高 3.13 米，为中型坟冢。

415

舞生，监造礼乐祭器，至秋皆竣。十一月十七、十八日，康熙于曲阜谒孔庙行祭礼，游览孔林，孔尚任为之讲经导游，受到称赏。十二月初一日，接吏部授官报，授为国子监博士。康熙二十四年（1685 年）正月，进京，入国子监为博士。二月，于国子监开坛讲经。康熙二十五年（1686 年）七月，奉命随工部侍郎孙在丰往淮扬，疏浚黄河入海口。康熙三十四年（1695 年）春，迁户部主事，任宝泉局监铸。康熙三十九年（1700 年）三月初，晋升户部广东清吏司员外郎。三月中旬，被罢官。居京赋闲三载，后回乡隐居石门山。

孔尚任博学工诗文，通音律，著有传奇《小忽雷》及《湖海集》《岸堂稿》《长留集》《阙里志》等。孔尚任与洪昇并称"南洪北孔"，被誉为康熙时期照耀文坛的双星。他的《桃花扇》和洪昇的《长生殿》代表了中国古代历史剧作的最高成就，也是世界文化宝库中的瑰宝奇葩。《桃花扇》是描写南明兴亡的一部历史剧。全剧以侯方域、李香君的悲欢离合为主线，展现了明末南京的社会现实，同时也揭露了弘光政权衰亡的原因，歌颂了对国家忠贞不渝的民族英雄和底层百姓，展现了明朝遗民的亡国之痛。

六二、孔林碑刻：在礼敬与审美之间

孔林中碑碣林立，可谓名副其实的碑林。但是，孔林到底有多少碑刻呢？原来没有技术手段做到精准统计。到了 2011 年，曲阜文物部门再次组织人员，对孔林碑刻进行普查。采用卫星定位等现代科学方法，最终确定孔林共有碑刻 5572 块。

在孔林中，有不少书法大家留下的墨迹石刻。比如元代的赵孟頫，明代的严嵩、李东阳，清代的桂馥、孔尚任、翁方纲、阮元、何绍基和近代康有为的手书。

石马

孔林碑碣有宋代 25 块、元代 60 块、明代 581 块、清代 2647 块、民国 500 块、20 世纪五六十年代的 28 块、当代的 1490 块、年代不详的 231 块。同时发现附属石刻 1194 个，其中：石供案 795 个、牌坊 27 个、香炉 142 个、精美墓档 45 扇、望柱 39 个、石羊 32 个、翁仲 32 个、石虎 32 个、石马 32 个、烛台 10 个、石狮子 3 个、毛沙池 3 个、石龟 1 个、石鼓 1 个。从第五十九代衍圣公开始，墓前均雕有全套石仪，明代的八组，清代的十组，艺术精湛。

石羊

文人墨客的谒林诗文碑也有不少，大多在孔林的思堂墙壁上镶嵌着。比如宋代佚名的一首《留题圣林诗》：

> 灵光殿古生秋草，曲阜城荒噪晚鸦。
>
> 惟有孔林残照里，至今犹属仲尼家。

金代党怀英的《谒圣林》诗碑，原在孔林，后流落到兖州民间，明代永乐十二年（1414年）移回原处，成化二十一年（1485年）因碑残破不可读，孔子六十一代孙、袭封衍圣公孔弘泰请钱永德重书，后存孔庙西斋宿东墙，现存汉魏碑刻陈列馆。诗云：

> 鲁国遗踪堕渺茫，独余林庙压城荒。
>
> 梅梁分曙霞栖影，松牖回春驻日光。

老桧曾沾周雨露，断碑犹是汉文章。

不须更问传家久，泰岱参天汶泗长。

明代的诗碑较多。我们试举一例。山东巡按毕懋康《谒孔林》：

洙泗潆回两派分，泰山龙护素王坟。

传经已化三千士，执贽难逢七十君。

室筑空肠生蔓草，树连华表锁寒云。

高山仰止勤瞻拜，敬向春风荐鲁芹。

清代诗人施闰章的《子贡植楷》诗碑，在享殿后的手植楷东侧。诗云：

不辨何年植，残碑留至今。

共看独树影，犹见古人心。

阅历风霜尽，苍茫天地阴。

经过筑室处，千载一沾襟。

六三、洙水桥：洙泗乃文明之象征

　　曲阜尼山是孔子的出生地，阙里是孔子故宅所在，孔林是他的长眠之所，孔庙则是后世祭祀的神圣之地，孔府是孔子后世子孙们的住所。

　　我们一路走来，从孔子的出生讲到孔子的去世，讲到后世的纪念。孔子的人生经历是那么的丰富，他所见过的、所听过的、所说过的、所思考过的东西太多了，丰富的遗产并没有随着孔子的去世而烟消云散。他的思想、他的人格、他的魅力，通过教育和文明的薪火相传，以另一种形式延续下来。所以，只要读过孔子书的人，都会和孔子产生密切的关系。当然，这也就意味着孔子在后世中国、东亚和世界的影响，历久弥新！

　　我们穿过二林门，看到孔林之中，松柏林立。前行不远就是一座石板桥，架于小河之上。洙水上共建有三座桥，左右皆为平桥，除了这一座平板桥之外，在洙泗桥之西还有一座，分别称为"东平桥""西平桥"。我们不要急于前行，而要左转，沿着小河南边的这条辇路前行。

　　这条河虽然小，但是名气却很大。这条河，名叫洙水。

洙水

洙水最早见于《春秋》。《春秋·庄公九年》有"冬，浚洙"的记载。《汉书·地理志》首次对洙水源流作了简短记述："临乐子山，洙水所出，西北至盖入池水。"后世的记载，包括郦道元的《水经注》等，相互抵牾，众说纷纭。其实，据清乾隆年间孔继汾编纂的《阙里文献考》卷二九："洙水源在城东北五里，地名'五泉庄'，西流入林东墙水关，径圣墓前出西墙水关，又西流折而绕城西南，入于沂，以达泗。"其实，洙水曾经是鲁国的护城河。王剑先生的《鲁国故城考古遗址公园建设研究》一文中说："鲁国故城四面都有护城河，鲁城的南、西、北三面和东城南部，仍有河道存在。东城北部河道虽已淤塞，但河床遗迹仍然可见。鲁城的西、北两面利用洙水为护城河。今水东起鲁城东北角的'洙水源'，即五泉，沿鲁城北垣西流，经孔林南部，绕过鲁城西北角，又沿西墙南流，又绕过县城西南角，向南注入小沂河。"关于洙水的名字，著名历史学家王献唐先生《炎黄氏族文化考》认为，"曲阜为奄国旧壤，奄固炎族，南邻邾国，地有寿丘、东陬、西陬、中陬，又有洙水，洙水即邾水，以邾得名"。

孔宪庚先生《洙泗考》说："今曲阜县东北五里五泉庄北有明嘉靖时'浚复洙源'之碑，乾隆八年又浚之。"陈沅《曲阜林庙展谒记》则说："乾隆八年，至圣六十九代孙，户部广西清吏司主事继汾与其弟优贡生继涑，欲寻洙水经流古迹。至五泉庄北得古碑一，有'浚复洙河'四大字，无年月、款识。即其地掘之，得源泉混混然，后知古人曾有修复之，而故道终不可得，遂浚此泉以当之。"

洙水因为孔子的机缘，身份就不一样了，就像尼山一样。尼山并不高，但因为是孔

洙水春景

子出生地，就成了圣山。洙水，还有泗水，都是这样，孔子周游列国之后，回到洙水和泗水之间，建了讲堂进行讲学。今天城北的洙泗书院那个地方，就是从先圣讲堂的遗址建起来的。《礼记·檀弓上》：

> 曾子谓子夏曰："吾与尔事夫子于洙泗之间。"

《史记·鲁周公世家》记载太史公曰：

> 余闻孔子称曰："甚矣鲁道之衰也！洙泗之间龂龂如也。"

洙泗书院

所以，洙泗就成了儒学的代称，成了孔子的符号。康熙《过阙里诗》曾说："道统唐虞接，儒宗洙泗长。入门抚松柏，瞻拜肃冠裳。"一说"洙泗"，马上就想到孔子儒学，因此在南方，有很多说法，比如"南闽阙里""东南洙泗""潇湘洙泗""海滨邹鲁"，表示孔子的思想传到这里来了，这里有儒学的支脉。2021 年 10 月，我和业师杨朝明先生应邀去福建武夷山参加首届"武夷会讲"，夜游朱子故里五夫镇，那里有一座书院，门上有额，曰"洙泗心源"，观之大喜。洙泗在儒学历史上乃至在中国文化上颇具象征意义。比如，清代一位学者叫崔述，号东壁，很受近代疑古学派推崇，他的一部代表作就叫《洙泗考信录》，其实是一部考证孔子生平事迹的书籍。1956 年曲阜师范学院迁址曲阜后，当时的校长高赞非先生，是熊十力与梁漱溟先生的弟子，他曾题写过一副对联："犹有洙泗遗韵，更将众志成城。"来勉励全校师生，筚路蓝缕，建设一座崭新的高等学府。这几年，我自己主编的一本学术辑刊，也取名《洙泗》，无非要表达对孔子之道的传承。

我在《洙泗》卷首语中这样说道：

古人云："山不在高，有仙则名；水不在深，有龙则灵。"曲阜，小城也，然因孔子而名；尼山，小邱也，亦因夫子而圣。洙泗二水，非可与大江大河侪也，然因乎夫子设教而永享盛名。昔曾子语子夏："吾与女事夫子于洙泗之间。"兹后，洙泗寖假而为夫子统绪之代称，为中华文脉之象征也。遥想当年，夫子于此，杏坛弦歌，弟子三千，颜曾之徒，优入圣域；讲明六艺，人文化成，删述六经，垂宪后世。瞻望岱宗，鲁道荡荡；伏思周公，礼乐隆隆。

　　我们眼前，一座石坊立于桥头，此坊四柱三间，四柱均为冲天八棱式，下面各有石鼓抱柱，柱顶各有圆雕石兽辟邪，俗称"朝天吼"，独角披麟，仰天蹲座。明间额坊雕刻"洙水桥"三个正书大字，二次间均浅刻二龙戏珠，造型简朴庄重。此坊建于明嘉靖二年（1523年），在匾额的阴面，落款是"嘉靖二年衍圣公孔闻韶立"。而正面则刻有"大清雍正十年重修"的落款，其实是把原年款除掉后刻上的，有明显凿改痕迹。大家注意，一个是清雍正，一个是明嘉靖。这是怎么回事？据说是雍正年间，有官员奉旨来监修孔林，各项开支需要国家拨钱。为了多要预算，就会虚报，比如说洙水桥实际上没坏，但向上报告桥有损坏，把这多下来的预算中饱私囊。为了应付核验检查，他就把

洙水桥坊

洙水桥

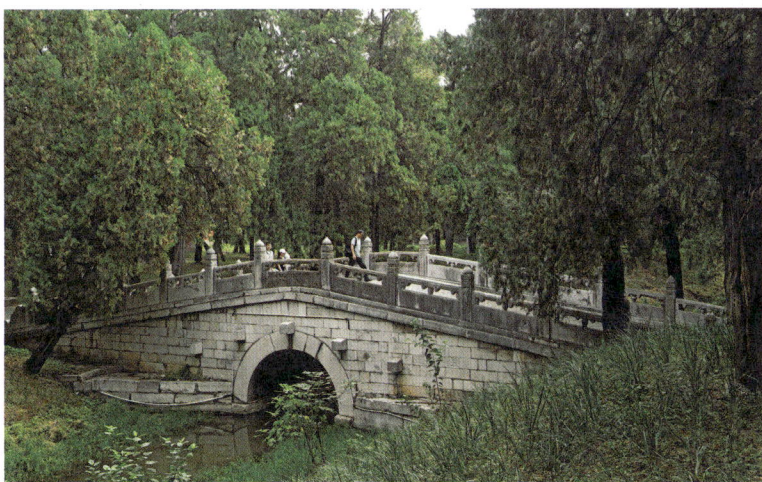

洙水桥侧影

落款磨去，重新换个落款而已。这个基本上可以作为清朝腐败的一个例证。西次间的石额枋和屋脊、石兽、边柱于 1951 年修复时已更换。

过坊即是洙水桥。明嘉靖《山东通志》载："洙水桥在曲阜县北四里孔林前，洙源久堙，嘉靖五年工部侍郎章拯浚修之，其流经孔林西南与沂水合。旧桥逼墓道，嘉靖十二年巡按御史方远宜用孔希暄议，改建南百余步，水势萦抱，视若称胜。"现存的桥就是明嘉靖十二年（1533 年）所改建的。桥为单孔石拱桥，长 24.2 米，桥台高 1.5 米，拱厚 0.5 米，桥面全宽 5.98 米。

修葺圣林记碑

大家跨过洙水桥，可见甬道两旁有若干通石碑，基本上都是疏浚洙水和修葺孔林的碑记。泗水是一条自然的河，比较大，而洙水是人工河，比较小，所以需要经常疏浚。到民国的时候还在疏浚。这一通残碑《修葺圣林记》。落款是民国十一年，也就是 1923 年，衍圣公孔德成所立。那个时候孔先生才 3 岁，但是他已经袭封衍圣公，所以就得以他的名义立碑。

大家仔细看，这是一块残碑，"文革"期间被砸断，后又修复。在右侧空隙上，还有两行字："丙辰八月谒圣林［殿寝残凋，黯然因思］耶路撒冷麦加之陵庄严，为感叹，而国人所捐修者，惟佛寺道观。越七年，[癸亥五月再谒圣林]则金碧璀璨，焕然一新。闻为孙稚筠太守捐金二万所修，吾因与孙[孙文正至交，乃叹孙氏之多]贤也，书此碑后，以风当世。南海康有为。"（方括号中文字乃据拓本补）丙辰年为1916年，康有为曾谒圣林，当时圣林破败，和耶路撒冷、麦加不可比拟。后经呼吁，有人捐款修葺圣林，焕然一新，1923年康有为再次谒圣林感慨系之，留下了这段文字。大家都知道，康有为是中国近代史上赫赫有名的人物，先是在1898年与梁启超等一起推动维新变法，最后失败逃亡。后来思想落伍，搞起孔教会。1913年，康有为和他的学生陈焕章与衍圣公孔令贻等在山东曲阜召开孔教会第一次全国大会。当时，康有为跟孔家关系非常密切。他曾经想推举孔令贻做孔教会会长，甚至想在曲阜建孔教大学，都没成功。当然，在曲阜建大学，这是一个梦想，康有为提出过，后来梁漱溟先生1924年也提出建"曲阜大学"的动议。只有到新中国成立之后，1955年在济南成立山东师范专科学校，然后1956年迁到曲阜，改名曲阜师范学院，在曲阜建大学的梦想才得以实现。这是题外话。

康有为是书法家，在中国近代书法史上也占有一席之地。他著有《广艺舟双楫》，继阮元、包世臣之后，再度极力标举碑学，将魏碑、北碑推到至高无上的位置。康有为的书法被称为"康体"，融篆隶于行楷，具古朴雅致之气。字体笔画平长，长撇大捺，转折处圆浑苍厚。大家到尼山孔庙，有一块"古昌平乡"碑，也是康有为的题字。

康有为是广东南海人，所以称南海康有为。由于他非常自负，有人称他为康圣人，他也乐于接受。陈寅恪先生曾经给清华国学院的毕业生题过一副对联："南海圣人再传弟子，大清皇帝同学少年。"

六四、甬道：趋近圣墓，肃然起敬

孔林的墓门，绿瓦悬山顶，建于高台之上，此门原建于东汉永寿三年（157 年），金代时位于今天的享殿处，永乐十二年（1414 年）改在此处重建，清代初期重修。台高 1.3 米，八级台阶，用以挡住视线，称为"挡墓门"，两侧为八字墙。门为三间，明间两扇朱漆大门，镶嵌着九纵九横 81 颗门钉。

墓门东侧，有一座院落，叫思堂，又名斋厅，是祭祀人员的斋戒、更衣之所，所以习称"更衣房"。此堂正厅三间，灰瓦悬山顶，前出廊，两侧各有厢房三间，西山有耳房一间，为司茶房。前有照壁和大门一间。大门灰瓦悬山顶，前有木刻垂花。院墙上镶嵌着宋、元、明、清历代谒林题记、题诗的石刻 39 块，其中有代表性的为宋代李清

思堂

照之父李格非、明代吴宽等人的题记。此堂始建于永寿三年，历代皆曾重修，但是规模很小。永乐十九年（1421年）第五十九代袭封衍圣公孔彦缙扩建，万历二十二年（1594年）、清道光二年（1822年）重修。

在思堂的东侧有一小院落，是后土祠。正屋三间，灰瓦硬山顶，内有神龛一座，供奉木质牌位："后土之神位"。再往东，又有一座院落，是神庖，是祭拜孔子所用祭品的制作场所，正门嵌石额上刻有"神庖"二字。

思堂记碑

孔林神庖大门

　　过了墓门就是孔子墓甬道。甬道两侧，松柏参天蔽日，有四对石仪整齐排列。这四对石仪是宋徽宗宣和年间所造，距今 900 多年了。最南边的是一对望柱，又称华表。华表北侧为一对石兽，呈蹲立状，名叫文豹，是石虎的一种变异。一般置于陵墓前，以示威严。后人为凸显孔子墓有别于其他陵墓神道前的石仪，故把石虎称之为"文豹"。据说它腋下可以生火，性格温顺。再往北一对石兽，名叫甪端，呈俯伏状，传说是一种瑞兽，已经被游客摸得锃光瓦亮。为什么要摸它呢？因为当地人说，它能够带来好运、福

甬道

文豹

甪端

报，"摸摸头，不发愁；摸摸腚，不生病"。这都是传说中的瑞兽。沈约《宋书·符瑞志》载："甪端日行万八千里，又晓四夷之语，圣主在位明达方外幽远，则奉书而至。"被视为识贤聪慧的神兽。

最北端是两个石人，叫翁仲。明彭大翼《山堂肆考》记载："翁仲姓阮，身长一丈二尺。少为县吏，为督邮所笞，叹曰：'人当如是耶？'遂入学究书史。秦始皇并天下，使翁仲将兵守临洮，声振匈奴，秦人以为瑞。翁仲死，遂铸铜像置咸阳司马门外。"这一记载显然出于后世的附会。

清翁仲

翁仲原为一个，后来为了对称又加了一个，于是区分为文翁仲和武翁仲，左为文，手持圭；右为武，手持剑。原是宋代所刻，雍正年间重刻了一对更高大的翁仲，便将宋代的那对翁仲移放于子思的墓前。

石仪作为石刻的一种，主要陈列于陵墓之前。石人用作墓主的守卫或侍从，石兽则象征吉祥并驱逐鬼怪，后世逐渐演变为墓主人生前地位的标志。大家如果去过各处的皇帝陵墓，就会看到从汉代以降的很多大型石仪。通过这样的布局，让每个走在甬道上的拜谒者，都能够凝神聚气，生发恭敬心，以毕恭毕敬的心态去祭拜孔子。

六五、享殿：教泽垂千古，泰山终未颓

在翁仲北侧便是一个小月台，上有一石质香炉，后面高台之上，是一座单檐黄瓦歇山顶建筑，面阔五间，前出廊，四根红漆檐柱，这是孔子墓的享殿。明弘治七年（1494年）孔子第六十一代孙、袭封衍圣公孔弘泰所建，万历二十二年（1594年）重修，清雍正九年（1731年）重修时改为黄色琉璃瓦，提升了规格。享殿是祭祀孔子时排摆香坛、宣读祭文的地方。殿前东侧有三间值班房。

享殿

殿内及廊下天花板贴金云龙，明间后柱间设屏门，屏门悬挂孔子像，前有供案，原来供奉有孔子的木主，前面摆放各类蔬果供品。东侧为雍正皇帝修孔林的"纶言碑"，西侧为乾隆皇帝的御制诗碑，四面刻着乾隆五次拜谒孔林的五首诗。其中一首是：

> 宫墙亲释奠，林墓此重来。
> 地辟天开处，泗南洙北隈。
> 春鸣仙乐鸟，冬绿石碑苔。
> 教泽垂千古，泰山终未颓。

乾隆的诗，水平一般。我们不做具体评论。这里的末句"泰山终未颓"说的是孔子临终的事。我们就穿越到两千五百年前，去了解一下孔子临终所彰显的理想与现实的张力。

公元前479年的4月11日，孔子与世长辞，享年73岁，后来的亚圣孟子活了84岁，所以，民间流传着这样一个说法："七十三、八十四，阎王不请自己去。"老百姓称之为"坎儿"。因为这是圣人的寿限，所以农村很多老人到73、84岁特别小心。我们很多老百姓不知道孔子、孟子是谁，也没读过孔孟的书，他实际上还是受到孔孟的影响。

孔子在去世之前见子贡说的最后一句话，据《孔子家语·终记解》记载是："夫明王不兴，则天下其孰能宗余？"《史记·孔子世家》记载是："天下无道久矣，莫能宗

享殿内景

予。"记载稍有不同，但意思一致。孔子这一辈子最大的理想是什么？"天下宗予"，就是指他的学说、思想能够为这个时代所尊崇、所尊用。按照他的道去做，社会就会好起来，天下就有救。这是孔子一生弘道的愿望和理想！

当我们认识到孔子临终遗言就是"天下无道久矣，莫能宗予"，我们就可以回过头来重温一下《论语》的首篇首章。这是最为大家所熟悉的孔子的话。

> 子曰：学而时习之，不亦说乎！有朋自远方来，不亦乐乎！人不知而不愠，不亦君子乎！

这三句话家喻户晓，读起来好像非常普通、非常平常，毫无玄妙之感，甚至很多人就以此来贬低孔子，认为孔子没有哲学，讲的只不过是道德的常识，所以很难吸引现代人的目光，提起现代人的兴味。确实，"子不语怪、力、乱、神"（《论语·述而》），孔子反对那种玄妙的言说方式，他总是用一种历史的眼光、道德的语言来表达自己的看法，所以非常平淡，不够刺激。但是，至乐无声！平平淡淡才是真！孔子的思想，"极高明而道中庸"（《中庸》）！而很多人意识不到这一点，读《论语》便轻轻放过，放弃了深思明辨的机会，那怎能真正把握孔子思想的精髓呢！对此，我的老师杨朝明先生曾经在《论语诠解》中提出了一个"新解"：

> 如果我的学说被时代（或社会）所行用，那不就太令人感到喜悦吗？退一步

说，如果时代没采用，可有人能够理解我的追求，赞同我的学说，或者从远方来与我一同讨论问题，不也很快乐吗？再退一步说，不但社会上没人能采用，甚至没有人能够理解我的学说，我也能够坦然面对，不愠不恼，正确对待，不也是一位有道德修养的君子吗？

"学而时习之"中的"学"并不是指"学习"，而是指"学说"。学，作动词用指"学习"，作名词用指"学说"等，这里应为后者，指思想主张，对社会、人生的总体认识。我们结合《论语》中有"士志于道"的句子，结合"志于学"的说法，可以明白"道"与"学"乃同位词。"时"也不应该解作"时常"或"按时"，而应理解为"时代"，也可引申为社会。"习"不应作"温习"讲，而应作实践、采用讲。这一章放在《论语》的首章，是有特殊意义的。这是孔子的感慨！孔子的最高理想就是"天下宗予"，"学而时习之"，但是这个理想离着现实太遥远了。那么退一步的话，孔子也希望能够和志同道合的人一起切磋学问、一起明道闻道。但是，孔子三千弟子，七十二贤，真正能够有求道之心、弘道之志的并不太多。关于这一点，我们可以看看在周游列国、陈蔡绝粮的时候，孔子对弟子们的观察和评判。

据《孔子家语·在厄》记载，周游列国期间，孔子一行曾在陈国与蔡国之间被困，绝粮七天。"外无所通，藜羹不充"，没有食物，连野菜也被吃光了，弟子们都饿得病倒了。而孔子呢？"愈慷慨讲诵，弦歌不衰。"在这种士气低迷的情况下，一个团队领袖的状态非常重要。如果孔子也趴下，起不来，那孔门此时就可能面临解散的危机。此时的孔子已经 61 岁了，弟子们中最大的就是子路，他比孔子小 9 岁，此时 52 岁。其他的弟子如颜子 31 岁，子贡 30 岁。孔子的状态是"愈慷慨"，比平时的状态还要好，强撑着也得表现出激情来！当然，孔子的内心世界确实强大，意志足够坚定！他还要一边弹琴，一边讲课。但是，他也发现人心不稳了。于是，他把岁数最大的子路叫过来，谈谈心，了解一下团队的心理状态，看看怎么做一下思想工作，鼓舞一下士气。孔子问子路，你对我们目前的处境，如何看待啊？结果，子路面带愠色，开始怀疑道路的正确性。"老师您的仁德、智慧还不够吧？为什么我们为善居然受厄？"孔子告诉他一串历史人物的命运，比如伯夷叔齐饿死首阳；王子比干、关龙逄、伍子胥都被自己的君主给杀了。结论是："君子博学深谋而不遇时者，众矣，何独丘哉？"孔子还讲了一个道理："夫遇不遇者，时也，贤不肖者，才也。……且芝兰生于深林，不以无人而不芳。君子修道立德，不为穷困而改节。为之者，人也；生死者，命也。"意思就是，一个人的处境和他的德行没有关系，好人不一定有好报。德行是自己的事，生死穷达是命运的事。一个人的价值不在于穷达，而在于内在的道德。所以君子不能为了改变外在的命运而放弃道德，改变气节。《论语·卫灵公》也记载了此时二人的对话片段：

> 在陈绝粮，从者病，莫能兴。子路愠见曰："君子亦有穷乎？"子曰："君子固穷，小人穷斯滥矣。"

其实就是对上面《孔子家语·在厄》一段对话的浓缩。每个人都会遇到困境，但是君子和小人面对困境时的反应是不同的。君子在困境中会坚守自我，守住底线，而小人则为了摆脱困境而放弃气节，突破底线。由这样一段对话可见，作为孔子最信赖的学生之一，子路都不能真正理解孔子。子路出去后，孔子又把子贡叫进来，问子贡怎么看待当下的形势。子贡的回答就有一定的深度，不再是简单地发牢骚了。他说：

> 夫子之道至大，故天下莫能容。夫子盍少贬焉？

由此可见，子贡认识到孔子之道的"大"，有道路自信。但是，面对理想与现实的矛盾，子贡作为一个现实主义者，他选择向现实妥协。我们没办法改变现实，那为何不适应现实呢？孔子一听，批评说："尔志不广矣，思不远矣。"我们只管保证我们道路的正确性，不要只把目光盯着能不能被世界所接纳。子贡出去了，又把颜回叫进来。孔子问了同样的问题，但是得到了不同的答案。颜渊怎么回答呢？他说：

> 夫子之道至大，天下莫能容。虽然，夫子推而行之，世不我用，有国者之丑也。夫子何病焉？不容然后见君子。

他和子贡一样都认识到孔子之道的"至大"，与子贡不同的是，他认为"世不我用"，没有君主采用我们的道，那是那些统治者的耻辱，我们为什么要发愁呢？正是因为在这乱世、浊世不被接纳，反而证明我们是不同流合污的君子啊。孔子一听，喜出望外！几乎失态地感慨说：

有是哉，颜氏之子。使尔多财，吾为尔宰。

你说得太好了！假如你们家是大富豪，我就去给你当管家去。这样的话，从孔子嘴里说出来，确实有点令人不敢置信。但是反过来，这就意味着孔子真的感到颜回是"知音"，知音难觅！这种"德不孤，必有邻"（《论语·里仁》）的欣喜，掩饰不住。这就说明，颜子是真正理解孔子的，孔子有颜子这样的弟子，应该很是欣慰！所以在孔子心目中，颜子一定是被看作衣钵传人的。但可惜的是，颜子居然先孔子而去世，白发人送黑发人，人间的剧痛莫过于此！所以，回到《论语》首章，你就会明白，"人不知"是一种怎样的孤寂、怎样的落寞！世界上真正理解自己的人走了，在这个世界上，再也没有人懂得自己！这和俞伯牙与钟子期的故事有点近似。所以，知音者去世了，弹琴者就摔了琴。但是孔子说，"人不知而不愠，不亦君子乎"（《论语·学而》）！最坏的结果就是，没有人理解自己，但是自己也不愠怒，而是保持内心的淡定，这是君子应该有的一种气度与气质！"穷则独善其身，达则兼善天下"（《孟子·尽心上》），孟子的这句话对儒家关于人生的状态及其态度做了精确的概括。独善其身，是不得已的状态。没办法，因为没有舞台，没有出路，但是我也能守住底线，坚守初心。一旦有条件，我就会积极行动起来，让世界因我的努力而变得更好！

理想很丰满，现实很骨感。孔子临终之前，肯定是有遗憾的，或者说是失望的。但是坚信"斯文在兹""天生德于予"的孔子，应该不会绝望。他清楚，自己的道，经过后来者的努力，也会一点点地变为现实。

确实，孔子没看见理想变为现实，没有看到"天下宗予"，带着遗憾走了。虽然孔子之后，儒分为八，一度出现分化，但弟子们没有放弃，子贡和他的同门不断去传播弘扬孔子思想。到了战国时期，孔子思想就成为"世之显学"，为越来越多的人所接受。甚至在秦代，尽管政治上以法家统治，但大家从《峄山刻石》等看，在社会层面、伦理层面，还是要遵行儒家的孝悌之类观念。汉代之后，儒学成了主流的官方学说，"天下宗孔"变成了现实，孔子儒学的影响就在政治、伦理、文化等各个层面扎根，越来越主流化，影响越来越大。两千多年来形成中华文化的主干，形成了东亚儒家文化圈的样态。当然，绝对的"至善"，绝对的"道"一定只是抽象的"理念"，有限的人类社会只能在这种绝对理念的指引下渐渐变好，理想永远在路上！

享殿还是革命文物。1950 年 10 月 29 日至 31 日，朱德总司令在享殿前召开了中国人民解放军第九兵团团级以上干部会议，会上朱总司令作了抗美援朝动员报告。会后不久，第九兵团即赴朝参战，战绩显赫。1977 年 12 月 22 日，山东省革命委员会将其公布为全省重点文物保护单位。

六六、子贡手植楷：最深厚的师生情

穿过享殿，是一座红墙围绕的独立墓园，这个小院是孔林的最核心区域——孔子墓区。但是正如大成殿不光祭祀孔子一样，孔子墓区也不光孔子一人，这里还埋葬着孔子的儿子、孔子的孙子，其实还有孔子的第四代孙。

享殿北侧的墓园东墙有一门，门的北侧有高台，台上有亭，亭呈方形，四面空透，四根红柱，不设墙栏，名为"楷亭"。亭内立着一块石碑，石碑上是一幅图画，虬龙似的枝干，刻在石头上。上面题字："楷图"，为清康熙五十一年（1712 年）刻。当时楷树已经枯死，故立碑绘图纪念。光绪八年（1882 年）楷木桩又遭雷击，仅存一段树桩。后世为了保护，将树桩用砖亭围起来。这座砖亭前立有一通碑，上书"子贡手植楷"五个红色大字。

子贡手植楷

子贡手植楷碑亭

正如孔庙大成门内的"先师手植桧"，这是"子贡手植楷"，是孔子的弟子子贡亲手栽植的楷树。楷树的"楷"在曲阜不读"凯"音，而是读"皆"音，也许是受方言的影响。我们都知道，书法上有一种"楷体""楷书"。但是"楷树"是什么，未必清楚。是不是跟我们经常使用的一个词"楷模"有关？历史上确实有这样的说法，孔子墓前的是楷树，周公墓前的是模树，楷模的连用与周公孔子密切相关。

北宋孙奕的《履斋示儿编》卷十三中说："孔子冢上生楷，周公冢上生模，故后世人以为楷模。"明人叶盛在《水东日记》中则记载云："吴正道，东隅人，明六书，许慎《说文解字》有不足者补之。临川吴文正公澄问曰：'楷模二字假借乎？'曰：'取义也。'曰：'何以取木为义？'曰：'昔模木生周公冢上，其叶春青夏赤秋白冬黑，以色得其正也。楷木生孔子冢上，其余枝疏而不屈，以质得其直也。若正与直，可为法则。况在周、孔之冢乎？'曰：'出何书？'曰：'出淮南王安《草木谱》。'"这种说法是靠不住的。

其实，楷的本义是法式，模的本义是范，楷模是从法式模范的本义引申出来的，与树无关。

那么，楷树是什么呢？北方不多见，南方则很常见，就是黄连木。传说，孔子去世后，弟子们带来各自家乡树种栽植在孔子墓周围。子贡经商，从南方带回了黄连木栽植在孔子墓周围。由于子贡的特殊身份和楷树在北方的罕见，故而"子贡手植楷"显得格外受人重视。如今，子贡手植楷的后代在孔林繁衍，至今还有许多宋代的楷树，巍然挺立，高耸入云。

子贡手植楷意味着什么？子贡是孔子最得意的弟子之一，我们瞻仰这一段近乎化石一样的楷树树桩时，一定心潮澎湃，久久不能平息。遥想当年，孔子和他的弟子们那是一种什么样的深情厚谊！孔子的去世，对于弟子们而言，又是一种什么样的打击？泰山崩塌、梁木摧折！弟子们将一株株来自家乡的树木环植在孔子墓周围，实际上是表达了学生对老师那种无比深厚的师生之情，对老师追思不已的情感，希望这些树木能够代替自己守护着长眠于此的老师，拱卫着夫子墓。

西晋郭义恭在《广志》中说："夫子没，弟子各持其乡土所宜木，人植一本于墓而去，冢上特多楷木。楷本出南海，今林中楷木最盛，间有因风摧折者，人或得之以为手板。"

由子贡手植楷，后来催生了曲阜的一项重要的工艺：楷雕。曲阜有三宝，即最重要的三种工艺品：孔庙碑帖、楷雕如意和尼山砚。楷雕的工艺，出现很早。据传说，当年子贡在守墓期间，曾经亲自用楷木雕刻了孔子夫妇的像。这一对雕像，在孔端友扈驾南行时带到了浙江衢州，20世纪80年代才重回孔府保存。20世纪二三十年代，鉴赏家余绍宋先生也对楷木圣像至为赞叹。

衢州市博物馆藏有一帧余绍宋亲笔题鉴的楷木像照片，其断言曰："今观两像，木理坚结，几化石质，而雕刻又极古朴浑穆，虽不敢必其出于子贡，要为汉以前人之制作，则无可疑。木质而能流存至今，世间更无其偶。"1934年，著名作家郁达夫先生在浙江衢州参观孔氏南宗家庙时，见过这一对楷雕像："楷木像藏在孔庙西首的一间楼上，像各高尺余，孔子是朝服执圭的一个坐像，元官夫人的也是一样的一个，但手中无圭。两像颜色苍黑，刻划遒劲，决不是近代人的刀势。据孔先生告诉我们的话，则这两像素来就说是出于端木子贡之手刻，宋南渡时由衍圣公孔端友抱负来衢，供在家庙的思鲁阁上，即以衢州后的年限来说，也已经有八九百年的历史了。孔子像的面貌，同一般的画像并不相同，两眼及鼻子很大，颧骨不十分高，须分三挂，下垂及拱起的手际，耳朵也比平常人大一点儿。孔子的一个圭，一挂须，及一只耳朵，已经损坏了，现在的系后人补刻嵌入的，刀法和刻纹，与原刻的一比，显得后人的笔势来得软弱。"(《烂柯纪梦》)当然，即便不是子贡亲手所刻，据专家鉴定，也是汉代之前的旧物。

衍圣公孔毓圻曾向康熙皇帝介绍说："楷木可为杖，又可为棋，其萌可为蔬，又可为茶，其瘿可为瓢……其子榨油，可为膏烛。"(《幸鲁盛典》卷十)可见楷树浑身是宝。由于楷木坚硬，"其干枝疏而不屈"，木质细，呈金黄色，故有"软黄金"和"南檀北楷"的美誉，是雕刻的上佳木料。故元代杨奂称"楷木以文为世所贵"(《东游记》)。清代时楷雕工艺渐臻完美，形成特有的艺术风格。咸丰年间曲阜就有徐、颜、李、孔四家从事楷雕业。曲阜楷雕的传统产品是楷木手杖和如意，是当年进贡的重要珍品。

《孔府档案》记载六十七代衍圣公孔毓圻向康熙皇帝进贡楷雕如意、寿杖、象棋等。光绪十七年（1891 年），山东巡抚张曜给慈禧太后的寿礼就是曲阜楷雕的一根寿杖和二柄如意。寿杖刻有百龙戏珠，玲珑细巧；如意刻八仙庆寿，群仙神态各异，栩栩如生，慈禧非常喜欢，称之为"绝技"。2008 年，曲阜楷木雕以其精湛、独特的雕刻艺术，深厚的文化内涵和寓意，入选第二批国家级非物质文化遗产名录。而楷树在曲阜仅于孔林中生长，现早已所剩无几，所以已经作为珍稀树木编号建档，严禁砍伐。为了解决楷雕的存续问题，曲阜市在石门山森林公园培育楷木树种，以期能改变楷雕缺乏原材料的现状。

在楷亭的北边，有一排三座方亭。南边两座都是黄色琉璃瓦，体量略大，北边的是绿色琉璃瓦，体量稍小。最南侧的为乾隆时的，中间为康熙时的，最北侧的为宋真宗祭孔而建，清代重建的。虽然方亭所建的时代不一样，但三个亭子具有同样的性质，是帝王在孔林祭孔时车驾停放、休息的地方，叫驻跸亭。当然，修的驻跸亭只是为了纪念皇帝前来祭孔，并不一定真是车驾驻跸。

宋真宗驻跸亭建于高台之上，绿瓦歇山顶，结构和清代驻跸亭一样。亭内立"宋真宗驻跸亭"碑。宋代始建，金代时位于二林门东，明代改在享殿甬道东侧，康熙年间移建于此处。

宋真宗驻跸亭

康熙驻跸亭

乾隆驻跸亭

康熙驻跸亭建在高台之上，黄瓦歇山顶，内立"圣祖仁皇帝驻跸亭"碑。康熙二十三年（1684年）皇帝在孔林祭拜孔子，衍圣公建亭以示荣光。乾隆年间重建。

乾隆驻跸亭，建于高台之上，黄色琉璃瓦，南面设门，北面为墙，东西设格窗。亭内北墙悬挂乾隆十三年的御制诗木牌。

六七、子思墓：述圣子思的历史地位

从三座驻跸亭西看，在甬道西侧的高台之上，是一座大墓。那是孔子的孙子、述圣子思子的墓冢。在其后方东侧是他的父亲、孔子之子伯鱼的墓，在其后方西侧是他的祖父孔子的墓。三个墓地的布局很特殊，叫"携子抱孙"。以孔子墓为中心，儿子的墓在他的左手边，孙子在他前侧如同在怀抱当中，所以叫携子抱孙。

我们在拜祭孔子之前，先去拜祭一下子思。子思名伋，是孔子的孙子。孔子的儿子伯鱼先孔子而去，对孔子是个打击。紧接着风烛残年的孔子，又失去了得意门生颜渊和子路，直呼："天丧予！天丧予！"（《论语·先进》）如果说，孔子晚年还有一丝慰藉的话，那就是还有子思在身边。在孔子去世时，据我考证，子思的年龄大概在八岁到十六岁之间，不能确定具体年龄。在孔子最后的几年中，年幼的子思陪伴在孔子身边，他的好学深思让孔子得以抚慰丧子失徒之痛。

在《孔丛子·记问》篇中记载：夫子闲居，喟然而叹。子思再拜，请曰："意子孙不修，将忝祖乎？羡尧舜之道，恨不及乎？"夫子曰："尔孺子安知吾志？"子思对曰："伋于进膳，亟闻夫子之教，其父析薪，其子弗克负荷，是谓不肖。伋每思之，所以大恐而不懈也。"夫子忻然笑曰："然乎？吾无忧矣。世不废业，其克昌乎！"

年幼的子思，非常早慧，他很明白孔子所叹、所忧，所言正中孔子下怀，让老夫子看到了希望，不仅是家族的希望，也有衣钵传承的希望。子思果然不凡，后来成为一代儒宗。不仅开创了思孟学派，在思想上推进和深化了儒学，而且强化了君子的阳刚之气和儒家以道抗势的人格气质。有一次鲁国国君鲁穆公问子思，什么样的臣子才能算是忠臣啊？子思斩钉截铁地回答："恒称其君之恶者为忠臣。"（郭店楚简《鲁穆公问子思》）总是指出君主的错误，批评君主的人才是忠臣。你看，子思的这一股凛然正气，多么豪迈！后来的孟子就受到子思的深刻影响。鲁穆公想与子思拉近关系，以友相待。子思不接受，论地位你是君，我是臣；但是论年龄和德行，我应该是师。这是何等的气魄！思孟这样的精神气质和孔子就有所不同，孔子是温文尔雅的，从容平淡的。

子思在思想上的贡献，就在于作《中庸》，这篇文章与《大学》被南宋的朱子一道从《礼记》里抽出来，与《论语》《孟子》合编为"四书"，成为宋以降科举考试的必读书，成为儒家经典。《中庸》所阐发的"中和""已发未发""诚明"等哲学问题，成为宋明理学的重要资源。子思被尊为"述圣"，《中庸》位列"四书"，成为儒家道统的核心一环。

子思墓被砖砌的矮花墙围起来，花墙内立着两块石碑。前面这一通碑比较高大，上面写着："沂国述圣公墓"，此碑是

子思墓

衍圣公孔彦缙所立。此碑后面还有一块"三世祖墓"的小碑，是金元之际孔子五十一代孙衍圣公孔元措所立。在墓碑前有明代的石供案，供案前有一个清雍正年间的石香炉。

　　墓前五六米处，有一对翁仲。就是刚刚我们讲到的宋代那一对，雍正嫌它们不够高大，就重雕了一对，放在享殿前的甬道上，这一对就被移到此处。但是，大家端详一下，其实这一对翁仲更生动。大家注意到没有？雍正那对是呆呆的，这两个表情更加温和，表情更加丰富，好像还在微笑，头颈微扭，视线侧视，神情鲜活，古朴淳厚。

子思墓前宋翁仲

六八、伯鱼墓：尴尬并幸福着

从子思墓台下来，继续北行，在甬道尽头是一座墓，有一通石碑，上面赫然写着："泗水候墓"。泗水候就是孔子的儿子、子思的父亲——孔鲤，字伯鱼。后还有一座小碑"二世祖墓"，也是孔元措所立。

伯鱼的身份有点尴尬，但又很幸福。何以言之呢？大家刚刚看到，子思的墓碑上写的是"沂国述圣公"，孔子的墓碑上写的是"大成至圣文宣王"，一个公爵，一个王爵。但是伯鱼的墓碑上写的是"泗水候"，是个侯爵。和父亲和儿子相比，他逊色很多。当

伯鱼墓

然，不管是公是侯还是王，这都不是他们生前就有的，而是死后若干年追封而来的。

伯鱼的一生寂寂无名，没有什么建树。他之所以能封泗水侯，还是因为他是孔子的儿子，跟他父亲沾光。孔鲤在《论语》当中出现的次数不多，基本上都是孔子让他去学《诗》，可以看出孔鲤学习的主动性比较差，不是一个好学生。他后来没有太大成就，也在情理之中。很多人觉得，这么厉害的爸爸，怎么没教出一个厉害的儿子呢？其实，不是所有人都能成为圣贤，如果能够做一个平凡人，未尝不是一种人生际遇。可能伯鱼就比较平凡，但是平凡也有平凡的幸福和乐趣。

我听导游经常讲一个故事，来形容伯鱼尴尬的地位。孔鲤有一天给孔子说："汝子不如吾子！"意思就是说："爸爸，你儿子不如我儿子。"孔子的儿子是他，他的儿子是子思。他不说自己不行，他说你儿子不如我儿子。伯鱼反过来又对子思说："汝父不如吾父！"意思是说：儿啊，你爸爸不如我爸爸。这当然是后人编排的。不过，从中我倒是觉得悟出一点人生哲理：我们很多人这一生是平凡的，但都把希望寄托给孩子，孩子只要超过我，我觉得作为父母也很荣光，我平凡一点又有什么不行呢？做一个平凡的人，同时又有这样优秀的人做爸爸做儿子，那何尝不是一种幸福？很多人都觉得伯鱼不够优秀，我倒觉得他很幸福呢。

六九、孔子墓：永远活着的文化巨人

在伯鱼墓西侧，就是孔林最核心的地方——孔子墓。

这座墓冢封土东西约 30 米，南北约 28 米，高 5 米，四周围以矮墙。墙内正南方有两通石碑。最前面的是高大的墓碑，碑首雕刻，乃"明碑中之上乘"（刘敦桢先生语），碑阳刻明代大书法家黄养正所书的篆体大字"大成至圣文宣王墓"，碑阴书"奉政大夫修正庶尹礼部郎中赐食三品禄直文渊阁永嘉黄养正书"。该碑是明正统年间孔彦缙所立。后面是小碑，上书"宣圣墓"，为元太宗十五年（1243 年）孔元措所立。碑前有高大的石质供案，将"王"的最下面那一横挡住了。石供案是明代所雕刻，石香炉是雍正十年所制作。墓前的石台原为汉代所建，唐代改用泰山封禅石筑砌，清代进行了扩大。

公元前 479 年 4 月 11 日，孔子去世，他的儿子伯鱼已先他而走了，大概伯鱼已经埋葬在这个地方了，孔子去世之后，他的孙子子思年龄不大。孔子有很多弟子，对老师充满了无限的敬仰和尊重。孔子去世之后，弟子们商量怎么给老师办丧礼。中国古人认为，人死之后，丧礼和葬礼是非常非常重要的。

在孔子之前，没有"师生"这一个伦理关系，学生给老师治丧没有先例，只能创造新礼。子贡说，当年颜渊和子路去世的时候，孔子就像给儿子办丧事一样给颜渊和子路办丧事。也就是说，在孔子心目中，学生就是自己的孩子。"若丧其子"，但是，毕竟有不同，所以不穿"丧服"。所以，现在老师去世了，我们应该视夫子如父，把孔子当

孔子墓

父亲一样，按对待父亲去世的礼制去给孔子服丧。但还要变通，毕竟师生之间没有血缘关系。怎么办呢？不穿丧服，叫"服心丧"。儿子为父亲服丧是三年之丧，实际是25个月。三年之丧，儿子要穿丧服的。孔子的学生为老师服丧不穿丧服，但是保存心里的那种悲痛，还要守墓三年。从此也就确立了师生一伦在中国伦理社会的基本地位和模式。中国人常说，师徒如父子，这种关系就开创于孔门。

孔子的学生将孔子"葬于鲁城北泗水上，藏入地不及泉。而封为偃斧之形，高四尺，树松柏为志焉"。办理完丧事之后，孔子的这一群弟子们，"皆家于墓，行心丧之礼"（《孔子家语·终记解》），大家遥想当年，在孔子墓冢周围，孔子弟子们住在这里，日夜陪伴夫子，思念夫子，足以动人于千载之下。

从孔子去世再到子思去世，这个家族的长眠之所就在此地固定下来。随着孔子地位的提升，孔子的后代陆续都在此安葬，成为一个日益庞大的墓区，成为世界上最大的私人家族墓地。而这一切的源头都是孔子。

后人不仅到孔庙祭祀，还要来孔林祭拜。我们今天来到孔子墓前，当然也不能失礼，我们应该怀着一颗恭敬之心，向至圣先师孔子行四拜礼！当我们躬身施礼的时候，我们的心灵也变得因懂得感恩、尊敬而更加高贵！

七〇、子贡庐墓处：千古悠悠师生情

我们刚才礼敬了先师。我们的礼敬实际上是有传统的：孔子健在的时候，他的弟子们对孔子就充满了敬仰之意，用孟子的话来讲，就是"中心悦而诚服"（《孟子·公孙丑上》），用颜渊的话来讲就是"仰之弥高，钻之弥坚"（《论语·子罕》）。后世，随着孔子地位的提升，越来越多的帝王将相、文人学士来到这里，拜谒孔子，向孔子致敬。

司马迁说："弟子及鲁人往从冢而家者百有余室，因命曰孔里。鲁世世相传以岁时奉祠孔子冢，而诸儒亦讲礼乡饮大射于孔子冢。孔子冢大一顷。……诸侯卿相至，常先谒然后从政。"（《史记·孔子世家》）

这就是文化的力量，思想的力量，人格的力量！还是司马迁说得好："天下君王至于贤人众矣，当时则荣，没则已焉。孔子布衣，传十余世，学者宗之。"（《史记·孔子世家》）无权无势的孔子，之所以在之后的两千多年，受到无数人的推崇和礼敬，是他的思想与人格魅力使然！

大家站在孔子墓前，看到西侧有一高约半米的平台，上面建有一座灰瓦硬山顶的建筑，面阔三间，坐西朝东，明间设门，次间设窗。屋前立有一通石碑，上书"子贡庐墓处"五个字。这是康熙年间为了纪念子贡在此为孔子守墓六年而建的纪念性建筑。

《史记·孔子世家》记载说："三年心丧毕，相诀而去，则哭，各复尽哀；或复留。唯子赣庐于冢上，凡六年，然后去。"

子贡庐墓处

　　弟子们为老师守墓三年，已经破天荒了。而子贡服丧六年，所以才会为后世所赞叹！这说明子贡与孔子的师生关系"弥笃弥深"，非同寻常！当然，如果这个时候颜渊和子路健在的话，也会同子贡一样。

　　颜渊、子贡和子路，这三个人在孔门是比较特殊的，孔子对这三位格外看重。

　　孔子曾经说过："吾有四友焉：自吾得回也，门人加亲，是非胥附乎？自吾得赐也，远方之士日至，是非奔辏乎？自吾得师也，前有光后有辉，是非先后乎？自吾得由也，恶言不至于门，是非御侮乎？"（《孔丛子·论书》）

孔子说他有四友：颜子、子贡、子张和子路。他以为，子张年龄太小，和颜子、子贡和子路不在一个档次上。所以，把他们三位称之为"孔门三杰"。第一个是颜子，颜回的特征可以用"仁"来概括。第二个是子路，子路可以用"勇"来概括。第三个就是子贡，子贡可以用"智"来代表。儒家讲"三达德"，最重要的三个德性，就是仁、智、勇。孔子说："知者不惑，仁者不忧，勇者不惧。"（《论语·子罕》）孔子当然兼具三达德，孔门三杰各在一个方面表现突出。

当然，颜子更全面一些。孔子曾经问过子贡："汝与回孰愈？"你和颜回比，谁更厉害？子贡很聪明，他自己也觉得自己很聪明，但子贡唯一佩服的同门就是颜回，他回复说："赐也何敢望回？"我怎么能跟颜回比？"回也闻一以知十，赐也闻一以知二。"颜回能做到闻一知十，我仅仅是闻一知二。孔子也赞同子贡的认识："吾与汝弗如也。"（《论语·公冶长》）你是不如他。

当然，我们今天要重点讲一讲子贡。2021 年 6 月 15 日，中央电视台播出《典籍里的中国》第五期，主题是《论语》。我曾经参与过前期剧本的审阅。导演编排情景剧中的主角就是子贡，用子贡串起整部剧。这是一个非常有眼光的安排。子贡非常了不起！如果把颜回称之为理想主义者，那么子贡就是个现实主义者。他真正能够解决问题，孔子周游列国的经费，据说都是子贡提供的。子贡是当时最厉害的大商人。我们都知道陶朱公范蠡，司马迁写《货殖列传》，把范蠡排到第一个。子贡也在这个列传之中。

子赣既学于仲尼，退而仕于卫，废著鬻财于曹、鲁之间。七十子之徒，赐最为饶益。原宪不厌糟糠，匿于穷巷。子贡结驷连骑，束帛之币以聘享诸侯，所至，国君无不分庭与之抗礼。夫使孔子名布扬于天下者，子贡先后之也。此所谓得势而益彰者乎？

有一个成语"分庭抗礼"，就与子贡有关。子贡到了吴国、越国，两国的国君要接见他并要好好地招待。中国古代重农抑商，商人地位不高，别看是一介商人，但是子贡靠他的影响力赢得了尊重。

子贡的成功当然不仅源于天赋，还和孔子有关。子贡之所以能够那么优秀，是和孔子的栽培、教育有关的。子贡拜孔子为师，是慕名前来。

子贡对孔子的认知是一个变化的过程。子贡很聪明，聪明人的缺点是有傲气，目中无人，所以他一开始并没有感到孔子的厉害。据《论衡·讲瑞》载："子贡事孔子一年，自谓过孔子；二年，自谓与孔子同；三年，自知不及孔子。当一年二年之时，未知孔子圣也，三年之后，然乃知之。"他初见孔子之后感觉有点失望，和传说中的孔子不一样，上"大一"的时候觉得孔子不如自己，刚上学一看老师怎么这么迂腐，还不如自己。到了"大二"的时候，觉得老师赶上自己了。但是到了"大三"，真正学进去后，发现自己和孔子的差距越来越大。当子贡对孔子有了深入理解之后，他对孔子之赞美与推许简直到了无以复加的地步。他以其影响力，为孔子学说的推广与孔门的扩大做出了贡献。

《论语·子张》记载了几则故事，如他说："仲尼不可毁也。他人之贤者，丘陵也，犹可逾也；仲尼，日月也，无得而逾焉。""夫子之不可及也，犹天之不可阶而升也。"他将孔子思想学说比喻为"数仞宫墙"。在《论语·子罕》篇，还有子贡对孔子为圣人的评价："固天纵之将圣，又多能也。"以子贡在当时的影响力，对孔子学说如此推崇，自然十分有利于孔子思想的广泛传播，儒学之日益强大也应与其有关系。正如司马迁所说："夫使孔子名布扬于天下者，子贡先后之也。"（《史记·货殖列传》）

子贡对老师的情感确实不一样。有一个例子。孔子晚年养的一条狗去世了，要埋了，就让子贡去埋。让子贡干这样的活，说明他和这个学生很亲近。司马迁为我们记载孔子去世之前七天的场景，主人公除了孔子之外就是子贡。孔子去世之前七天，已经病得不行了，他早晨起来，在门口背着手拄着拐杖，在那儿唱道："泰山其颓乎！梁木其坏乎！哲人其萎乎！"（《孔子家语·终记解》）听到这悲婉的歌声，子贡闻声而至。看到心爱的弟子，孔子发出了酸楚的慨叹："赐啊！你怎么才来啊！"孔子接着说："我昨天晚上做了个梦，梦见我在两楹之间。我是个殷人，殷人去世以后停灵就这么停。我大概快要去世了吧。"果然，七天之后，孔子就去世了。

七一、孔林沉思：孔子遗产与文明开新

孔子留下了宝贵的思想文化遗产，他站在当时历史的制高点上，深刻反思历史，思索现实，形成了系统的思想学说。孔子心中有一片圣洁的天地，他孜孜以求的是天下为公，讲信修睦，奸谋闭而不兴，盗窃乱贼不作。为此，孔子十分关注社会与自然，更关注人心与人生，他主张从调适自我、完善人格出发，以和睦家庭，均衡社会，平治天下。孔子有克己成仁、忍辱载道的气质，有融合百家、会通兼容的气度。他希望人们明德向善，仁爱和谐，修己安人，提升境界，达至天人合一，物我共益，以位天地，以育万物。

孔子创立的儒学体大思精，作为一种思想与实践兼顾之学，在两千五百多年的时间里，深刻影响着中国、东亚，甚至远播欧美，对全人类已经产生广泛的影响，这种影响在可预见的将来将会越来越大。

儒家主张天人合一，民胞物与。今天我们已经尴尬地看到，随着人类对自然资源的肆意掠夺和疯狂攫取，人类也正在遭受大自然的报复。生态危机、环境污染、自然灾害、瘟疫流行、资源枯竭，长此以往，地球将何以堪？只有我们与自然和谐相处，呵护珍惜，合理利用，方能延续我们这个不堪重负的地球对人类的承载。

儒家提倡以人为本，仁者爱人。这种宝贵的理念可以应对科学至上主义、消费主义带来的人的异化，纾解现代人的焦虑与困惑。儒学关注人的生命价值，提升人的道德境界，当我们把内心深处的爱从自己的亲人向外扩充、推广，爱心弥漫开来，让爱充满世界，洋溢全球，人类将会减少多少对抗和冲突啊！

孔林鸟瞰图

儒家倡导和而不同，求同存异。世界本来就丰富多彩，人类的文化亦是多元共存。然而基于历史的原因，不同肤色、不同种族、不同信仰、不同国度的人们却易发生冲突。这种悲剧在今天的世界上依然不断上演，令人扼腕和忧虑！众所周知，单一的音符奏不出悦耳动听的音乐，单一的色彩绘不成赏心悦目的图画，单一的文化和宗教也将使这个世界变得单调和乏味，不再有魅力。经济的全球化绝不意味着文化的一体化、同质化。因此，学会尊重他人，尊重异己的文化和宗教，学会对话，不同文化和宗教背景的人得以相互交流，互利共赢，这个世界才会更加美好，更加富有魅力！

儒家强调开放包容，与时俱进。如今，人类正借助科技的力量迅速改变着这个世界，改变着我们的生活。时代的发展，社会的变迁，需要解决的新问题也不断涌现，挑战着当下人们的智慧。儒学绝不是僵化的，她总是随着时代的变迁而更新。全球化时代，儒学将面向人类的问题而思考；儒学绝不是封闭的，她总是不断学习和借鉴不同文化、不同流派的思想成果。海纳百川，有容乃大。新的时代，古老的儒学也将立足人类所面临的问题，以全球性的视野进行思考，与世界上所有的优秀思想相互学习，以丰富和完善自我，焕发无穷的生机与活力。

回顾历史，我们发现，儒学的每一次发展，都与当时社会的变革、民族的命运休戚相关。自从孔子开始，儒家的知识分子就形成了"先天下之忧而忧，后天下之乐而乐"的淑世精神、入世传统。因此，每当社会发生变革，儒家知识分子就会勇于担起时代赋予的神圣使命，关心社会问题，思考解决途径，构建新的适应时代的学说和理论，以求对深陷困境与危机的人生与社会指点迷津、贡献智慧。今天，地球变得越来越小，人类的命运越来越荣辱与共、风雨同舟，儒学也将再次以心系天下的胸襟迎接挑战。如今，儒学正逐渐得到全世界有识之士的认可和赞誉，人们在东方文化中，在历久弥新的儒家思想中，受到缓解现代危机的启迪，获得走出人类困境的灵感。

"问渠那得清如许，为有源头活水来。"（朱熹《观书有感》）从轴心时代走来的孔子儒学，是此后两千多年中国文化的"源头活水"。许多贤达俊彦已经意识到，只要我们放下现代人的虚骄和狂妄，平心静气并抱着一定的温情与敬意，回望遥远的古代贤哲——不管是孔子，还是苏格拉底——这些人类思想范式的创造者，他们总会毫不吝啬地回馈给我们智慧的灵光。对于中国而言，以孔子儒学为代表的优秀传统文化，必将成为新时代的新文化新思想的肥沃土壤和不竭源泉。对于世界而言，孔子的智慧也将提供一种不可多得的新鲜色彩和别样音符，这种不同的文化和思想，将有利于全球化时代多元文化的良性发展。

中国的发展需要儒学，世界的发展也需要儒学。

儒学属于中国，儒学也属于全世界。

那么，未来儒学还有没有生命力，儒学还能不能给中华民族甚至整个人类带来更多的现实的智慧指引，这需要今天的思想家们、学者们去努力进行创造性转化和创新性发展。但是我们一定要把这个根脉留住，通过对历史和经典的重温，汲取其中的智慧，我们才能加满油、往前走。

七二、走出三孔：学不可以已

当我们走出三孔的时候，现场教学便暂告一段落。但我相信，各位的传统文化学习、经典学习，不会停止。荀子说："学不可以已。"（《荀子·劝学》）人类之所以需要教育、读书，便是因为它们能给人的成长、社会的进步提供必要的知识和思想。人类文化系统大体可分科学与人文两部分。科学面对自然与社会，研究真知，提供知识和方案；人文面对超自然与生命，探究美善，提供意义和智慧。

文化有变有常，二者相辅相成。有常无变，人类就会故步自封，缺乏创新，走向灭亡。有变无常，人类就会手足无措，六神无主，走向崩溃。科学主变，人文守常。自"变"者而言，现代科学日新月异，更新换代极为频繁。这就决定了现代人的知识结构主要是现代知识，而不应该是古代知识。然而自"常"的一面看，人文永在，价值永恒，经典、国学、传统文化的人文价值不会消失。这也就是为何全世界还在读《理想国》，读《圣经》，读《论语》《老子》，却无须再读哥白尼的《天体运行论》之类的自然科学经典。

文化有实有虚，二者互补互融。科学之用，乃有用之用，是实用，尽人皆知。人文之用，乃无用之用，为虚用，常为人所轻忽。其实，缺乏科学，人类固不足以生存发展，然若缺乏对生命意义与人格世界的思考与建构，人也会堕落沉沦，或如行尸走肉，或如生禽猛兽，生命质量大大降低，俗话所谓"白活了"。

我常说，中华文明是一种"学习型文明"，中国人不习惯靠着宗教的救赎，而是靠

宋立林"三孔"讲学

自身不断学习不断努力改变自己的命运，完善自己的生命，建设自己的家园。古人对宇宙、人生的终极思考，为人类搭建了基本的价值框架，提供了意义的范式，超越时空，是人文之水的不竭源泉。这文明慧命，如同大江大河，"原泉混混，不舍昼夜，盈科而后进"（《孟子·离娄下》）。它贮存在经典及其历代注疏间，蕴含在文学艺术经典及其历代解读中，体现在历代史书所记载的古圣先贤、英雄烈士的行事及其民间演义里。当我们阅读四书五经，吟诵唐诗宋词，欣赏书画珍品，畅游文化胜迹之时，恰似穿越时空的阻隔，与古圣先贤展开心灵的对话。这种古今感通，扩展的是自我生命的广度，增强的是自我性情的密度，提升的是自我审美的品位。

儒学乃"修己安人"之学，在历史上形成了一套全面安顿人间秩序的学说体系。虽思及于天人之际，事涉乎世间万物，然其所关注的核心在"人"。在一定意义上说，儒学是生命的学问。这一传统奠基于孔子和孔门弟子。孔子之学阐释了人生的价值与意义，呈现出一种价值与意义的信仰，而孔子的一生恰恰是其生命价值学说、意义信仰的践履过程。在他漫长的一生中，生命已经化作了学问，而学问也已化作生命。正如黄克剑先生在《由命而道：先秦诸子十讲》中所赞誉的那样，他的生命情调是他的学说的最直观也最浑全的展露。确实如此，孔子是一位生命在场的圣哲。孔子用生命展现了一个理想的人格形态，为儒家树立了人格典范。

孔子所开创的儒学思想，不同于西方那种以知识理论形态呈现的哲学体系，从本质上讲它是一种归本于人的身心性命、人格完善的实践智慧，这就决定了儒学的践履工夫和哲理诠释必然是统一的。明儒有"即工夫即本体"的话头，其所强调的就是道德践履工夫与超越的道德价值的不二而一。孔子的生命的学问亦可以用"为己之学"来概括。所谓"为己"，就是"己"的发展与转化。美德的培养和精神的修炼，都是以"成己"为宗旨的。因此，这毫无疑问地可以昭示儒家之学的特点，那就是偏重实践，以实践为落脚点，而这个实践的中心则是个人也就是"己"这个主体的心性修养、道德养成和人格提升。这就决定了孔子之教，并不仅仅是知识的传授，不是专门人才的培养。孔子所谓"君子不器"（《论语·为政》），正是面向一个全面敞开的人格，期待个体的全面的非功利性人格的确立，从而使个体生命获得完善与健全。

孔子给我们树立了为人、为学、为师的典范和榜样。他虽然已经离开这个世界2500多年，但是他的生命好像又是永垂不朽的。我们在孔子身上可以找到那个完美的自己、可能的自己，如何找到呢？答案是"学不可以已"。

我相信，"万仞宫墙"一旦"得其门而入"，您就会因为发现了"宫室之美，百官之富"（《论语·子张》）而流连忘返！我希望，今天的"三孔现场教学"能够给各位这样一种契机，找到那个穿越孔子与儒家文化"万仞宫墙"的"门径"，在欣赏了这历史悠久、内蕴丰厚的历史文化遗产之后，很自觉地拿起书本，很愉悦地阅读经典，把读书、思考与工作、生活结合起来，带着工作和生活的困惑去学习思考，带着学习的心得去反观工作与生活，"日知其所亡，月无忘其所能"（《论语·子张》），日积月累，层层升华，我们终会有"脱胎换骨"的那一天。那一天，我们的生命才是自觉而自由的，才是真切而活泼泼的，因而也才是有意义的。

当然，将来我还会带领大家去领略曲阜和邹城的魅力。因为，曲阜除了"三孔"之外，还有寿丘、少昊陵、周公庙、鲁国考古遗址公园、尼山、颜庙、舞雩坛、孟母林、汉鲁王墓等等，邹城也有孟庙、孟府和孟林、明鲁王墓等等，这些都是蕴藏丰厚历史文化信息的珍贵遗产。您动心了吗？

后记

"三孔"是驰名中外的儒学"圣域",也是我的精神家园。记得 2005 年左右,辅仁大学的丁原植先生在敝院给我们研究生做讲座。他以极其诚挚的口吻说,真羡慕孔院的学子,天天都可以步行到孔庙,亲近孔夫子。若干年后,佛光大学李纪祥老师在孔子研究院的讲演中带着信徒般的深情多次谈及"圣域"一词,坐在台下的我"如触电然"。我的生命不正是因这片圣域而获得能量、获得价值吗?于是,发愿要守护这片"圣域"。

这部书稿之所以取名"与孔子相遇",不仅是想借此真实地表明我对"三孔"何以有如此之深情,更是希望读者和我一样,能够通过游走三孔,"与孔子相遇",真正走进中华文化的殿堂。

我"与孔子相遇"是在 21 年前。其实,早在 28 年前,因为喜欢历史,在历史课老师李春秋先生的指导下,1996 年我高考第一志愿报了曲阜师范大学历史系。李老师说,曲师历史系在山东省名列前茅。那个时候,我不仅对曲阜茫然无知,即便对孔子也只是记住了几个概念,并不知晓他在人类文明史上的地位,也意识不到自己的生命会"与孔子相遇",把研究、践行孔子儒学当作我的志业。在秋雨蒙蒙中,我来到这座小城,开启了真正的读书生涯。大一时,我们宿舍与女生宿舍联谊共游"三孔",遗憾的是我并未参加。"三孔"于我而言,是个尚待探究的神秘存在。那时,尚没有今天这样的优惠政策,即驻曲高校大学生可以免费游"三孔"。尽管那时孔庙门票不过 15 元,孔府 12 元,孔林 8 元,但 35 元的门票消费于我而言还是有点奢侈。大概到了大三,因为有高中同学来曲阜玩,我才硬着头皮陪着去看了一遭儿。尽管那时已经上过中文系邓承奇老师的《论语》选读课,但我当时并未萌发学儒学的念头。所以,"三孔"一日游,也没给我留下深刻的印象。大学毕业,回到老家夏津一中做教书匠。那时候我心心念念要考研究生,目标是清华大学思想文化研究所,打算研究中国思想史,尤其是禅宗与道家文化。结果考了两次，都以失败而告终。2003 年，我调剂回到母校的孔子文化学院，追随杨师朝明先生读书，主攻先秦儒学。这是我"与孔子相遇"的真正起点。因为杨师对儒学的执着深刻影响到了我，所以我才有了"性喜庄禅而皈依孔孟"的人生转折。在读书思考日渐深入的情况下，我对孔子的崇敬之情也与日俱增。除了课堂的听课、自习室的阅读，实地考察体验儒家文化更是不可或缺。那时候，杨师赠给我们每位弟子一本他写的图文并茂的小册子——《游访孔庙孔府孔林：东方的文化圣地》（上海古籍出版社 2004 年版），这本书也成为我系统了解"三孔"的基础读本。我不仅认真地阅读，甚至默默地背诵，以作导游"三孔"的不时之需。2006 年留校后，游访"三孔"便成了家常便饭。单位的嘉宾贵客、师友的亲朋至交来曲阜游玩，想深入了解"三孔"和儒家文化，原来都是请杨师出山，后来杨师事务太多，便找到我去讲解。一来二去，名声在外，有时候应接不暇。不过，我乐此不疲，从来不觉得是一件苦差事，算是接过了讲解"三孔"的接力棒。走得勤了、多了，对"三孔"的一砖一瓦、一草一木、一碑一碣、一阁一坊、一匾一联，都有了真切感知和深刻认识。加上我在"三孔"的讲解永远带着深情，颇能感染人、感动人，"听众"们不吝赞许，对我鼓励有加，更鞭策自己加倍努力，争取每次讲解都有新知识、新认识。

全面系统地讲解"三孔"成为"工作"，缘于 2018 年优秀传统文化教育中心的成立。2018 年暑假，我受命参与山东省教师传统文化教育基地曲阜师范大学优秀传统文化教育中心的组建，并承接省内传统文化骨干教师培训。我在和范兆东主任、孙国庆副主任等商定培训方案时，特意强调了"三孔"现场教学的特殊意义。大家一致同意将"三孔"现场教学列为中心的特色和优势项目。作为分管教学的副主任，我自然而然肩负起这一工作。首先，我在搜集各种"三孔"相关资料基础上，形成一个完整的"三孔"现场教学内容体系。然后，召集同门魏衍华、房伟、陈岳、刘昭等几位师弟，完整地听我讲一遍，由他们提出完善的意见和建议，以便再提升。不过，我那时并未形成文稿。不过，随着阅读的文献、掌握的典故越来越多，讲解也越来越丰富，可以根据时间需要来伸缩。

2020年，由于特殊原因，现场教学无法开展，但我们不忍放弃这一特色项目，于是决定在网络进行云端现场教学。我们聘请了邹城融媒体前来录制，多个摄影师多机位录了整整一天，视频长达八个多小时，剪辑之后尚有七个小时的时长。由于我在朋友圈不断地"显摆"，被山东教育出版社的周红心主任看到，与我商讨是否可以把视频整理成书出版。我自然乐意，于是愉快地敲定了出版计划。随后请融媒体的朋友，在为视频所配字幕的基础上，整理出一份文字稿。我在此基础上进行一番增删和润色，删去过于口语化的表述，但尽量保留现场感。然后分出章节层次，并拟定小标题，恰好凑成"七十二"之数。同时我邀请"我的大学"摄影工作室董少伟兄帮忙拍摄相关"三孔"照片作为配图。2021年春天出版社排出了一稿，后因我去喀什大学负责国学院建设，耽误了一段时间。7月我借调到尼山世界儒学中心文献期刊部工作，便借在济南的便利专程到出版社商讨版式问题，重点研究插图的排版。后来，因为工作头绪繁多，精力分散，一时顾不上安心思考修改问题。2023年又托人设计了一版，依然不能令人满意。最后还是决定在原版基础上修改完善。今年春夏，我请董少伟兄补拍了若干"三孔"的照片，并在版式上与红心主任进行沟通，希望能够做到尽善尽美，图文并茂，成为"三孔"图书中的精品。

这部书虽非严格意义上的学术著作，但凝聚着我太多情感，倾注着我太多心血，更得到了太多师友的襄助。首先感谢优秀传统文化教育中心两任主任，范兆东兄和沈秀清兄，以及若干年来并肩战斗的各位同事。他们非常关注和支持小书的整理与出版。今年春天，学校同意我主动辞去中心副主任职务，组织和人事关系也转回孔子文化研究院，结束了在中心五年半的愉快工作时光，十分不舍。这本书的因缘，自然首先归于优秀传统文化中心。

感谢合作者董少伟兄，他负责摄影，我负责文字。图文并茂，是本书的特色。毫无疑问，以高超的审美和技艺拍摄的这些照片，是本书最有价值的部分。感谢杨师朝明先生、同门孔子研究院副院长刘续兵兄、中国孔庙保护协会孔德民会长为小书赐序，高度肯定并不吝赞美，使我增加了几分自信。曲阜市委宣传部、文物局的诸位领导，以及研究曲阜文物的大专家孔祥林先生、彭庆涛先生、吴佩林先生、陈东先生、孟坡先生及今古谭书店韩鹏程先生等师友，对小书的成书多有襄助，铭记五内。我的学生邵辉、马智文、颜景琦、孔维钊诸君帮我整理、校对书稿并补拍照片，不辞辛劳，令我十分感念。

青年书法家陈培站贤弟为小书题写书名，使本书增色良多。山东教育出版社周红心先生是本书的策划者，正是由于他的不断督促和宽容，才让这本小书能够问世。董丁及齐爽二位编辑也为小书校正了众多错讹之处。谨此向各位师友致谢！

经文物局丰杨兄提醒，我才意识到今年适逢曲阜"三孔"入选世界文化遗产名录三十周年。小书赶上一个如此重要的时间节点，真是因缘不浅！我愿将此书献给那些默默为"三孔"保护作出贡献的人们！当然，书中的错误概由我负责，也希望在读者的指正下，不断使之完善！

宋立林

2024 年 10 月 8 日